GEOGRAFIA, ESCOLA E
CONSTRUÇÃO DE CONHECIMENTOS

COLEÇÃO
MAGISTÉRIO: FORMAÇÃO E TRABALHO PEDAGÓGICO

Esta coleção que ora apresentamos visa reunir o melhor do pensamento teórico e crítico sobre a formação do educador e sobre seu trabalho, expondo, por meio da diversidade de experiências dos autores que dela participam, um leque de questões de grande relevância para o debate nacional sobre a Educação.

Trabalhando com duas vertentes básicas – magistério/formação profissional e magistério/trabalho pedagógico –, os vários autores enfocam diferentes ângulos da problemática educacional, tais como: a orientação na pré-escola, a educação básica: currículo e ensino, a escola no meio rural, a prática pedagógica e o cotidiano escolar, o estágio supervisionado, a didática do ensino superior etc.

Esperamos assim contribuir para a reflexão dos profissionais da área de educação e do público leitor em geral, visto que nesse campo o questionamento é o primeiro passo na direção da melhoria da qualidade do ensino, o que afeta todos nós e o país.

Ilma Passos Alencastro Veiga
Coordenadora

LANA DE SOUZA CAVALCANTI

GEOGRAFIA, ESCOLA E
CONSTRUÇÃO DE CONHECIMENTOS

PAPIRUS EDITORA

Capa	Fernando Cornacchia
Foto de capa	Rennato Testa
Copidesque	Marco Antônio Storani
Revisão	Maria Lúcia A. Maier e Paola M. Felipe dos Anjos

Dados Internacionais de Catalogação na Publicação (CIP)
(Câmara Brasileira do Livro, SP, Brasil)

Cavalcanti, Lana de Souza
   Geografia, escola e construção de conhecimentos/Lana de Souza Cavalcanti. – 18ª ed. – Campinas, SP: Papirus, 2013. – (Coleção Magistério: Formação e Trabalho Pedagógico)

Bibliografia.
ISBN 978-85-308-0516-6

1. Conhecimento 2. Educação 3. Geografia – Estudo e ensino 4. Pedagogia 5. Prática de ensino 6. Professores – Formação profissional I. Título. II. Série.

13-07134   CDD-370.71

Índice para catálogo sistemático:

1. Professores de geografia:
   Formação profissional: Educação   370.71

18ª Edição – 2013
9ª Reimpressão – 2025
Tiragem: 60 exs.

Exceto no caso de citações, a grafia deste livro está atualizada segundo o Acordo Ortográfico da Língua Portuguesa adotado no Brasil a partir de 2009.

Proibida a reprodução total ou parcial da obra de acordo com a lei 9.610/98.
Editora afiliada à Associação Brasileira dos Direitos Reprográficos (ABDR).

DIREITOS RESERVADOS PARA A LÍNGUA PORTUGUESA:
© M.R. Cornacchia Editora Ltda. – Papirus Editora
R. Barata Ribeiro, 79, sala 316 – CEP 13023-030 – Vila Itapura
Fone: (19) 3790-1300 – Campinas – São Paulo – Brasil
E-mail: editora@papirus.com.br – www.papirus.com.br

A meu pai, Wilson (in memoriam), *por ter me ensinado, entre tantas coisas, a respeitar e a admirar a profissão de professor e a expressar pensamentos pela escrita.*
A meus filhos, André, Diogo e Lucas, e a meu companheiro, Libâneo, que compartilham comigo, parafraseando Caetano, a dor e a delícia de ser o que sou e faço.

AGRADECIMENTOS

Muitas pessoas, em vários momentos, deram sua ajuda para a realização e publicação deste trabalho, às quais agradeço. Desejo destacar os agradecimentos ao meu orientador de doutorado, José William Vesentini, ao meu companheiro, Libâneo, e aos colegas e amigos: Ana Lúcia, Beatriz, Caneca, Eguimar, Gazinha, Ilma, João de Castro, José Luiz, Madalena, Marília, Mitsuko, Sandramara e Verbena. De modo especial, gostaria de agradecer à minha família, à minha mãe, Zilda, e às minhas irmãs, Ronda e Selva.

SUMÁRIO

INTRODUÇÃO	9
A prática de ensino de Geografia e a espacialidade	11
Os procedimentos da pesquisa	13
Organização dos capítulos	13
1. CIÊNCIA GEOGRÁFICA E ENSINO DE GEOGRAFIA	15
O ensino de Geografia	18
2. O CONHECIMENTO GEOGRÁFICO ATRAVÉS DE REPRESENTAÇÕES SOCIAIS DE DETERMINADOS CONCEITOS ELEMENTARES	29
Aspectos teóricos e metodológicos da pesquisa sobre representações sociais	30
As representações sociais dos alunos de 5ª e 6ª séries do ensino fundamental	34
As representações sociais de professores de Geografia do ensino fundamental	65
As representações sociais das professoras da pesquisa	68

3. GEOGRAFIA ESCOLAR E A CONSTRUÇÃO DE
   CONCEITOS NO ENSINO   87
   Encontros e desencontros entre conceitos cotidianos e
   conceitos científicos na linguagem geográfica   88
   Cotidiano e conhecimento geográfico   121

4. PROPOSIÇÕES METODOLÓGICAS PARA A
   CONSTRUÇÃO DE CONCEITOS GEOGRÁFICOS
   NO ENSINO ESCOLAR   137
   O processo de ensino-aprendizagem numa
   concepção socioconstrutivista   137
   Ações didáticas socioconstrutivistas para a
   construção de conceitos no ensino de Geografia   144

CONCLUSÃO   167

BIBLIOGRAFIA   175

ANEXO   183

INTRODUÇÃO

Este livro é a versão, parcialmente modificada, de minha tese de doutorado defendida em 1996, na Universidade de São Paulo. Trata-se de um estudo sobre os processos envolvidos na construção de conhecimentos geográficos por alunos de 5ª e 6ª séries do ensino fundamental, considerando as relações possíveis entre o conhecimento científico da ciência geográfica e os saberes construídos pelos alunos em situações escolares.

A relação entre uma ciência e a matéria de ensino é complexa; ambas formam uma unidade, mas não são idênticas. A ciência geográfica constitui-se de teorias, conceitos e métodos referentes à problemática de seu objeto de investigação. A matéria de ensino Geografia corresponde ao conjunto de saberes dessa ciência, e de outras que não têm lugar no ensino fundamental e médio como Astronomia, Economia, Geologia, convertidos em conteúdos escolares a partir de uma seleção e de uma organização daqueles conhecimentos e procedimentos tidos como necessários à educação geral. Em razão dessa distinção, a seleção e organização de conteúdos implicam ingredientes não apenas lógico-formais como, também, pedagógicos, epistemológicos, psicocognitivos, didáticos, tendo em vista a formação da personalidade dos alunos. Há, no ensino, uma orientação para a formação do cidadão diante de desafios e tarefas concretas postas pela realidade social e uma preocupação com as condições psicológicas e socioculturais dos alunos. A ciência geográfica, por si só, não tem responsabilidade de ocupar-se com esses aspectos.

Não basta, portanto, aos que se dedicam à docência e à investigação de questões relacionadas com o saber geográfico escolar, o domínio de conteúdos e métodos da ciência geográfica. É preciso que se considere, além disso, a relação entre essa ciência e sua organização para o ensino, incluindo aí a aprendizagem dos alunos conforme suas características físicas, afetivas, intelectuais, socioculturais.

As relações entre conhecimentos científicos e conhecimentos escolares têm sido estudadas, sob diversos enfoques, em várias áreas: Didática, Currículo, Psicologia da Educação, Sociologia da Educação. Atualmente, os complexos problemas que a sociedade brasileira tem enfrentado na busca de melhor qualidade de vida, na instauração da ordem democrática, na luta por práticas políticas pautadas na ética e na justiça social, têm requerido consideráveis esforços intelectuais para compreendê-los de uma forma interdisciplinar, como caminho para uma compreensão de conjunto e de busca mais eficiente de soluções. O equacionamento dos problemas enfrentados pela sociedade brasileira passa pela educação geral básica, pela formação da cidadania e pela participação social crítica dos cidadãos, com o controle democrático da esfera pública. A educação escolar, mediante o ensino e a aprendizagem, ao lado de outras práticas educativas, destaca-se como instância específica na promoção de ações destinadas a assegurar a formação de cidadãos. Investir teórica e praticamente no ensino escolar, em suas múltiplas facetas, é, pois, investir nas formas de promoção da democracia, da vida, da justiça e da igualdade social, considerando-se seu âmbito peculiar de atuação ao lado de outras instâncias sociais, econômicas, políticas, culturais.

Entre as questões mais presentes nos estudos sobre ensino em geral e ensino de Geografia, cumpre destacar: a importância das políticas sociais e de um projeto educacional para o país, a formação inicial e continuada dos professores, a remuneração e as condições de trabalho, a organização das escolas, os currículos de formação do professor de Geografia. A par disso, tem havido um esforço de estudar os fatores intraescolares que afetam a qualidade do ensino, como o papel do professor na mediação da relação do aluno com os conteúdos escolares e o auxílio que fornece aos alunos para o desenvolvimento de sua capacidade de pensar, de raciocinar lógica e criticamente; o impacto das novas tecnologias da comunicação e da informação; as relações entre conhecimento, poder e currículo; a cultura como área de conflito em que se enfrentam diferentes concepções da vida social, diferentes linguagens e interesses. Ao investigar as relações entre o conhecimento científico e escolar de Geografia, este livro pretende ser, precisamente, uma contribuição para o enfrentamento de fatores intraescolares da qualidade do ensino de Geografia, naturalmente sem se descuidar de fatores externos.

Embora haja um significativo desenvolvimento da pesquisa e da produção científica sobre a prática de ensino e no âmbito específico do ensino de Geografia, é sabido que os avanços teóricos obtidos têm chegado muito lentamente à prática escolar, que permanece em boa parte respaldada em concepções teóricas tradicionais, tanto do ensino quanto da Geografia. Por outro lado, os professores têm insistido na procura de respostas a questões relacionadas com as dificuldades de aprendizagem dos alunos.

A prática de ensino de Geografia e a espacialidade

Um ponto de partida relevante para se refletir sobre a construção de conhecimentos geográficos, na escola, parece ser o papel e a importância da Geografia para a vida dos alunos. Há um certo consenso entre os estudiosos da prática de ensino de que esse papel é o de prover bases e meios de desenvolvimento e ampliação da capacidade dos alunos de apreensão da realidade *do ponto de vista da espacialidade*, ou seja, de compreensão do papel do espaço nas práticas sociais e destas na configuração do espaço. O que se acredita é que, ao longo da História, os seres humanos se organizam em sociedade e vão produzindo sua subsistência, produzindo com isso seu espaço, que vai se configurando conforme os modos culturais e materiais de organização dessa sociedade. Há, dessa forma, um caráter de espacialidade em toda prática social, assim como há um caráter social da espacialidade. Além disso, o pensar geográfico contribui para a contextualização do próprio aluno como cidadão do mundo, ao contextualizar espacialmente os fenômenos, ao conhecer o mundo em que vive, desde a escala local à regional, nacional e mundial. O conhecimento geográfico é, pois, indispensável à formação de indivíduos participantes da vida social à medida que propicia o entendimento do espaço geográfico e do papel desse espaço nas práticas sociais.

A *espacialidade* em que os alunos vivem na sociedade atual, como cidadãos, é bastante complexa. Seu espaço, diante do processo de mundialização da sociedade, extrapola o lugar de convívio imediato, sendo traçado por uma figura espacial fluida, sem limites definidos. Em razão dessa complexidade que é crescente, o cidadão não consegue sozinho e espontaneamente compreender seu espaço de modo mais articulado e mais crítico; sua prática diária permite-lhe apenas um conhecimento parcial e frequentemente impreciso do espaço. O conhecimento mais integrado da espacialidade requer uma instrumentalização conceitual que torne possível aos alunos a apreensão articulada desse espaço (Lacoste 1988, Moreira 1992).

A construção e reconstrução do conhecimento geográfico pelo aluno ocorre na escola, mas também fora dela, como se verá mais adiante na análise das representações sociais de alunos. Entretanto, a ampliação desses conhecimentos, a ultrapassagem dos limites do senso comum, o confronto de diferentes tipos de conhecimentos, o desenvolvimento de capacidades operativas do pensamento abstrato são processos que podem ser potencializados com práticas intencionais de intervenção pedagógica.

Em pesquisa anterior (Cavalcanti 1991), pude constatar problemas no ensino-aprendizagem de Geografia, como atestam resultados da observação de aulas:

> (...) os alunos não conseguem formar um raciocínio geográfico necessário à sua participação ativa na sociedade; não conseguem assimilar de modo autônomo e criativo as bases da ciência geográfica que propiciem a formação de convicções e atitudes a respeito da espacialidade da prática social. Também não conseguem formar relações entre os conteúdos que são transmitidos nas aulas de Geografia e as determinações espaciais que permeiam, direta ou indiretamente, sua prática social diária. Por não entenderem a importância dos conteúdos de Geografia para suas vidas, os alunos se comportam na sala de aula "formalmente", ou seja, cumprem deveres de alunos para que possam conseguir aprovação da escola, sem se envolverem com os conteúdos estudados. (1991, p. 278)

Em razão desses indícios de problemas no ensino de Geografia, apontei, naquele estudo, a necessidade de aprofundar algumas questões, como: por que é importante o desenvolvimento do raciocínio geográfico? Em que consiste esse desenvolvimento? Como ele se processa nos diferentes níveis e séries do ensino? Qual é o papel específico da escola nesse desenvolvimento, considerando que ele não se dá apenas nela? Como tratar os conteúdos de Geografia de modo que se permita esse desenvolvimento? (*idem, ibidem*, p. 277).

A resposta a essas questões poderia ser um passo a mais na superação do formalismo dominante no ensino, à medida que permitiria ao professor conceber de forma mais eficaz sua atividade docente e suas competências de promover ajuda pedagógica aos alunos na construção de seu próprio raciocínio, para além da mera transmissão de conteúdos estipulados nos livros didáticos e programas.

Ressalto, agora, neste livro, a problemática da relação entre os conceitos produzidos pela ciência geográfica (conceitos científicos) e sua estruturação em conceitos escolares (conceitos científicos articulados aos conceitos cotidianos) e seu papel na formação do raciocínio geográfico. Essa problemática, por sua vez, apontou, como um dos caminhos da pesquisa, o estudo das representações sociais dos alunos a respeito de alguns temas e conceitos trabalhados na Geografia escolar (Capítulo 2).

Os procedimentos da pesquisa

O suporte teórico inicial do estudo foi a Psicologia Histórico-Cultural da chamada Escola de Vygotsky, sobretudo a parte referente à formação de conceitos em que esse autor propõe que o conhecimento escolar se constrói pelo confronto entre conceitos cotidianos e conceitos científicos. Desse modo, a pesquisa iniciou-se com o levantamento e a análise dos conhecimentos cotidianos dos alunos, tendo como apoio teórico alguns estudos sobre representações sociais, na linha da Psicologia Social (Moscovici 1978, Rangel 1993a, Penin 1994, Paiva 1994).

Definiu-se, assim, como primeira etapa da pesquisa, a investigação a respeito de representações sociais de alunos de 5ª e 6ª séries do ensino fundamental sobre conceitos geográficos. A pesquisa de campo com os alunos foi realizada em duas escolas públicas de Goiânia, uma estadual e outra municipal, no primeiro semestre de 1995. A inclusão do estudo das representações de professores que lidam ou lidaram com alunos de 5ª e 6ª séries e de séries anteriores (1ª fase do ensino fundamental) foi necessária em razão da provável influência que eles, em geral, têm na formação de conceitos geográficos pelos alunos, o que foi feito no $2^{\underline{o}}$ semestre de 1995, em cinco escolas públicas de Goiânia (estaduais e municipais).

A amplitude dos conceitos geográficos trabalhados nas séries escolhidas evidenciou a necessidade de selecionar aqueles mais significativos e abrangentes para o raciocínio geográfico. Com base na indicação de alguns geógrafos e na estruturação dos conteúdos dessas duas séries nos livros didáticos e programas curriculares, os conceitos selecionados foram: *lugar, paisagem, região, território, natureza e sociedade.*

Organização dos capítulos

Este livro reproduz os resultados dessa investigação em quatro capítulos.

O Capítulo 1 situa a temática do ensino de Geografia no debate contemporâneo das ciências humanas. Esse capítulo faz a defesa da escola e do ensino escolar para a emancipação humana, fundados no escopo do desenvolvimento de uma razão crítica. Explicita, além disso, uma posição a favor do ensino de Geografia voltado para a formação de cidadãos conscientes e participativos, pela sua particularidade de trabalhar com o desenvolvimento do raciocínio espacial.

O ensino de Geografia, assim concebido, busca propiciar a construção de conhecimentos e, especialmente, de conceitos geográficos pelos alunos. Para tanto, ganha importância a compreensão dos processos de mediação docente em função da aprendizagem desses alunos. Dentre esses processos, a pesquisa selecionou um dos caminhos possíveis para se conseguir uma construção mais efetiva de conceitos geográficos pelos alunos: captar suas representações como patamar para o domínio de conceitos científicos da Geografia. Dessa forma, no Capítulo 2, estão apresentadas e analisadas representações sociais de conceitos geográficos.

O Capítulo 3 analisa os conceitos geográficos trabalhados na pesquisa empírica tendo como referência algumas formulações científicas da área a respeito de cada um desses conceitos. O objetivo é o de buscar nessa análise as aproximações entre os dois tipos de conceitos (científico e cotidiano) para verificar em que medida é possível o confronto entre eles e como fazê-lo nas atividades de ensino de Geografia.

O Capítulo 4 conclui com proposições metodológicas para o ensino de Geografia, tendo como base uma concepção do processo de ensino de cunho socioconstrutivista e, como orientação geral, a confrontação entre conhecimentos cotidianos e conhecimentos científicos.

1
CIÊNCIA GEOGRÁFICA E ENSINO DE GEOGRAFIA

As últimas décadas têm sido marcadas por intensos debates no pensamento filosófico e científico em decorrência de transformações, também intensas, no mundo e na organização das sociedades. As diversas áreas científicas, especialmente as ciências humanas, têm efetuado reflexões e análises para compreender os processos de mudanças e seus desdobramentos.

Anuncia-se, nesta virada do século, uma nova era. Termos como sociedade pós-industrial, sociedade pós-capitalista, sociedade pós-moderna, revolução informacional, terceira revolução industrial, revolução tecnocientífica, sociedade informática têm sido utilizados para denominar os fenômenos socioeconômicos, culturais e políticos que têm caracterizado a sociedade contemporânea.

A Geografia, como ciência social, está diretamente implicada nessas transformações. Já no início dos anos 90, o discurso que ficou conhecido com o rótulo de *geografia crítica*, que postulava uma ciência geográfica de cunho marxista, começou a ser abalado. Tanto quanto em outras áreas do pensamento científico no mundo, cresceram os questionamentos ao chamado socialismo real, abrindo brechas na aparente solidez do marxismo. Surgiram outros enfoques de explicação e interpretação da realidade. Na Geografia, a análise marxista não desapareceu (assim como não desapareceram as chamadas Geografias Tradicional e Quantitativa), mas adquiriu outras nuances. De uma certeza de que o espaço socialmente determinado constituía o cerne da análise geográfica, foram surgindo outras formulações, marxistas e não marxistas, ora elegendo como objeto de estudo o *lugar* como espaço subjetivo vivenciado pelo sujeito, ora o *território* como expressão de domínio de grupos de poder, provocando o fortalecimento da análise geopolítica na Geografia, ora o *espaço* como poder, entre outros.

Esse enriquecimento das diferentes interpretações na Geografia conduz à necessidade de reformular categorias e conceitos para compreender melhor o movimento da sociedade, para refletir sobre a problemática espacial, à luz das contribuições de uma teoria social crítica. Conceitos como os de Estado, nação, cultura, imperialismo, dependência, centro, periferia, marginalidade, muito importantes no pensamento geográfico, estão sendo colocados em questão, sobretudo com a globalização da sociedade, seja por ganharem conotações substancialmente novas, seja por terem perdido seu poder explicativo.

A Geografia defronta-se, assim, com a tarefa de entender o espaço geográfico num contexto bastante complexo. O avanço das técnicas, a maior e mais acelerada circulação de mercadorias, homens e ideias distanciam os homens do tempo da natureza e provocam um certo "encolhimento" do espaço de relação entre eles. Na sociedade moderna, baseada em princípios de circulação e racionalidade, há um domínio do tempo e do espaço, mecanizados e padronizados, que se tornou fonte de poder material e social numa sociedade que se constitui à base do industrialismo e do capitalismo. O controle do tempo e do espaço liga-se estreitamente ao processo produtivo e à vida social. O tempo ligado à disciplina e regularidade no trabalho como também ao giro do capital na produção. O espaço ligado à criação de um mercado mundial e à redução de barreiras para a expansão do sistema produtivo. O espaço foi perdendo, assim, sua significação absoluta no *lugar* para ganhá-la na lógica do poder, da expansão capitalista. Da mesma forma, o tempo tomado como linear e progressivo foi sendo substituído por um tempo cíclico e instável, em razão de que seu sentido passou a ser ligado ao próprio processo produtivo. Instalou-se, assim, uma compreensão e uma vivência de espaço e de tempo relativos.

Tem-se, com isso, um processo de racionalização de um espaço e de um tempo planejados que vão se tornando globais e, simultaneamente, o florescimento do espaço e do tempo individuais, privados, psicológicos. Há, hoje, uma vivência cotidiana de espaço como simultaneidade e de tempo como universalidade.

O que se concretiza, hoje, em termos de espaço e de tempo, mas que já se "anunciava" na modernidade, pode ser expresso como "desterritorialização" (Ianni 1992), como "desencaixe" (Giddens 1991) ou como "compressão" (Harvey 1989).

A desterritorialização do tempo e do espaço, segundo Ianni, manifesta-se na esfera da economia, da política, da cultura, implicando a acentuação e generalização de novas possibilidades de ser, agir, sentir, pensar, imaginar, na medida em que "liberta horizontes". Esse, diz ele, é um fenômeno próprio da globalização: "A globalização tende a desenraizar as coisas, as gentes e as ideias. Sem prejuízo de suas origens, marcas de nascimento, determinações primordiais, adquirem algo de deslocado, genérico, indiferente" (1992, p. 93).

Por desencaixe do espaço e do tempo, Giddens entende "o deslocamento das relações sociais de contextos locais de interação e sua reestruturação através de extensões indefinidas de tempo-espaço" (1991, p. 29).

O conceito de compressão do tempo-espaço justifica-se, para Harvey,

> por haver indícios de que a história do capitalismo tem se caracterizado pela aceleração do ritmo de vida, ao mesmo tempo em que venceu as barreiras espaciais em tal grau que por vezes o mundo parece encolher sobre nós (...) À medida que o espaço parece encolher numa "aldeia global" de telecomunicações e numa "espaçonave terra" de interdependências ecológicas e econômicas – para usar apenas duas imagens conhecidas e corriqueiras –, e que os horizontes temporais se reduzem a um ponto em que só existe o presente (o mundo do esquizofrênico), temos de aprender a lidar com um avassalador sentido de *compressão* dos nossos mundos espacial e temporal. (1989, p. 219)

A ideia que subjaz nessas interpretações é a de que estamos vivenciando, hoje, um espaço fluido, não "localizável" mecanicamente, e um tempo irreversível, imprevisível e simultâneo. As práticas sociais realizam-se, concomitantemente, num mesmo tempo e em espaços diferentes ou num mesmo espaço onde há tempos diversos. Nesse sentido, a compreensão do mundo atual requer a percepção de uma nova "conexão" espaço-tempo, tornando-se uma só categoria de explicação da realidade.

Essas características do espaço na contemporaneidade impõem, pois, aos teóricos da Geografia, a ampliação de suas análises, "transitando" entre a racionalidade e a irracionalidade, entre o objetivismo e o subjetivismo, entre a estrutura e a ação e, geograficamente falando, entre o local e o global, entre a realidade natural e a social.

Nesse sentido, considero uma linha de pensamento fecunda, na atualidade, aquela que encara este momento não como uma ruptura da modernidade ou do capitalismo, mas aquela que tem os olhos abertos para as grandes transformações ocorridas, em todas as esferas da vida, e mune-se, partindo de um ponto de referência dialético, marxista, de "ferramentas" teóricas novas ou reformuladas, marxistas ou não, para entender a espacialidade que é, simultaneamente, produto social e uma condição da prática individual e social.

O ensino de Geografia

No contexto dessas transformações gerais da sociedade e de sua dinâmica espacial, insere-se o ensino de Geografia. A história da Geografia como disciplina escolar tem início no século passado, quando foi introduzida nas escolas com o objetivo de contribuir para a formação dos cidadãos a partir da difusão da ideologia do nacionalismo patriótico. Vlach comenta o caráter ideológico da incorporação da Geografia no currículo escolar:

> Foi, indiscutivelmente, sua presença significativa nas escolas primárias e secundárias da Europa do século XIX que a institucionalizou como ciência, dado o caráter nacionalista de sua proposta pedagógica, em franca sintonia com os interesses políticos e econômicos dos vários Estados-nações. Em seu interior, havia premência de se situar cada cidadão como patriota, e o ensino de Geografia contribuiu decisivamente neste sentido, privilegiando a descrição do seu quadro natural. (1990, p. 45)

Sua função ideológica reaparece, mais tarde, quando o objetivo da disciplina é caracterizado como transmissão de dados e informações gerais sobre os territórios do mundo em geral e dos países em particular. Precisamente a partir dessa conotação é que é detonada a revisão das bases teóricas e metodológicas da ciência geográfica, com repercussões no ensino.

As reformulações da ciência geográfica levaram, então, a alterações significativas no campo do ensino de Geografia, mesmo porque alguns dos pesquisadores mais expressivos circularam nas duas áreas de investigação. Atestam isso os inúmeros trabalhos produzidos, nas últimas décadas, que denunciaram as fragilidades de um ensino com base na Geografia Tradicional e que propuseram o ensino de uma Geografia nova, com base em fundamentos críticos. No Brasil,[1] o movimento de renovação do ensino de Geografia faz parte de um conjunto de reflexões mais gerais sobre os fundamentos epistemológicos, ideológicos e políticos da ciência geográfica, iniciado no final da década de

---

1. No Brasil, destacam-se, nesta temática, os trabalhos de A. Oliveira (1989), Vesentini (1987, 1992), Resende (1986), R. Pereira (1989), Moreira (1987), Almeida e Passini (1989), Vlach (1990, 1991), entre outros.

1970. Podem-se situar nesse movimento alguns marcos, como a realização do 3º Encontro Nacional de Geógrafos, em 1978, onde se deram importantes mudanças como a ocorrida na organização da AGB (Associação dos Geógrafos Brasileiros), promotora do encontro; e a realização em 1987, também pela AGB, do 1º Encontro Nacional de Ensino de Geografia – "Fala Professor". Este último foi a culminância de uma reformulação que vinha ocorrendo na Associação desde a década de 1970, consolidando-a como espaço para discussões e divulgação de estudos de interesse dos profissionais e estudantes de Geografia, destacando-se aí o tema do ensino. A partir de então, essa Associação passou a exercer um papel importante na busca de aproximação entre a universidade e os professores de ensino fundamental e médio.

Uma análise de documentos e textos referentes aos encontros e congressos nacionais na área, realizada em estudo anterior (Cavalcanti 1995), constata, na década de 1980, expressivo aumento da discussão dos fundamentos da Geografia e seu papel na sociedade, no ensino e em outras instituições sociais.[2] As discussões giravam em torno das condições do ensino de Geografia, das críticas referentes aos conteúdos veiculados por essa matéria e aos fundamentos da ciência geográfica. É nesse quadro que se pode entender a influência de Lacoste no movimento, visto que suas obras mais difundidas no Brasil, nesse período (1974, 1988), tratam, prioritariamente, da função ideológica da Geografia na escola e dos fundamentos (ou falta deles) teórico-metodológicos da ciência geográfica. Moreira (1992) considera que Lacoste teve o papel de dar impulso inicial às reflexões para renovação da Geografia no Brasil ao analisar, entre outras coisas, o comprometimento da "geografia do professor" e o caráter estratégico do saber sobre o espaço, "escondido" por essa geografia. Afirma, a esse respeito:

> (...) nada podia contrastar mais com a estreiteza da Geografia vigente, denunciar o envolvimento da "Geografia Quantitativa" com a guerra americana no Vietnã e chocar nossa consciência de professores e estudantes engajados alertando-nos para o caráter contraditório entre nossa prática política geral de esquerda e este veículo discursivo particular conservador que é a "geografia do professor". (Moreira 1992, p. 8)

O movimento do ensino de Geografia, dentro do movimento mais amplo de renovação, teve, pois, como interlocutoras as "geografias" vigentes no

---

2. A ampliação de espaço para temas referentes ao questionamento dos fundamentos da Geografia faz parte de um projeto explícito da AGB (Associação dos Geógrafos Brasileiros), promotora daqueles encontros e congressos e que vivenciava também alterações no seu próprio significado e funcionamento (cf. Cavalcanti 1995).

momento, ou seja, a Geografia Tradicional e a Geografia Quantitativa. Fazendo a crítica dessas correntes da Geografia e de suas implicações no ensino, surgiram propostas de incorporar as reflexões da concepção dialética no ensino, o que possibilitou a emergência da chamada Geografia Crítica (ou Geografias Críticas, já que são muitas as propostas). Há, no entanto, alguns pontos comuns nessas propostas que vale a pena destacar.

As propostas convergem na crítica sistemática ao ensino de conteúdos estruturados conforme uma corrente da Geografia Tradicional. Essa Geografia caracteriza-se pela estruturação mecânica de fatos, fenômenos e acontecimentos divididos em aspectos físicos, aspectos humanos e aspectos econômicos, de modo que forneça aos alunos uma descrição das áreas estudadas, seja de um país, de uma região ou de um continente.

As propostas de reformulação do ensino de Geografia também têm em comum o fato de explicitarem as possibilidades da Geografia e da prática de ensino de cumprirem papéis politicamente voltados aos interesses das classes populares. Dessa perspectiva, os estudiosos alertam para a necessidade de se considerarem o saber e a realidade do aluno como referência para o estudo do espaço geográfico. O ensino de Geografia, assim, não se deve pautar pela descrição e enumeração de dados, priorizando apenas aqueles visíveis e observáveis na sua aparência (na maioria das vezes impostos à "memória" dos alunos, sem real interesse por parte destes). Ao contrário, o ensino deve propiciar ao aluno a compreensão do espaço geográfico na sua concretude, nas suas contradições.

O movimento de renovação do ensino de Geografia, no Brasil, nos últimos 20 anos tem sido marcado pela abertura de espaços de debates científicos (encontros e congressos nacionais, regionais e locais) para a discussão e a divulgação de novas propostas, pela produção de trabalhos dedicados a esse tema e, também, pela produção de livros didáticos que buscam operacionalizar tais propostas. Um levantamento de teses e dissertações de Geografia, defendidas no Brasil nas duas últimas décadas (1980-1996),[3] revela uma preocupação crescente com a problemática da Geografia no ensino. Esse levantamento permite constatar que houve um crescimento considerável da pesquisa sobre a temática do ensino: de 1980 a 1985, o número de teses e dissertações foi de 8, de 1986 a 1990, esse número cresceu para 17 e, de 1991 a 1996, 30. O crescimento numérico de teses e dissertações sobre ensino de Geografia é

---

3. Levantamento bibliográfico realizado no catálogo de teses do Ibict (Instituto Brasileiro de Informações em Ciência e Tecnologia), no catálogo de teses e dissertações da Anped (Associação Nacional de Pesquisa em Educação) e no Banco de Teses e Dissertações de Geografia da Universidade de São Paulo.

indicador do reconhecimento dessa problemática e de um investimento acadêmico visando ao seu equacionamento. Ainda há que ressaltar que, pelo levantamento, questões da metodologia e prática de ensino (nível fundamental e médio) mereceram maior investimento dos pesquisadores (mais de 40% dos títulos sobre ensino tratam dessas questões).

No balanço geral do movimento de renovação de Geografia nas últimas décadas, duas questões precisam ser destacadas pela sua importância dentro da problemática tratada neste estudo: os modestos efeitos na prática de ensino dos professores de Geografia, comparados com questionamentos, análises e propostas "renovadas" feitos em nível teórico, e a reflexão dessa prática com base em de uma referência pedagógico-didática, também incipiente.

Em relação à primeira questão, é preciso indagar as razões da reduzida incorporação das novas propostas teóricas da Geografia nas salas de aula. Uma dessas razões, certamente, diz respeito à pouca difusão dessas propostas entre os professores de ensino fundamental e médio. Isso se explica, em parte, pelas condições precárias do trabalho nas escolas que dificultam o investimento (objetivo e subjetivo) dos professores no seu crescimento intelectual, além da fragilidade dos programas de capacitação de docentes em serviço e, em parte, por deficiências institucionais de divulgação das análises e propostas produzidas, na maioria, no ambiente restrito das universidades.

Quanto aos aspectos pedagógico-didáticos das propostas de ensino de Geografia, persiste a crença, explícita ou não, de que para ensinar bem basta o conhecimento do conteúdo da matéria enfocado criticamente. Ou seja, para que o ensino de Geografia contribua para a formação de cidadãos críticos e participativos bastaria que o professor se preocupasse em trabalhar em sala de aula com conteúdos críticos baseados em determinados fundamentos metodológicos dessa ciência. Embora essa seja, ainda, uma posição dominante, alguns autores demonstram preocupação maior com a questão pedagógica no ensino de Geografia, conforme atestam, por exemplo, os temas das dissertações e teses mais atuais sobre o ensino de Geografia. Sobre essa preocupação, Moraes alerta:

> ... é mister gerar um esforço de traduzir pedagogicamente as novas propostas e os novos discursos desenvolvidos pela Geografia (...) aproximar teoria e prática no plano do ensino de Geografia, estimulando uma reflexão pedagógica que assimile os avanços teóricos da Geografia nas últimas décadas. (1989, p. 122)

Vesentini também considera a necessidade de se ir além do conteúdo numa proposta de ensino. Em suas palavras:

> um ensino crítico de geografia não consiste pura e simplesmente em reproduzir num outro nível o conteúdo da(s) geografia(s) crítica(s) acadêmica(s); pelo contrário, o conhecimento acadêmico (ou científico) deve ser reatualizado, reelaborado em função da realidade do aluno e do seu meio (...) não se trata nem de partir do nada e nem de simplesmente aplicar no ensino o saber científico; deve haver uma relação dialética entre esse saber e a realidade do aluno – daí o professor não ser um mero reprodutor mas um criador. (1987, p. 78)

Outros trabalhos que vinculam o ensino de Geografia a uma reflexão pedagógica se empenham em analisar a relação conteúdo-método, destacando a necessidade de se considerar o aluno como sujeito do processo ensino-aprendizagem (Resende 1986, Vlach 1990). Também se alinham nesta perspectiva os estudos de Paganelli (1987), abordando uma proposta metodológica para o ensino de Geografia com o referencial de Piaget.

Em estudo anterior (1991), abordei essa problemática no que diz respeito especificamente à relação conteúdo-método no ensino, com o intuito de alinhavar elementos de uma proposta crítica vinculada a determinadas diretrizes pedagógico-didáticas (na linha da pedagogia crítico-social dos conteúdos). A respeito, argumentei o seguinte:

> O domínio da ciência geográfica, refletido na matéria de ensino, bem como de seus métodos próprios é, sem dúvida, condição prévia para seu ensino. Mas cumpre destacar o fato de que nem a ciência é idêntica à matéria de ensino, nem os métodos da ciência idênticos aos métodos de ensino, ainda que guardem entre si uma unidade. Quando se trata de ensinar as bases da ciência, opera-se uma transmutação pedagógico-didática, em que os conteúdos da ciência se transformam em conteúdos de ensino. Há pois uma autonomia relativa dos objetivos sociopedagógicos e dos métodos de ensino, pelo que a matéria de ensino deve organizar-se de modo que seja didaticamente assimilável pelos alunos, conforme idade, nível de desenvolvimento mental, condições prévias de aprendizagem e condições socioculturais. (Cavalcanti 1991, p. 35)

Atualmente, os estudos sobre o ensino de Geografia vêm ampliando as reflexões feitas no campo da Pedagogia e da Didática. Se por um lado a transformação na prática de ensino não ocorre em função de nossas reflexões teóricas, com elas as possibilidades dessa transformação ficam potencializadas desde que sejam, efetivamente, reflexões "coladas" aos imperativos da prática. Neste sentido, justificam-se, por exemplo, os textos recentes, com enfoques e perspectivas diferentes, de Pereira, Santos e Vesentini (1995), sobre objetivos do ensino de Geografia neste final de século.

Vesentini, após comentar sobre as funções históricas do ensino de Geografia, argumenta sobre seu papel atual:

Mas que tipo de geografia é apropriada para o século XXI? É lógico que não aquela tradicional baseada no modelo "A Terra e o Homem", onde se memorizavam informações sobrepostas (...). E também nos parece lógico que não é aquele outro modelo que procura "conscientizar" ou doutrinar os alunos, na perspectiva de que haveria um esquema já pronto de sociedade futura (...) Pelo contrário, uma das razões do renovado interesse pelo ensino de geografia é que, na época da globalização, a questão da natureza e os problemas ecológicos tornaram-se mundiais ou globais, adquiriram um novo significado (...) O ensino de geografia no século XXI, portanto, deve ensinar – ou melhor, deixar o aluno descobrir – o mundo em que vivemos, com especial atenção para a globalização e as escalas local e nacional, deve enfocar criticamente a questão ambiental e as relações sociedade/natureza (...), deve realizar constantemente estudos do meio (...) e deve levar os educandos a interpretar textos, fotos, mapas, paisagens. (1995, pp. 15-16)

Pereira (1995) faz em seu artigo um alerta sobre a necessidade de se pensarem os objetivos de ensino de Geografia para além do ensino dos conteúdos. Segundo ele, é comum na prática de ensino casos em que o conteúdo se transforma em objetivo:

Por exemplo, ao se definir que o objetivo do estudo do conteúdo "indústria brasileira" é fazer com o que o aluno saiba o que é a "indústria brasileira". E aí, sem saber, o professor começou a adotar a lógica do cachorro que corre atrás de seu próprio rabo e consegue apenas ficar cansado. (1995, p. 62)

Criticando o que ele chama de lógica conteudística, esse autor pretende avançar na discussão sobre o ensino indagando sobre seus objetivos no que diz respeito à construção de conceitos geográficos como instrumental para compreender o espaço geográfico e sua paisagem. Com esse entendimento, define genericamente o objetivo da Geografia escolar, nos seguintes termos: "Creio que é possível afirmar que a missão, quase sagrada, da geografia no ensino é a de alfabetizar o aluno na leitura do espaço geográfico, em suas diversas escalas e configurações" (1995, p. 74).

Santos (1995) também aborda o tema da relação conteúdo e objetivo no ensino de Geografia, entendendo ser importante encaminhar a reflexão sobre os objetivos tendo em mente não necessariamente o futuro mas o presente, já que a escola é o "presente de milhões e milhões de indivíduos". Afirma que a escola tem tido como principal função o ensinamento de uma lógica: lógica formal. Daí, argumenta a respeito da necessidade dos professores, não satisfeitos com os resultados de seus ensinamentos, de substituírem esse por um outro: o da lógica dialética. Mas adverte que não basta apenas uma reestruturação dos conteúdos já consagrados em Geografia. É preciso, ainda, propiciar aos alunos o desenvolvimento de um modo de pensar dialético, que é um pensar em movimento e por contradição. Em resumo, expressa sua proposta da seguinte maneira:

A dialética fundamental, quando estamos nos referindo ao processo escolar de ensino-aprendizagem, mesmo que possa e deva se expressar na formulação dos conteúdos, não está exclusivamente neste, mas vai além e se concretiza na identificação das carências (formulação das questões) e na busca de soluções (formulação de respostas) (...) a relação escolar, na medida em que se fundamenta no ensino da lógica formal, mais do que passar esse ou aquele conteúdo fragmentado – isento de contradições – permite ao educando apropriar-se de perguntas e respostas prontas, enquanto o processo de dialetização do ensino não é, simplesmente, a reprodução de textos elaborados a partir desse tipo de lógica, mas, mais que isso, é a possibilidade de viver a contradição imanente entre a necessidade e sua superação, no plano da construção intelectual. (1995, p. 56)

Como objetivos específicos da Geografia no ensino, este autor aponta o de aprender a observar a paisagem do ponto de vista de sua ordenação territorial e o de dominar a linguagem criada pela Geografia.

De minha parte, tenho insistido na importância dos objetivos de ensino para a Geografia, referidos principalmente ao caráter de espacialidade de toda prática social. Entre o homem e o lugar existe uma dialética, um constante movimento: se o espaço contribui para a formação do ser humano, este, por sua vez, com sua intervenção, com seus gestos, com seu trabalho, com suas atividades, transforma constantemente o espaço. Não importa se se refere a um indivíduo ou a uma sociedade ou nação. Em qualquer caso, o espaço e as próprias percepções e concepções sobre ele são construídos na prática social. Portanto, a consciência do espaço, ou a consciência da "geografia" do mundo, deve ser construída no decurso da formação humana, incluindo aí a formação escolar. Nesse sentido, o ensino de Geografia deve visar ao desenvolvimento da capacidade de apreensão da realidade do ponto de vista da sua espacialidade. Isso porque se tem a convicção de que a prática da cidadania, sobretudo nesta virada do século, requer uma consciência espacial. Do simples deslocamento diário dos indivíduos até os posicionamentos necessários sobre, por exemplo, as grandes questões globais, as atividades diárias atuais requerem do cidadão a consciência da espacialidade inerente aos fenômenos, fatos e acontecimentos de que participa. A finalidade de ensinar Geografia para crianças e jovens deve ser justamente a de os ajudar a formar raciocínios e concepções mais articulados e aprofundados a respeito do espaço. Trata-se de possibilitar aos alunos a prática de pensar os fatos e acontecimentos enquanto constituídos de múltiplos determinantes; de pensar os fatos e acontecimentos mediante várias explicações, dependendo da conjugação desses determinantes, entre os quais se encontra o espacial. A participação de crianças e jovens na vida adulta, seja no trabalho, no bairro em que moram, no lazer, nos espaços de prática política explícita, certamente será de melhor qualidade se estes conseguirem pensar sobre seu espaço de forma mais abrangente e crítica.

Os autores mencionados defendem diferentes posições teóricas mas têm a preocupação comum de ampliar a discussão sobre o ensino de Geografia para além da simples definição de conteúdos. Acrescento que as propostas de ensino, sobretudo no ensino fundamental e médio, se beneficiariam com o aprofundamento da investigação sobre métodos do ensino, visando à maior compreensão do processo de ensino em geral, com a contribuição das produções no campo da Pedagogia e, mais especificamente, no da Didática.[4]

No entendimento que compartilho, na linha de uma Didática Crítico-Social, o ensino é um processo de conhecimento pelo aluno, mediado pelo professor e pela matéria de ensino, no qual devem estar articulados seus componentes fundamentais: objetivos, conteúdos e métodos de ensino. Nesse sentido, os objetivos sociopolíticos e pedagógicos gerais do ensino e os objetivos específicos da Geografia escolar é que orientam a seleção e a organização de conteúdos para uma situação de ensino. No entanto, é o uso de um método de ensino adequado que pode viabilizar os resultados almejados. Se se quer ensinar os alunos a pensarem dialeticamente, importa definir ao mesmo tempo que conteúdos permitem a eles o exercício desse pensamento e o modo pelo qual esse exercício é viável.

Para cumprir os objetivos do ensino de Geografia, sintetizados na ideia de desenvolvimento do raciocínio geográfico, é preciso que se selecionem e se organizem os conteúdos que sejam significativos e socialmente relevantes. A leitura do mundo do ponto de vista de sua espacialidade demanda a apropriação, pelos alunos, de um conjunto de instrumentos conceituais de interpretação e de questionamento da realidade socioespacial. De acordo com o Programa Curricular Mínimo de Geografia (Goiás, SEC 1995):

> Uma forma de orientar a seleção e organização do conteúdo deve se referência ao espaço geográfico como categoria de compreensão da realidade. Espaço geográfico entendido enquanto histórico, concreto, social e objetivo. Essa categoria, em princípio, instrumentalizaria uma leitura da realidade do ponto de vista de sua espacialidade. A compreensão dessa categoria requer um certo entendimento de alguns conceitos, como lugar, paisagem, região, natureza, sociedade, território, que formam a estrutura conceitual básica do raciocínio geográfico. (1995, p. 17)

---

4. A Didática, por seu lado, tem avançado substancialmente em suas formulações, superando o caráter eminentemente técnico que dominou este campo durante principalmente as décadas de 1960 e 1970, tornando-se mais crítica ao considerar o ensino como um fenômeno social complexo que envolve numa inter-relação os componentes técnico, político e humano. Destacam-se na produção de uma linha crítica na Didática: Candau (1988), Libâneo (1990, 1993), Veiga (1989), entre outros.

Esses conceitos – lugar, paisagem, região, natureza, sociedade, território – são considerados como conceitos fundamentais para o raciocínio espacial e são citados (com alguma variação) como os mais elementares para o estudo da Geografia, pelo seu caráter de generalidade (cf. Silva 1986, Moreira 1987, Santos 1988, Corrêa 1995). Tais conceitos adquirem importância no ensino na medida em que podem ser tomados como referência para a estruturação dos conteúdos a serem trabalhados, por exemplo, ao longo das séries finais do ensino fundamental (5ª à 8ª). Por essa razão, neste trabalho optei por pesquisar as representações desses conceitos por parte dos alunos e dos professores e os diferentes entendimentos de tais conceitos no âmbito da ciência geográfica com o intuito de apontar caminhos metodológicos para o ensino de Geografia.

A experiência tem mostrado a ineficácia de se ensinar conceitos à criança ou ao jovem apenas transmitindo a eles o conceito definido no livro ou elaborado pelo professor. A pesquisa corrente sugere que o professor deve propiciar condições para que o aluno possa formar, ele mesmo, um conceito. Por essa razão, é relevante o investimento intelectual para compreender o processo de construção de conceitos.

Os experimentos realizados por Vygotsky e colaboradores revelaram que a formação de conceitos é um processo criativo e se orienta para a resolução de problemas. A memorização e a associação por si só não propiciam a formação de conceitos. Para que o processo se inicie, deve surgir um problema que só pode ser resolvido com um conceito novo. O desenvolvimento dos processos que resultam na formação de conceitos se inicia na infância, mas as funções intelectuais básicas para isso só ocorrem na puberdade. É relevante, pois, para a reflexão sobre ensino, considerar que os conceitos começam a ser formados desde cedo, mas só aos 11, 12 anos a criança é capaz de realizar abstrações, que vão além dos significados ligados a suas práticas imediatas. Mas isso não se dá pela idade simplesmente, é preciso levar em conta a experiência. Ou seja, se o meio ambiente não fornecer ao adolescente os desafios e as tarefas necessárias para estimular seu intelecto, seu raciocínio poderá não alcançar o nível possível para sua faixa etária.

Vygotsky (1993) distingue três fases no processo de formação de conceitos. A primeira é denominada "conglomerado vago e sincrético de objetos isolados". A segunda é a do "pensamento por complexos". Nessa fase, os objetos isolados se associam na mente da criança em razão das suas impressões subjetivas e "às relações que de fato existem entre esses objetos". Um complexo é um agrupamento concreto de objetos e fenômenos unidos por ligações factuais. Essa fase é importante porque há nela um momento chamado de pseudoconceito, bastante semelhante ao conceito propriamente dito e, inclusive, elo de ligação para a formação dos conceitos. A terceira fase é a de formação de conceitos. Vygotsky a distingue da fase de pensamento por complexos, afirmando que para formar conceitos é necessário

> *abstrair, isolar* elementos, e examinar os elementos abstratos separadamente da totalidade da experiência concreta de que fazem parte. Na verdadeira formação de conceitos, é igualmente importante unir e separar: a síntese deve combinar-se com a análise. O pensamento por complexos não é capaz de realizar essas duas operações. (1993, p. 66)

Para entender o processo de formação de conceitos, via escolarização, por exemplo, é preciso considerar as especificidades e as relações existentes entre conceitos cotidianos e conceitos científicos, conforme o pensamento de Vygotsky. A esse respeito afirma o seguinte:

> Acreditamos que os dois processos – o desenvolvimento dos conceitos espontâneos e dos conceitos não-espontâneos – se relacionam e se influenciam constantemente. Fazem parte de um único processo: o desenvolvimento da formação de conceitos, que é afetado por diferentes condições externas e internas, mas que é essencialmente um processo unitário, e não um conflito entre formas de intelecção antagônicas e mutuamente exclusivas. O aprendizado é uma das principais fontes de conceitos da criança em idade escolar, e é também uma poderosa força que direciona o seu desenvolvimento, determinando o destino de todo o seu desenvolvimento mental. (1993, p. 74)

No nível de abstração e de generalização, o processo de formação de conceitos cotidianos é "ascendente", surgindo impregnado de experiência, mas de uma forma ainda não consciente e "ascendendo" para um conceito conscientemente definido; os conceitos científicos surgem de modo contrário, seu movimento é "descendente", começando com uma definição verbal com aplicações não espontâneas e posteriormente podendo adquirir um nível de concretude impregnando-se na experiência. Isso tem fortes implicações metodológicas, como, por exemplo, esta recomendação de Vygotsky:

> É preciso que o desenvolvimento de um conceito espontâneo tenha alcançado um certo nível para que a criança possa absorver um conceito científico correlato (...) os seus conceitos geográficos e sociológicos devem se desenvolver a partir do esquema simples "aqui e em outro lugar". (1993, p. 93)

O desenvolvimento do pensamento conceitual, entendendo que ele permite uma mudança na relação cognoscitiva do homem com o mundo, é função precípua da escola (evidentemente não única). Vygotsky destaca a importância da formação de conceitos científicos na escola para o desenvolvimento da consciência reflexiva no aluno, em outras palavras, para a percepção de seus próprios processos mentais. Para ele, os conceitos científicos, com o seu sistema hierárquico de inter-relações, têm papel destacado: "A consciência reflexiva chega à criança através dos portais dos conhecimentos científicos" (1993, p. 79). Sendo assim, o papel do ensino, sobretudo pela mediação do educador, é o de promover o "encontro" desses dois tipos de conceitos. Os conceitos científicos têm o papel de propiciar a formação de estruturas para a conscientização e ampliação de conceitos cotidianos, possibilitando, assim, o desenvolvimento intelectual. Com base nesses fundamentos é que neste estudo foi considerado como ponto de partida para orientações metodológicas um estudo dos conceitos cotidianos, aqui tomados como representações sociais (que serão objeto do próximo capítulo) e os conceitos científicos correspondentes, na área de Geografia.

2
O CONHECIMENTO GEOGRÁFICO ATRAVÉS DE REPRESENTAÇÕES SOCIAIS DE DETERMINADOS CONCEITOS ELEMENTARES

O referencial teórico das representações sociais surgiu na pesquisa como um recurso para a compreensão de concepções, ideias, conceitos e imagens sobre Geografia, que crianças e adolescentes vão formando na sua vida cotidiana, na qual se insere sua vida escolar. O propósito é o de verificar em que medida a compreensão dessas representações pode indicar caminhos para a prática do ensino de Geografia. Aqui, são tomados alguns conceitos considerados por teóricos da área como abrangentes na análise geográfica – lugar, paisagem, natureza, sociedade, região, território – e presentes nos conteúdos de 5ª e 6ª séries do ensino fundamental, escolhidas para a pesquisa.

O objetivo de apreensão das representações sociais que os alunos e professores têm desses conceitos da Geografia levou à escolha do campo teórico referido e dos procedimentos de pesquisa. Optei pela pesquisa de natureza qualitativa, observando diretamente elementos da realidade, colhendo depoimentos, interagindo com os alunos e atendendo os demais requisitos de uma pesquisa dessa natureza.

Os dados utilizados para compor este capítulo são os seguintes: registros de observações de aulas nas classes dos alunos pesquisados, questionários aplicados aos alunos de 5ª e 6ª séries, atividades de grupo e entrevistas com os alunos. O principal foco da análise é o das afirmações expressas pelos sujeitos da pesquisa em entrevista semiestruturada. Além desse foco, e tomando como base o entendimento de que as representações também se captam pela observação da vivência dos sujeitos e do contexto dessas representações, os outros dados foram também considerados. A interpretação dos dados levou em consideração alguns aspectos teóricos e metodológicos da linha de pesquisa em representações sociais, conforme delineados a seguir.

Aspectos teóricos e metodológicos da pesquisa sobre representações sociais

A temática das representações sociais tem sido utilizada recentemente em diversos estudos na área das ciências humanas. Na definição de Moscovici, citada por Penin, representações sociais são "...'sistemas' de preconcepções, imagens e valores que têm seu significado cultural próprio e persistem independentemente das experiências individuais..." (1994, p. 31).

Na primeira parte dessa afirmação, o autor vincula representações sociais ao plano do conceito (as preconcepções) e ao plano das percepções (imagens e valores). Ou seja, é importante entender representações nessa interface entre concebido e vivido. Conceito e imagem apresentam-se aí como duas faces intercambiáveis, a face figurativa (a imagem) e a face simbólica (o conceito). Nesse sentido, é importante assinalar que representações sociais não são só conceitos, são também imagens. E o indivíduo tem necessidade de entender o mundo para além de uma lógica conceitual preestabelecida.

Na segunda parte da afirmação está explicitado o entendimento do caráter social das representações, na medida em que são engendradas e mantidas socialmente e que têm uma existência independente de cada sujeito particular. Essa é uma característica importante das representações e constitui-se em um fundamento para sua análise. Segundo Paiva, apoiando-se em Ibáñez:

> As justificativas do autor para o caráter social das representações são as seguintes: – elas são sociais na medida em que possibilitam a produção de certos processos claramente sociais, como a comunicação e a conversação; – elas são sociais porque são coletivas, isto é, porque são compartilhadas por conjuntos de pessoas; – o papel que desempenham, na configuração dos grupos sociais e especialmente na conformação de sua identidade, as instituem como inconfundíveis fenômenos sociais. (1994, p. 34)

Assumir essas justificativas como características das representações sociais – o compartilhamento e a capacidade de comunicação – não implica deixar de considerar, também, que elas estão inseridas nas relações de poder. Desse modo, as concepções e ideias dominantes na sociedade são elementos de análise dos estudos de representações. Entendo, assim, que uma das funções das representações sociais seria efetivamente a de permitir a dominação de umas ideias sobre outras, ampliando a afirmação que faz Moscovici: "A representação social é uma modalidade de conhecimento particular que tem por função a elaboração de comportamentos e a comunicação entre indivíduos" (1978, p. 26). São, pois, mediações para as práticas sociais. São, na verdade, mais que mediações, já que não são apenas a veiculação de ideias, mas respostas a necessidades dos sujeitos, na rede de relações constituídas na sociedade. Segundo Ibáñez (*apud* Paiva 1994), ideologia e representações são fenômenos independentes e articulados, com as seguintes diferenças:

> As representações sociais referem-se sempre a um objeto particular e sempre podem ser atribuídas a agentes sociais específicos. (...) Em contraposição com estas características, a ideologia tem um caráter de generalidade que a assimila a um código interpretativo ou a um dispositivo gerador de juízos, percepção, atitudes etc. (1994, p. 39)

Um outro traço importante da representação social é o fato de que ela não pode ser entendida apenas como reprodução social; ela é também criação do sujeito, que age e reage ante representações já produzidas. Segundo Leme:

> O ato de representar não deve ser encarado como processo passivo, reflexo na consciência de um objeto ou conjunto de idéias, mas como processo ativo, uma reconstrução do dado em um contexto de valores, reações, regras e associações. Não se trata de meras opiniões, atitudes, mas de "teorias" internalizadas que serviriam para organizar a realidade. (1993, p. 48)

Moscovici (*ibidem*) considera que as representações não apenas repetem mas produzem critérios de pensamento e ação sociais. Assim, "o entendimento da representação avança, portanto, num sentido mais abrangente e dinâmico de produção – e não apenas reprodução – de padrões de conhecimento e conduta" (Rangel 1993a, p. 83). Nesse sentido, as representações não são apenas reflexos de informações, mas criações dos sujeitos que as expressam.

Sobre isso, Penin (1994) argumenta que é insuficiente a análise do produto das representações para o desvelamento do sujeito. Este se desvelaria, na sua opinião, no processo da produção de representações. Ela reconhece a importância da contribuição de Moscovici, mas faz restrições à sua proposta precisamente porque sua investigação se refere apenas ao produto das representações. Por isso, também inclui nos seus estudos autores como Lefebvre, para quem as representações são contemporâneas do sujeito. Assim, acrescenta:

> meu entendimento de representação é o de algo formado na imbricação entre as representações chamadas "sociais" e aquelas provenientes da vivência pessoal dos indivíduos (...) Meu interesse de pesquisa centra-se no modo como essas representações sociais chegam a sujeitos determinados e como estes, com base em sua vivência, elaboram-nas e reagem às mesmas. (p. 32)

Um outro aspecto a ser considerado no entendimento de representação social é o do partilhamento. As representações são um conjunto de ideias, concepções, imagens, produzidas, mantidas e *partilhadas* coletivamente. Segundo Moscovici, elas "determinam o campo das comunicações possíveis, dos valores ou das idéias presentes nas visões compartilhadas pelos grupos e regem, subseqüentemente, as condutas desejáveis ou admitidas" (*apud* Rangel 1993a, p. 89).

Esse partilhamento requer um sistema de comunicação social que veicule e "determine" as representações. Ainda segundo Moscovici, as representações são "determinadas tanto pelos meios de comunicação (jornais, rádio, conversações etc.) como pela organização social dos que comunicam (Igreja, partidos etc.)". É, certamente, adequado acrescentar nesse rol a escola, como um *locus* privilegiado em que esses fenômenos da comunicação e do partilhamento se manifestam.

Cabe, finalmente, destacar a relação entre representação e o processo de conhecimento. A representação, para Lefebvre (1980), é um nível de conhecimento. Esse nível, segundo ele, só pode ser superado com o exercício da crítica teórica da própria representação e da ação. Entendo que Moscovici compartilha dessa ideia de Lefebvre ao considerar, também, que representação é um conhecimento prático, de senso comum, que é produzido na vida cotidiana. Ela tem, nesse sentido, o papel de tornar familiar ao sujeito um saber produzido socialmente. Para Moscovici, é importante precisar a natureza de processo psíquico da representação:

> A noção de representação ainda nos escapa. Contudo, avizinhamo-nos dela (...) quando precisamos sua natureza de processo psíquico, capaz de tornar familiar, situar e tornar presente em nosso universo interior o que se encontra a uma certa distância de nós, o que está, de certo modo, ausente. (1978, p. 62)

O estudo das representações sociais tem, assim, como suporte a vida cotidiana e a atividade cognitiva dos sujeitos que as formam. Essa constatação permite a convicção de que o estudo do conteúdo das representações dos alunos sobre Geografia é um caminho para melhor conhecer o mundo vivido dos alunos, suas concepções e seu processo de construção de conhecimento.

Na linha de pesquisa sobre representações, há estudos que privilegiam a origem dessas representações e outros que abordam o conteúdo destas. No presente estudo, há indícios explicativos de determinadas representações, de modo que se capte o conteúdo (portanto, o produto) das representações sociais dos alunos sobre Geografia. Mas a análise desse conteúdo (concepções, ideias, imagens sobre Geografia) só pode ser completa se forem consideradas as fontes dessas representações – nas concepções assimiladas e na vivência com o objeto –, que são elementos de sua construção e reações individuais (portanto, processo). A análise do conteúdo das representações, portanto, deve buscar apanhá-las em processo, como expressão de pensamento constituído e constituinte.

A representação social, na concepção aqui esboçada, é uma das perspectivas de entendimento da elaboração e veiculação de conceitos e imagens da realidade. E esse entendimento é útil ao caso aqui tratado – o ensino de Geografia – por ser um caminho metodológico possível para a construção e a reconstrução de conhecimentos necessários ao desenvolvimento intelectual dos alunos.

A Geografia trabalha com conceitos que fazem parte da vida cotidiana das pessoas e em geral elas possuem representações sobre tais conceitos. Nesse caso, interessa o estudo das representações de alguns conceitos por alunos da 5ª e 6ª séries, objetivando contribuições significativas para o processo de ensino.[1] Da perspectiva da Psicologia Social, estudos dessa natureza, segundo Rangel (1993b), encontram subsídios para a análise da relação entre os conceitos e as imagens formados pelos alunos e a aprendizagem do conhecimento científico na escola. Essa autora afirma:

> A consideração aos conceitos e imagens formados pelos alunos na prática, na experiência da "vida diária", pode trazer subsídios ao encaminhamento de noções novas (porque, em princípio, ausentes do seu "universo interior") contribuindo ao objetivo de torná-las acessíveis e tratá-las de maneira significativa a esses alunos. (1993b, p. 15)

Alves-Mazzotti (1994) também chama a atenção para a importância desse estudo sobre representações sociais na área da educação:

---

1. Para a coleta de dados com os alunos (1º semestre de 1995), definiu-se por um grupo de vinte, sendo dez de cada escola (escolas públicas de Goiânia), cinco cursando a 5ª série e cinco, a 6ª série. Após a pesquisa com os alunos, foram feitas (2º semestre de 1996) entrevistas com professores (seis professoras, três com atuação na 2ª fase do ensino fundamental – 5ª e 6ª séries –, na disciplina de Geografia, e três com atuação na 1ª fase), visando à apreensão de suas representações sociais dos conceitos geográficos trabalhados com os alunos. A intenção foi a de verificar em que medida as representações seriam compartilhadas por alunos e professores, entendendo que esse compartilhamento pode significar tanto que as representações dos professores são fonte para as representações dos alunos, como que ambos, professores e alunos, têm na sociedade e em suas práticas cotidianas as fontes mais primárias de tais representações.

Por suas relações com a linguagem, a ideologia e o imaginário social e, principalmente, por seu papel na orientação de condutas e das práticas sociais, as representações sociais constituem elementos essenciais à análise dos mecanismos que interferem na eficácia do processo educativo. (1994, pp. 60-61)

As representações sociais dos alunos de 5ª e 6ª séries do ensino fundamental

Caracterização dos alunos

A caracterização dos alunos da pesquisa foi feita com base em dados coletados por meio de questionário, respondido por 140 alunos, das 4 turmas dos alunos/sujeitos da pesquisa, e no comportamento observado durante algumas atividades de aula e da escola.

Os alunos de 5ª e 6ª séries, das escolas pesquisadas, estão numa faixa etária convencional para as séries que frequentam. A maior parte deles tem entre 12 e 13 anos (68%), sendo que, na escola A, se verifica o maior número de alunos fora dessa faixa (por exemplo, na 6ª série, 36% dos alunos têm 14 anos). A maior parte desses alunos (54%) nunca repetiu nenhuma série e, entre aqueles que declararam ter repetido, a maior concentração de repetência verificada ocorreu na 5ª série (24%).

A grande maioria dos alunos declarou que mora em casa (85%) própria (77%), em 4 ou 5 bairros limítrofes da escola (ou no bairro da própria escola) e há mais de 4 anos (65%). Dos alunos que responderam, 68% nasceram em Goiânia e 85% na zona urbana. Mais da metade (55%) pertence a famílias de porte médio (pai, mãe e de 2 a 4 irmãos), mas em alguns casos (23%) também moram com eles parentes como avós, tios e primos. É importante destacar a ausência do pai na casa de um número considerável de famílias (18% dos que responderam a essa questão). Grande parte dos alunos que responderam à questão de quem trabalha na casa declarou que era o pai (78%), e a mãe (67%, pois em muitos casos ela é dona de casa).

Em relação à renda, os dados não puderam ser levados em conta em termos absolutos, já que grande parte dos alunos não tem essa informação (40% deles não responderam ou responderam: "não sei"), e outros declararam parcialmente as rendas e, mesmo assim, algumas das declarações podem ser consideradas duvidosas. Entretanto, observando-se os depoimentos dos alunos, pode-se inferir que na média a renda familiar é correspondente ao que se chama convencionalmente de camadas populares, a julgar por alguns salários declarados (grande parte não ultrapassa 5 salários mínimos) e pelo tipo de ocupação dos pais.

As profissões mais citadas para os pais foram, respectivamente, a de comerciante, vendedor e assemelhados (gerente, chefe de representantes): 26%; de trabalhadores de serviços gerais (caminhoneiro, motorista, bombeiro, cabeleireiro, eletricista, lanterneiro, lavador de carro, mecânico): 25%; e a de trabalhadores da construção civil (mestre de obras, pedreiro, pintor, carregador de material de construção): 13%. As profissões mais comuns entre as mães foram em primeiro lugar a de dona de casa: 35%, em seguida a de trabalhadoras de serviços domésticos (lavadeira, passadeira, doméstica, faxineira, cozinheira, copeira): 17% e a de trabalhadoras da produção industrial (salgadeira, costureira, bordadeira, confeiteira, preparadora de tinta, prensadora): 12%. O tipo de profissão dos pais e algumas informações do questionário permitem inferir que o nível de escolarização é baixo.

Em relação a uma lista de aparelhos audiovisuais e outros objetos (que são canais divulgadores de cultura) apresentada aos alunos para que assinalassem os disponíveis em casa, os menos apontados foram: videocassete (65%), jornal diário (45%), mapas (37%) e livros antigos (17%), no total das 4 turmas. É interessante assinalar que esses objetos se destacaram em cada uma das turmas, das duas escolas diferentes, e guardaram praticamente a mesma proporcionalidade. Também é possível notar uma tendência comum entre as turmas das duas escolas quanto às preferências de atividades de lazer que os alunos apontaram em uma lista de sugestões. No total de alunos, 39% assinalaram "assiste à TV"; 35%, "conversa com amigos"; 28%, "vai à igreja"; 24%, "pratica esportes"; e 22%, "fica na rua perto de casa".

Das atividades de lazer que menos foram apontadas como "as preferidas" pelos alunos, destaca-se a leitura (6%). Em outra parte do questionário os alunos responderam que outras leituras gostam de fazer além dos livros de escola, e o resultado foi o seguinte: 51% dos alunos declararam que gostam mais de ler revistas, jornais e gibis e 27%, de romances.

A maioria declarou que gosta de estudar (72%) e que pretende continuar estudando até o nível superior (80%). É interessante assinalar que as razões que apontaram, em todas as turmas, para gostar de estudar são semelhantes às que destacaram para quererem continuar a estudar até o nível superior. Levantaram nesses casos várias razões, desde as mais vagas, como: "porque sim" ou "porque é bom" (12,14%), até as mais precisas, do tipo: "se estudar vou passar de ano" (0,71%), "para tirar boa nota" (0,71%). Mas as respostas mais comuns para justificar o gosto de estudar foram do tipo: "estudando eu aprendo coisas interessantes" (15,71%) e "para ser alguém na vida" (22,85%). Este último tipo de resposta indica uma compreensão incorporada (ou pelo menos "reproduzida") da relação dos estudos com o futuro que é feita comumente pelos adultos (pais e professores). É essa mesma compreensão que parece levar grande parte das crianças a apontarem as razões para continuar estudando. Nesse item específico, as respostas mais comuns foram em primeiro lugar uma recorrência aos tipos: "para ter um futuro melhor" (10%) ou "para ser alguma coisa na vida" (9,28%). Também apontaram razões mais explícitas relacionadas às suas futuras profissões, dos tipos: "para encontrar um emprego melhor" (7,14%), "quero ter uma profissão boa" (18,57%, sendo que alguns – 12,14% – inclusive já definiram a profissão desejada) ou simplesmente "porque quero me formar" (21,42%). Os alunos que afirmaram não gostar de estudar representam 16% do total. Mas as justificativas para isso não foram, diga-se, convincentes. As mais comuns foram: "porque é chato" (7,14%), "porque é ruim" (3,57%) e "porque não" (2,14%).

Foi solicitado também aos alunos que apontassem as duas matérias[2] de que mais gostavam de estudar e as duas de que menos gostavam. As "campeãs" na preferência dos alunos foram, nas quatro turmas, Ciências (33%), Matemática (29%), Geografia (25%) e Português (24%). Porém, algumas variações nesses dados foram encontradas quando verificados nas duas escolas separadamente. Na escola A, por exemplo, a matéria preferida foi Matemática (21% das respostas), seguida por Geografia (19% das respostas) e Ciências (14% das respostas). Na escola B, a preferida foi Ciências (25% das respostas), seguida por Educação Física (21%), Português (17%) e Matemática (15%). Pode-se supor que essas variações se devem, em medida significativa, a preferências pessoais dos alunos em relação aos professores e ao trabalho que desenvolvem com eles (nesse caso, pesquisas – cf., por exemplo, Cunha 1989 – apontam o peso importante de aspectos afetivos atribuídos por alunos para a qualificação de bons professores).

No que diz respeito às matérias de que menos gostam, os alunos apontaram, em primeiro lugar, História (53% dos alunos), em seguida, Matemática (33%) e Geografia (23%). Esses dados, se analisados nas duas escolas separadamente, não têm as variações encontradas no item anterior. Ao contrário, as proporções permanecem, com exceção de uma turma da escola B, onde o índice de rejeição referente à Geografia é maior, ultrapassando inclusive o de Matemática (talvez em razão de questões de relacionamento professor x aluno, como foi levantado no item anterior). De qualquer forma, é importante assinalar que em todas as turmas Geografia teve um índice elevado de rejeição.

Para extrair mais dados referentes especificamente à matéria Geografia, foram solicitadas aos alunos outras informações: se gostam ou não da matéria,

---

2. Nessas séries, as matérias que constam da grade curricular são as seguintes: Português, Matemática, História, Geografia, Inglês, Ciências, Educação Física e Educação Artística.

por que gostam ou não gostam e para que serve. Confirmando o dado anterior de rejeição à Geografia, 32% do total de alunos declararam que não gostam de Geografia (pode-se acrescentar ainda 10% que declararam que gostam "mais ou menos" dessa matéria). Observa-se, como nos dados anteriores, um acréscimo desse índice se se analisar o caso específico da escola B, pois 47% dos alunos declararam não gostar dessa matéria. Pode-se supor que esse índice nas duas escolas talvez seja maior, já que os alunos sabiam que estavam respondendo a um questionário para uma professora de Geografia e, em função disso, podem ter "amenizado" tal rejeição.

As razões apontadas pelos alunos para gostarem de Geografia foram variadas, mas é possível destacar algumas, como aquelas bastante vagas, do tipo: "porque é bom", "porque é uma boa matéria", "porque eu aprendo muitas coisas" (23,57%), ou, mesmo, do tipo: "não sei explicar" (3,57%). Algumas respostas, embora não expliquem na verdade por que eles gostam dessa matéria, apontam elementos de suas representações: "porque aprende mais sobre o Brasil e outros países", "sem ela não localizamos nada no mundo", "gosto de estudar hemisfério, natureza", "mostra como a Terra é", "para aprender a ler os mapas" (22,8%). As respostas dos alunos à questão "para que serve a Geografia" também nos dão alguma base para compreender os elementos de ligação mais imediata com essa matéria. Algumas foram bastante vagas, do tipo: "para aprender muita coisa", "para ampliar conhecimentos" (10%) ou também: "não sei" (6,42%). Outras levantaram aspectos específicos de orientação, localização e representação, como: "para nos localizarmos através do mapa", "para nos orientar", "para conhecer o mapa geográfico" (12,14%). Outras, ainda, levantam aspectos mais genéricos: "para aprender mapas, hemisfério e conhecer a Geografia do mundo", "para conhecer o Brasil e o mundo", "para aprender coisas que acontecem no país" (27,85%).

Depois dessa caracterização dos alunos de 5ª e 6ª séries das duas escolas, foi feita a caracterização específica dos 20 alunos da pesquisa para verificar em que medida estaria condizente com a anterior, ou seja, em que medida esses alunos poderiam ser considerados representantes dos demais de sua classe ou série.

Comparando os dois grupos de estudantes, na maior parte dos itens considerados para a caracterização dos alunos, verificou-se que os que participaram da pesquisa possuem características comuns às das suas classes da escola.

Dados de observações informais

Além dessas características dos alunos, também foram observados alguns aspectos mais informais do cotidiano escolar.

Nas duas escolas pesquisadas, nos momentos de recreio e horários vagos, os alunos de 5ª e 6ª séries comportam-se de um modo mais ou menos convencional, ou seja, o papel que desempenham, como alunos, assemelha-se bastante ao desempenhado pelo conjunto de alunos observados em outros estudos dessa natureza (cf., por exemplo, Cavalcanti 1991, Chaves 1993, Oliveira 1992). Os alunos mostram-se alegres, descontraídos, barulhentos. Estão ainda numa faixa etária em que as brincadeiras escolhidas no recreio ou no final de aula são aquelas em que despendem a maior energia física possível, como jogar bola, correr bastante, jogar "coisas" uns nos outros, conversar alto e todos ao mesmo tempo, gritar mesmo. Brincavam, assim, nos poucos segundos em que saíam de suas salas no intervalo entre uma e outra aula, ao ponto de muitas vezes ser necessária a intervenção da coordenação da escola para "botar os meninos dentro de sala". É desse modo que se comportam, também, nos primeiros instantes das aulas, momentos em que os professores entravam, dirigiam-se até suas mesas (quando as tinham) e organizavam o material a ser utilizado na aula. Frequentemente, esses instantes prolongavam-se até o início da chamada, quando os professores, grande parte das vezes, a interrompiam para lembrar aos alunos o comportamento esperado "dali" em diante.

E, de fato, o que se observa nos momentos das aulas (após a chamada) é que na maioria das vezes os alunos conseguiam comportar-se do modo esperado. Quando isso não acontecia, logo eram levados a isso à custa de mecanismos de controle, como conversa, "sermão" e ameaças da professora. A partir desse momento, os alunos sentavam-se em suas carteiras, tão imediatamente quanto possível, permaneciam em silêncio e sua atenção voltava-se (pelo menos em tese) ao que a professora iria fazer ou dizer ou, ainda, mandar fazer. Ao contrário dos outros momentos, agora a energia física gasta era a mínima possível, apenas um aluno deveria falar de cada vez, o entrosamento entre os alunos e entre eles e a professora deveria ser apenas o necessário. Ou seja, uma mudança que pareceu ser brusca demais para crianças nessa faixa etária. O resultado é que, por essas e várias outras razões, as crianças desempenhavam seu papel de alunos formalmente: prestavam atenção às aulas, copiavam matéria, faziam exercícios, com dificuldades para se envolverem de fato com as atividades rotineiras da sala de aula. Essa rotina foi também constatada em outro estudo, aparecendo como garantia para a realização de um tipo de ensino:

> O processo de ensino é um ato mecânico – o professor apresenta, interpreta para o aluno o conhecimento sistematizado no livro didático. A função do ensino é formal – requisito para se obter aprovação institucional – e culturalista – bem informar o aluno para que ele se sinta realizado pessoalmente. A aprendizagem é conseguida pela repetição, por várias vezes e de diferentes formas, dos conteúdos transmitidos, o que possibilita sua reprodução mecânica. (Cavalcanti 1991, p. 237)

A rotina das aulas nas escolas que pesquisei não parece fugir ao padrão das escolas similares. Na 5ª e na 6ª série da escola A, por exemplo, pude assistir a diferentes tipos de aula: aula expositiva, aula de correção de exercícios e aula de trabalho independente do aluno, individual e em grupo. Em qualquer deles pude perceber um envolvimento formal do aluno e uma dificuldade em acompanhar as atividades, como mostram estes trechos, a seguir, do registro de campo das aulas observadas:

- aula de correção de exercício: "A turma acompanha normalmente, participando das perguntas, dando as respostas. Um aluno perto de mim está fazendo tarefa de Português";
- aula expositiva: "Os alunos estão atentos, mas alguns, principalmente os que estão atrás, estão ou distraídos ou fazendo outra atividade";
- aula de introdução de matéria nova: "Agora vão ver outros aspectos do Brasil – Os problemas sociais. Ela diz que os alunos estão sentindo esses problemas na pele, mesmo sendo novos como são. Fala um pouco sobre aspectos gerais do tema que será estudado (...) Os alunos participam mas é como se não fosse com eles, parece que isso não os mobiliza (...) E vai pedindo a participação de quem leu o texto. Os alunos estão em silêncio, mas a participação é pequena";
- registro feito após essa aula: "A professora começou fazendo uma brevíssima introdução do assunto. E olha que assunto! 'Problemas socioeconômicos do Brasil' (...) o que eu acho pior é a formalidade das aulas, das atividades. A professora parece não estar envolvida, ela vai falando e fazendo suas coisas meio que mecanicamente e sem entusiasmo. Os alunos, em troca, agem formal e mecanicamente, também sem entusiasmo. Vão copiando as questões, mas nem sabem direito do que se trata, já vão deixando espaços para as respostas (que são, portanto, previsíveis, já que se determina antes o espaço necessário para elas)";
- aula de dinâmica de grupo: "Após 20 minutos de atividade de grupo, os alunos que eu observo ainda estão em silêncio, não conseguem trocar ideias sobre as respostas. O máximo que conseguem é copiar um do outro".

Não estou querendo entrar no mérito da questão de disciplina e de certos procedimentos institucionalizados na escola, que é uma problemática bastante complicada e seu tratamento foge aos objetivos específicos desta pesquisa (em parte abordei essa problemática na dissertação de mestrado já mencionada). O intuito é apenas o de confirmar comportamentos de professores e alunos já verificados e vivenciados no cotidiano escolar e com isso avaliar as consequências desses comportamentos para o processo de aprendizagem. Quero dizer com isso que o modo de funcionamento das escolas em geral requer uma série de formalidades, algumas talvez necessárias, outras não, que acabam por se tornar obstáculos ou limites para a aprendizagem que é, afinal, seu objetivo maior.

Considero importante que os pesquisadores e principalmente a escola e os professores que lidam diretamente com as atividades de ensino atentem para essa questão das formalidades na escola. Ao vivenciar momentos de ensino realizado nas escolas da pesquisa, verifiquei situações que ilustram essa questão. Registrei anteriormente uma atividade de grupo que presenciei na qual percebi grandes dificuldades de entrosamento dos alunos no desenvolvimento da atividade. Também participei de atividades de grupo nas outras classes e o comportamento observado não foi diferente. No entanto, quando organizei uma atividade de grupo especificamente para minha pesquisa (portanto não valia nota, nem presença, nem havia uma relação de poder explicitamente estabelecida entre mim e os alunos), o comportamento dos alunos mostrou-se bastante diferente. A dificuldade (principalmente no momento de transcrever a gravação) foi a de acompanhar a discussão, pois em determinados momentos todos falavam ao mesmo tempo e cada um queria dar sua opinião. Quero dizer que houve um real envolvimento dos alunos e um grande entusiasmo ao desenvolver a atividade. E fica a questão: será que esse envolvimento só foi possível em razão da natureza da atividade ou também ao seu conteúdo?

Quanto ao comportamento verificado nas atividades escolares, conforme ficou evidenciado, os alunos apresentam similaridades em relação a outros alunos de outras escolas públicas. Da mesma forma, suas características pessoais e socioeconômicas podem ser consideradas similares. Isso significa que a descrição dos alunos aqui apresentada corresponde, no geral, a alunos que frequentam as escolas públicas e que as representações dos alunos da pesquisa, trabalhadas no próximo item, embora não possam ser generalizadas, contêm, em alguma medida, elementos que são comuns a certos grupos sociais.

As representações sociais dos alunos

Conforme o que vem sendo explicitado, o foco principal da pesquisa foi a formação de conceitos científicos em Geografia, visando captar o significado que estaria sendo dado a esses conceitos mediante as representações sociais de alunos e professores. Propunha-me a compreender a percepção subjetiva de alguns aspectos da realidade referentes ao espaço, por meio de alguns conceitos trabalhados pela Geografia na escola. Ao apanhar alguns aspectos do espaço vivido e percebido pelos alunos, pretendia chegar ao seu conhecimento geográfico.

Com esse propósito, planejei uma entrevista com os alunos, individualmente, e organizei uma atividade a ser realizada por cada grupo de 5 alunos das 4 classes. Os depoimentos individuais dos alunos, em entrevista, foram os principais elementos para se investigarem suas representações. As atividades de grupo, por sua vez, foram utilizadas para um cotejamento com as informações das entrevistas, já que ambas tratam de conteúdos equivalentes.

Tendo como referência os objetivos da pesquisa e conceitos elementares da Geografia, elaborei um roteiro de entrevista. A intenção inicial era de que esse roteiro fosse apenas um suporte complementar que auxiliasse na condução da fala "livre" dos alunos, conforme uma entrevista semiestruturada. No entanto, a reação deles – respostas monossilábicas a perguntas específicas – não permitiu que o discurso livre e espontâneo fluísse em todos os momentos da entrevista. A dinâmica que se revelou produtiva foi a da entrevista estruturada, em que o entrevistador segue bem de perto o roteiro previamente elaborado procurando obter respostas mais assertivas.

As crianças entrevistadas demonstraram dificuldades em verbalizar suas ideias, em definir conceitos, o que, por um lado, é próprio de sua faixa etária (entre 11 e 13 anos), de acordo com Piaget e mesmo com Vygotsky, e de seu nível intelectual. Mas, por outro lado, pode significar também despreparo em expressar ideias, por lhes faltarem oportunidades de desenvolver as habilidades e capacidades operativas necessárias, tanto na escola como em outras instâncias de sua vida social. Seja como for, no caso específico dessas crianças, a fala livre e espontânea não ocorreu, a não ser em alguns casos atípicos.

O roteiro da entrevista foi elaborado com uma sequência de perguntas que visava captar as representações dos conceitos geográficos de lugar, paisagem, região, território, natureza e sociedade, finalizando a entrevista com perguntas que buscavam a representação da própria Geografia, como matéria de ensino.

Lugar

As representações sociais de *lugar* foram apanhadas nos depoimentos dos alunos sobre o bairro, a escola, o centro da cidade onde moram e nas informações sobre localização, orientação e atitudes em relação ao seu bairro (pontos positivos, pontos negativos, bairros em que gostariam de morar, em que não gostariam) e outros locais.

O primeiro item para captar a representação de *lugar* foi o levantamento de referências e informações que os alunos usaram para falar sobre seu bairro e o centro da cidade (que nesse caso foi utilizado como um ponto de referência importante, que permitiria captar informações sobre sua cidade). Tanto as referências quanto as informações dadas pelos alunos me pareceram precárias. Os alunos demonstraram dificuldade em dizer a localização de seu bairro, fazendo-o mais com gestos (é bem ali, perto daquela saúde ali... pra aquele lado ali...) do que com palavras e pontos de referência mais precisos. Alguns elementos citados como referência ao seu bairro se caracterizam por serem vagos e imprecisos: "...perto daquela saúde ali...", "...tem uma praça lá perto...", "...quadra de futebol...", "...praça, pracinha onde o Vila União (linha de ônibus coletivo) passa...", "...pracinha...", "...mata...", "...eu moro perto da mata, assim...".

Entre os elementos de referência citados a respeito do centro e do caminho do seu bairro ao centro, o que mais os alunos destacaram foram as lojas. Na maioria das vezes, não souberam dizer os nomes de locais públicos considerados mais populares da cidade, como o Horto Florestal, o Parque Mutirama e o Bosque dos Buritis, que são referências importantes para Goiânia, como o exemplo a seguir:

> A1[3]- Ah... conheço o horto ali no centro, aquele... como é que chama? É... esqueci o nome, é... o T7 (linha de ônibus) passa em frente ele. É onde que levanta aquela água pra cima...
> P- Ah... é o Bosque dos Buritis?
> A1- É.

Essa dificuldade de nomear lugares pode estar relacionada, entre outras coisas como a idade, à inexperiência dos alunos. São crianças e/ou adolescentes que muitas vezes conhecem pouco outros bairros ou o centro da cidade, sendo que alguns deles também não circulam muito no próprio bairro. Segundo informaram, grande parte deles (12) não vai ou vai apenas "de vez em quando" ao centro da cidade, utilizando o ônibus coletivo como meio de transporte, mas sempre acompanhada do pai ou da mãe.

Na entrevista, foi proposta a cada aluno uma situação/problema hipotética para que sugerisse solução. Foi perguntado o que faria se, quando estivesse no centro da cidade, encontrasse alguém que estivesse perdido e pedisse ajuda para ir ao seu bairro. A explicação de seu bairro a um desconhecido, atividade bastante comum e importante a qualquer cidadão, revelou-se para os alunos uma tarefa bastante difícil. A maioria não conseguiria ajudar esse desconhecido. Tentaram solucionar esse problema pelo do modo mais fácil para eles e, depois, diante da sugestão da entrevistadora de novos elementos à situação, buscaram outras formas de solução. É interessante assinalar que a primeira tentativa de explicação para a maioria – 10 alunos – foi a de ensinar ao desconhecido a linha de ônibus que deveria tomar, o que a rigor não é uma explicação de caminho (a essa tentativa seguiu-se a de levá-lo pessoalmente ao bairro – 4 alunos – ou o aluno simplesmente dizia não saber – 4 alunos). Se a linha de ônibus não é a rigor um caminho, demonstrou ser, no caso

---

3. Na transcrição dos diálogos das entrevistas e outros serão utilizados A1, A2, A3... para designar os alunos e "P" para designar a pesquisadora.

desses alunos, uma referência espacial importante. Pode-se exagerar e dizer que essas crianças conhecem os lugares e os vivenciam através do "ônibus". Essa importância do trajeto do ônibus como meio de orientação e localização espacial ficou evidente em vários momentos das entrevistas, não só nesse momento específico. Por exemplo:

> P- Onde fica esse setor, é aqui perto?
> A1- ...onde que o Vila União - Campinas passa (linha de ônibus), aí ele vira, ele passa aqui nessa rua e vira pelo campo subindo assim, aí passa direto, faz a curva e sobe lá pra cima. Aí no primeiro..., no segundo..., no terceiro ponto daqui pra lá.

Após a primeira tentativa de solução, foi apontada ao aluno a condição de que o desconhecido tivesse de ir a pé. Muitos (12) acharam difícil e desistiram de "ajudar" o desconhecido. Outros disseram que ensinariam o caminho pela linha do ônibus (ou seja, insistiram no mesmo ponto de referência); algumas explicações davam detalhes desse caminho, como o exemplo desta aluna: "eu ensinaria, assim, pra ela ir direto, passava pela avenida Goiás, da avenida Goiás ela passava pelo setor Pedro Ludovico, lá ela ia andar pelo Setor Pedro Ludovico todo, lá ela ia ver o terminal Isidoro, aí depois do terminal Isidoro ela passava perto do Economia, descia, e de lá do Economia ela passava perto de uma mata, ia em frente...". Impressionou-me a riqueza de detalhes, pela representação que ela tem do caminho e pelo seu mapa mental traçado. No entanto, ela não incorporou no discurso, por exemplo, as noções de orientação: leste, oeste, norte, sul, o que a ajudaria bastante.

Apresentada mais essa dificuldade, eu perguntava a seguir em que direção o bairro (em alguns casos a escola) se encontrava do centro, se era leste, oeste, norte ou sul. Alguns (4) disseram que não sabiam nem quiseram arriscar uma resposta, enquanto a maioria arriscava uma direção, mas a forma como respondiam revelava pouca convicção ou mesmo uma resposta aleatória, como nos exemplos: "...acho que no leste-oeste", "acho que é leste, ou sudeste...", "acho que era o norte (Por quê?) ah! eu não sei não", "acho que tá no norte... tá na frente". Dois alunos revelaram uma maior compreensão dessa questão ao responderem tentando explicar a relatividade desses pontos de referência ou a relação deles com a posição do sol, apesar de demonstrarem um raciocínio confuso:

> (5ª série) "eu acho que é norte... se nós tivesse no Horto (o Zoológico de Goiânia) ficaria no Norte, agora se nós tivesse pra cá do Horto estaria no oeste"; (6ª série) "não sei... oeste... porque o sol nasce de cá, não é? e o setor fica pra cá" (os dois alunos são da escola A, que se localiza num bairro que está na direção sudoeste em relação ao centro da cidade, e o zoológico está entre o centro da cidade e o bairro da escola, na direção oeste).

As respostas da 5ª e da 6ª série sobre essa última questão não foram diferentes. Acho importante, porém, destacar a precariedade das respostas considerando-se que, na 5ª série, os alunos estudam orientação (retomando conteúdos da 1ª fase), sendo de se supor que na 6ª série esse tema já esteja um pouco mais incorporado. Há, pois, indícios de inadequação do processo de ensino realizado na escola, no que diz respeito aos objetivos, conteúdos e métodos. Essa inadequação pode ter provocado uma consolidação precária de conhecimentos geográficos, o que se evidencia na constatação de que os conteúdos trabalhados não se mostraram assimilados pelos alunos entrevistados, nem os de 5ª série (que já estudaram esse assunto na 1ª fase do ensino fundamental) nem os de 6ª série (que o trabalharam na 5ª série, além de tê-lo estudado também na 1ª fase).

As dificuldades em utilizar os "pontos de orientação da Geografia" foram verificadas também nas atividades de discussão em grupo com os alunos. Foram apresentadas a eles três situações diferentes para que, após discutirem entre si, apontassem as direções com base nos pontos cardeais e colaterais (ver atividade no Anexo). Tanto na 5ª quanto na 6ª série, os alunos ficaram discutindo durante vários minutos cada proposição feita para chegarem a uma conclusão. Na discussão, demonstraram uma falta de convicção ao apontar uma ou outra direção e chegaram, na maioria das vezes, a resultados incorretos (de 29 respostas, 21 estão incorretas e, dentre as que estão corretas, algumas estão certas parcialmente já que os alunos colocam, por exemplo, sul quando o correto seria sudoeste). A falta de convicção dos alunos pode ser mostrada no seguinte exemplo:

(O exercício – no Anexo – consistia em apontar, num desenho de uma sala de aula, qual a direção para um aluno "x" seguir o caminho mais curto até a mesa do professor. A resposta correta seria leste.)
A1- Não entendi.
A2- É pra responder leste, oeste, esses trem?
(silêncio, alguém ri)
P- Fala, gente!
A3- Eu levantava o dedo e pedia se posso levantar...
P- Não, é pra falar a direção.
A1- Pro leste.
A4- Eu também ia pro leste.
P- Por quê?
A2- Norte é a 2ª... porque aqui ó, eu ia reto e...
A4- Eu ia pro norte.
A2- Pra aquele lado ali, norte é pra aquele lado.
A5- Eu ia pro oeste, não era pra leste, não. Eu ia pro oeste.
A4- Eu ia pro norte, também.
P- Por quê?
A4- Porque fica mais fácil.
A1- Eu ia pelo norte (ri).

P- Vocês têm que chegar num acordo.
A4- Eu ia pro oeste.
A2- Pelo leste.
A5- 1ª oeste porque...
A1- 1ª é leste, gente. (5ª A, escola B)

Em alguns casos, os alunos levaram em conta o sol como ponto de referência, fizeram um raciocínio correto sobre o mecanismo de orientação, mas não conseguiram acertar o exercício, e alguns que acertaram não tinham consciência do que fizeram, como nos exemplos:

(O exercício é o mesmo do exemplo anterior.)
A1- Lá é o sol, ué!
A2- Tá representando oeste.
P- Quem?
A2- Lá, o sol não tá se pondo aqui? Aquela parte fica como tá representando o oeste.
P- E o que tem isso a ver com o desenho?
A2- É que a mesa do professor tá representando o oeste, por isso fica sendo o oeste?
P- É, S?
A1- É, uai. (5ª A, escola A)

(O exercício consiste em, diante de um desenho de um campo de futebol com os jogadores, indicar as direções que a bola tomaria em casos de chutes específicos, sendo que no caso do exemplo a seguir o correto seria a direção noroeste.)
A1- 6 horas da tarde.
A2- Tá no sul.
A3- Sul? Tá pro norte.
A4- Aqui ó, o sul.
A3- Aqui, norte, o norte é aqui ó.
A4- Por que o norte é aí? (ri)
A3- Cê lembra que o R (professor de Geografia dessa turma de alunos, no ano anterior) falou que o norte é pra frente? Então, aqui a frente dele, norte, sul, leste, oeste.
A4- Leste, oeste, norte, sul?
A3- Aqui também a frente.
A2- Aqui a frente dele, ó.
A5- Mas o Renato (jogador do exercício) tá virado pra cima.
A2- Pois é, olha o Renato aqui, ó, quer ver?
A1- O Renato tá no meio do campo.
A3- Pois é, e ele tá pra cá, ele chuta pra ele e vai jogar pra cá. (6ª A, escola B)

Embora na maior parte das vezes os alunos tivessem apontado a direção errada, o raciocínio era encaminhado, porém parecia estar cristalizado para resolver essas questões. Eles apontam o sol como referência, mas demonstram dificuldades de trabalhar com referências que não são fixas (ora o sol está no leste ora no oeste), o que implica raciocinar em termos relativos e reversíveis. E a escola pode estar reforçando esse raciocínio cristalizado, dificultando o desenvolvimento do pensamento reversível, quando, por exemplo, propõe exercícios e mostra exemplos (que trazem os livros didáticos) nos quais o sol está sempre "embaixo" no desenho e é sempre de manhã, ficando assim sempre no leste. Daí, talvez, uma das razões dessas dificuldades verificadas. Além disso, os professores também podem estar contribuindo para esse tipo de raciocínio, reforçando-o, como fez o professor citado pela aluna, ao afirmar que o "norte fica sempre na frente".

Buscando captar mais informações dos alunos a respeito de lugares, foi pedido que se lembrassem de alguma notícia da TV, de fora do Brasil, que havia chamado sua atenção. Após o relato do acontecimento lembrado, eu fazia algumas perguntas a respeito do local desse acontecimento. A lembrança da notícia da TV foi apenas um pretexto utilizado para que o aluno relatasse, com alguma espontaneidade, algum fato ocorrido distante de seu cotidiano e que pudesse, assim, dizer sua localização. Nas respostas chama a atenção o fato de que todos se lembraram de acontecimentos ruins, de catástrofes, de mortes, de guerras. Não houve nenhuma lembrança de algo agradável, uma descoberta importante, uma festa bonita. A notícia parece sugerir a essas crianças apenas fatos negativos. (Como andam nossos noticiários de TV!) Ao tentar determinar o lugar do acontecimento de que se lembravam, os alunos demonstraram dificuldades. Uma razão provável para isso é que os pontos de referência mais elementares para essa localização não estavam bem internalizados por eles, como se percebe nestas respostas:

5ª série
Morte de Ayrton Senna:
"Foi em Ímola, na Itália (Onde fica?) Ah! (ri) eu não sei... não sei explicar... Eu acho que a Itália deve ficar bem próximo".
Assalto em São Paulo:
"(Onde fica São Paulo?) Não sei (...) (Fica fora do Brasil?) É (Em que lugar?) Não sei (...) (São Paulo pertence a qual país?) Ele pertence ao Brasil (Então como é que fica fora do Brasil?) Não sei (ri) eu não entendo nada disso".
Explosão de bomba na Tchetchênia:
"Acho que nos Estados Unidos (O que é Estados Unidos?) É um lugar de se viver. Mas lá as pessoas são muito mal. Lá não é bom de se viver, não. (E a Tchetchênia?) Pra mim pode ser uma cidade lá dos Estados Unidos ou do Japão".

6ª série
Guerra do Golfo:
"Até hoje eu não sei onde fica esse Golfo. (Você acha que é outro país?) É outro país. Só que eu não sei onde fica".
Terremoto no Japão:
"(Onde fica?) Não sei explicar, não. (Fica em algum continente? Qual?) Continente Africano... eu esqueci (ri) (...) é muito longe".

Outras respostas, sobretudo de alunos da 6ª série, demonstram maior familiaridade com as referências de localização como as de continentes, oceanos, países, embora apresentem ainda confusões e insegurança quanto a essas informações: "É um país lá na Ásia parece (A Ásia fica na Europa?) Eu acho que fica" (5ª série); "(Onde ocorreu a explosão?) Lá em Ocarrama (*sic*), a capital lá é Tóquio, né? (...) (E Ruanda?) Na Ásia (Na Ásia?) Na África" (6ª série); "(Onde é a África?) (...) é um continente (...) tem o Oceano Atlântico e é do outro lado" (6ª série); "Nos Estados Unidos (Os Estados Unidos fica no Brasil?) Não. Na região norte do Continente Americano" (6ª série).

Outro aspecto trabalhado com os alunos em relação à sua representação de lugar foi o referente à sua atitude relativa ao bairro onde moram. Perguntei se gostavam do seu bairro e a grande maioria (18) respondeu sim. Em seguida, indaguei por que gostavam, ou o que era bom e o que não era bom no seu bairro, ou ainda como era seu bairro.

Entre os motivos que levam essas crianças a gostarem do seu bairro, um merece destaque por ter sido citado por grande parte delas (10). É a referência aos colegas, amigos ou familiares, o que sugere que o principal atrativo do espaço vivido, para essas crianças, são as relações pessoais nele travadas. Na verdade, sugere a emergência, na experiência cognitiva, das relações sociais imediatas como ingredientes mais palpáveis do espaço vivido. Uma segunda razão apontada com frequência (9) diz respeito ao fato de o bairro ser calmo, tranquilo, a rua calma, ou não ser "lugar que o povo só vive bêbado", ou "quase não tem bagunça". Outros motivos, menos citados, referem-se ao fato de o bairro ser divertido, ter quadra de futebol, *videogame* etc. Um depoimento de uma aluna (6ª série) chamou a atenção: "Aqui a gente pode brincar na rua... tem terra... A liberdade, assim, de brincar... tá num lugar que é nosso também". Esse depoimento dá mais uma ideia do quadro de valores dos alunos a respeito do espaço de sua vivência.

Os fatores citados como pontos positivos de seu bairro, ou de seu lugar de vivência, revelam pontos essenciais para a criança em relação ao espaço. Ela gosta do lugar porque ele tem referências de alegria, de proteção, de segurança, de liberdade (veja por exemplo os seguintes trechos: "... tá num lugar que é nosso", "melhor nós morar na casa própria da gente mesmo do que ficar morando de aluguel"). Aliás, como diz Lima (1989): "Para a criança existe o espaço-alegria, o espaço-medo, o espaço-proteção, o espaço-mistério, o espaço-descoberta, enfim, os espaços da liberdade ou da opressão". E eu diria que se os pontos positivos citados confirmam esses espaços da liberdade citados por Lima, os negativos podem ser interpretados como espaços da opressão, como se observa a seguir.

Os pontos negativos do bairro citados pelos alunos têm como referência o perigo e a violência, como demonstram alguns depoimentos: "lá tem muito acidente de carro", "...tem gente que rouba", "às vezes tem muita bagunça... eu já fui perseguida", "o povo lá da rua, eles é muito enjoado", "no centro...eu fiquei com medo, a gente vê um menino por perto, já fica com medo, né? Minha tia já foi roubada muito naquele centro...".

É possível perceber esses mesmos valores, ou seja, a valorização do lugar da liberdade e a desvalorização do lugar da opressão, quando se analisam os lugares em que gostariam de morar e por quê, bem como os lugares em que não gostariam de morar e por quê.

Dentre as características dos bairros em que gostariam de morar citaram principalmente aquelas referentes às suas relações pessoais, seguidas de aspectos relacionados ao que o bairro oferece, como bar, padaria, igreja, escolinha de futebol. Por exemplo: "porque é perto da casa da minha vó", "porque algumas colegas podem me visitar", "porque lá tem minha tia", "porque é perto de onde meu pai trabalha".

Da mesma forma, os depoimentos das crianças sobre os lugares em que não gostariam de morar se referem a aspectos como desorganização, perigo e violência, como mostram os seguintes trechos: "é muito desorganizado... Quando uma pessoa briga tem de brigar no meio da rua", "é muito movimentado", "por causa da malocagem", "não é asfaltado, as coisas são caras, é ruim pegar ônibus", "lá é muito baguncento, tem muito ladrão".

Enfim, as crianças disseram que gostam de um lugar para viver, para morar quando esse lugar lhes oferece coisas que preenchem necessidades vitais, como: segurança, liberdade, afetividade, alegria e ludicidade. Em relação a esta última necessidade, os depoimentos evidenciam-na quando as crianças relatam suas atividades no bairro. A pergunta "o que você faz no bairro?" ou "o que gosta de fazer no bairro?" era respondida predominantemente conforme estes trechos: "conversar com meus colegas, passear, brincar de bola, jogar vôlei na praça, andar de bicicleta, patins", "brinca, diverte, brinca de rodinha", "jogar vôlei, *videogame*, futebol", "só jogo bola mesmo", "jogo vôlei com meus colegas", "pique-esconde, de bola, de bicicleta".

Paisagem

O segundo conceito trabalhado nesta pesquisa foi o de *paisagem*. Para captar a representação que as crianças tinham a respeito desse conceito foi perguntado se no centro, ou se no caminho da casa ou se no próprio bairro havia paisagem e qual era. Em seguida foi perguntado o que era paisagem, o que lhes lembrava paisagem.

Para a maioria dos entrevistados (14), paisagem lembra um lugar bonito. Essa referência é tão forte que algumas crianças utilizaram um outro tipo de linguagem (a forma e a entonação poéticas!) para expressar o que era paisagem, conforme atestam os trechos a seguir: "... campo cheio de rosas, árvores dando fruto, tudo florido. Muita coisa boa", "um lugar grande... bonito", "paz, um lugar tranquilo", "árvores, coisas bonitas, assim, que aparece, que tá na nossa vista", "ah!... coisa bonita, que deve ser respeitada", "é um lugar marcante, um lugar bonito... lugar que marca sua consciência", "um negócio, assim pra enfeitar... Um desenho, assim, com Jesus Cristo...".

Observa-se nesses depoimentos que a ideia de *paisagem* que está sendo construída por essas crianças é estereotipada, é uma imagem, é um lugar idealizado, idílico. Não parece ser um lugar real, onde vivem pessoas comuns, onde trabalham pessoas comuns. É, além disso, uma imagem estática, que não apresenta dinâmica, que não se transforma sem deixar de ser paisagem. Ou seja, a imagem de paisagem para a maioria desses alunos parece ser a de uma estampa de parede, retrato de "folhinha", um quadro do tipo que comumente é encontrado pendurado em paredes de casas populares.

Apesar dessa imagem estática e idealizada, as crianças conseguiram dar alguns exemplos de paisagem, agora um pouco mais concretos, menos formais e menos ideais. Dos exemplos fora de seu bairro predominaram locais onde essa imagem anterior pudesse ser contemplada pelo menos em alguma medida, como os exemplos a seguir: "Lago das Rosas, Bosque dos Buritis" (importantes equipamentos urbanos de lazer em Goiânia), "as árvores e os bichos", "Praça Cívica, rodoviária", "pracinhas", "prédios pintados, de cor bonita". Algumas não conseguiram dar nenhum exemplo, segundo uma delas "no centro é muito poluído, tem barulho demais. No caminho só vejo carro".

A definição de paisagem dada pelos alunos não foi na maior parte das vezes uma definição genérica, o que é requisito para a formação de um conceito. Isso indica que, em relação ao tema, esses alunos estão ainda numa fase de pseudoconceitos ou pensamento por complexos, como define Vygotsky (1993). Nessa fase a explicação do conceito é feita por um de seus atributos ou por exemplos.

Em relação a seu bairro, grande parte disse que não havia paisagem, alguns arriscaram um exemplo, como estes: "não tem... na pracinha até que tem muitas árvores", "só tem a mata (ri), que é bonito lá, fica lindo quando o sol aparece", "não, só na praça da igreja que tem". Percebe-se que não encontrar paisagem no seu bairro pode influenciar na atitude dessas crianças em relação ao seu lugar, tendendo a desvalorizá-lo, já que associam paisagem a beleza e não percebem beleza no seu bairro. Aqui a identidade com o seu bairro não é tão evidente como parecia nos depoimentos sobre lugar.

Essa imagem de paisagem como "estampa" é predominante nesses alunos, mas, apesar disso, alguns exemplos dados se distanciam dessa imagem, como os seguintes: "prédio... lojas", "o setor que passa, mata", "muito muro pichado". Isso parece sugerir um sentido de coisas que se veem, de objetos concretos naturais ou construídos.

De qualquer forma, aquela imagem é predominante nas crianças tanto da 5ª série como da 6ª série, o que mostra que as de 6ª série não formaram conceitos sobre paisagem natural e paisagem cultural, ou outros estudados na 5ª série.

Para explorar um pouco mais esses conceitos de paisagem natural e cultural, foi pedido aos alunos, na atividade de grupo, que observassem três figuras (no Anexo) que representavam estágios diferentes de modificação de uma paisagem (a 1ª uma paisagem natural, a 2ª a mesma paisagem em processo inicial de ocupação pelo homem e a 3ª, já bastante ocupada, inclusive com uma zona urbana). Após a observação, os alunos deveriam discutir e chegar a uma conclusão sobre os elementos de cada figura e as mudanças ocorridas. Eles desenvolveram a atividade, acatando o termo paisagem geográfica para as três figuras, embora elas contivessem apenas elementos de paisagem natural.

A maioria dos alunos apontou na 1ª figura elementos mais visíveis, sendo que os mais citados foram: "árvores", "muitas árvores", "floresta" (apesar de serem observáveis outros elementos: serra, baixada, baía). Na 2ª figura acrescentaram, conforme consta na legenda, outros elementos: banana, criação de gado, rios e animais. E, na 3ª, acrescentaram: estradas, voçorocas, casas, igreja, fábricas e região urbana (um grupo sintetizou a 2ª e a 3ª figuras apontando apenas um fenômeno para cada, desmatamento e erosão, respectivamente).

Na 2ª parte da atividade, foi pedido que explicassem as mudanças que aconteceram naquela paisagem. Os diálogos e algumas explicações individuais evidenciam que os alunos entenderam vários processos pelos quais passou a "paisagem" analisada, embora algumas explicações careçam de orientação e sistematização, como as seguintes:

6ª B, escola A:
A1- Porque foi tirando as árvores, né? Foi plantando bananas, abrindo canal, teve criação de gado, depois veio abrir as fábricas, a região urbana. Depois, com o desmatamento de árvores, a chuva veio e fez a erosão.

5ª A, escola A:
A1- Antes era uma montanha, sem árvore sem casa, com árvores sem casa, depois virou uma cidadezinha e agora aqui já é uma cidade grande. Aí provocou rachadura na montanha, tem essa fábrica...
P- Por que provocou rachadura?
A2- Por causa do asfalto.
A1- Por causa das construções, aí vai e mexe com a terra.

Região

Esse conceito é bastante utilizado na análise geográfica e na prática cotidiana, além de ser, convencionalmente, matéria de estudo em quase toda a 6ª série (o conteúdo programático dessa série geralmente diz respeito ao estudo regional do Brasil). Por essas razões, a hipótese inicial foi a de que as crianças já tivessem formado uma representação de tal conceito.

A primeira questão feita sobre esse tema foi: "o que lembra região?" ou "o que é região?". Em seguida foi perguntado aos alunos se Goiânia, Goiás e Brasil eram região e, em alguns casos, foi pedido que dessem exemplos de região.

Em relação à primeira questão, a maior parte dos alunos respondeu com alguma definição sobre *região*. Alguns (8), no entanto, demonstraram dificuldades em dizer qualquer coisa a respeito. Demonstravam, inicialmente, não saber articular uma resposta, mas, diante de outras perguntas ou depois de algum tempo para pensar, a maioria arriscou alguma definição para o conceito.

As respostas foram variadas, mas é possível agrupá-las em tipos diferentes: no primeiro tipo estão as que apresentam uma definição genérica, abstrata ou abrangente de região, aproximando-se de um conceito, no segundo tipo estão as que explicam o conceito por meio de um de seus atributos ou de um exemplo.

O grupo de alunos que se encaixou no primeiro tipo de respostas foi de 8 alunos, 4 da 5ª série e 4 da 6ª série. Entre as tentativas de definição genérica do conceito abordado, uma chamou a atenção por apresentar uma ideia completa: "uma parte do espaço em que vivemos" (aluno de 5ª série). Essa resposta diferenciou-se das outras e aproximou-se de uma linguagem mais geográfica e científica, o que leva a supor que pode ser uma elaboração não pessoal, talvez uma reprodução de alguma definição. Outras tentativas seguiram o padrão das seguintes: "região da Terra", "um lugar de grupo", "um bairro", "uma parte ocupada por um país".

O grupo de alunos que respondeu a essa questão com exemplos ou algum atributo foi de 10 alunos, sendo também aqui igualmente distribuídos – 5 da 5ª série e 5 da 6ª série. As respostas seguiram o padrão das seguintes: "lembro que às vezes tem gente que vai visitar uma pessoa e não sabe onde é, aí chega e pergunta: qual essa região?", "por exemplo, uma cidade pequena pra mim acho que é uma região", "lembra pra mim, assim, um bairro, uma cidade (...) eu acho que bairro, cidade, tudo é região", "da região norte que tá na frente", "um lugar assim...(...) lá eles não falam região Centro-Oeste? Então, eu lembro isso". Como se pode perceber, essas respostas indicam que a maior parte das crianças ainda não consegue formar um conceito genérico de região, ao contrário, elas demonstram estar num estágio do processo de formação de conceitos que Vygotsky (1993) denomina de complexo e pseudoconceito.

O que pode ser um motivo de preocupação referente ao processo de conhecimento desses alunos é que os dois tipos de respostas foram encontrados na 5ª e na 6ª séries. Ou seja, nem a estimulação intelectual feita (?) na escola, "mexendo" com a Zona de Desenvolvimento Proximal do aluno (cf. Vygotsky), nem os conteúdos trabalhados, no período de um ano letivo (que é o que em princípio mais diferencia os dois grupos de alunos), provocaram alterações significativas em relação ao conhecimento dos alunos.

A imagem que aparece como mais recorrente do conceito de *região* é a de um local definido de forma absoluta e estática. Essa imagem é comum aos alunos tanto da 5ª quanto da 6ª série e pode ser verificada observando-se os termos por eles utilizados nas diferentes respostas referentes à questão da definição do conceito: "lugar", "espaço", "bairro", "cidades", "capitais".

Essas características de *região* acima mencionadas podem ser reforçadas ao se observarem as respostas dos alunos às outras perguntas (Goiânia é uma região? E Goiás? E o Brasil?). Na maioria das vezes, elas foram respondidas afirmativamente (das 34 respostas, com exceção de 3 que foram "não sei", 23 foram afirmativas). Alguns alunos não souberam explicar as respostas e outros (a maioria) deram explicações vagas ou confusas, como as seguintes: "(Goiânia)... é... um estado. Ah, é... uma região (por quê?) Porque ela é grande", "(Goiânia)... eu acho que sim (...) ela é habitada por muita gente", "Goiânia é a capital, mas é uma região também (...) porque ela pode estar na Região Norte, na Sul, na Sudoeste. (São regiões de quê?) São regiões da Geografia", (O Brasil é uma região?) "É". (Por quê?) "Ele faz parte de uma região (de que região?) Sei lá (ri)... Acho que Região Norte, não sei".

O maior número de respostas negativas sobre um exemplo de região foi referente ao Brasil. Nesse caso, de 14 respostas obtidas, 6 foram negativas, ou seja, 6 alunos responderam que o Brasil não é uma região. Eis algumas de suas explicações: "é um país, um estado... não, é um país", "não. (Por quê?) Porque é um país, porque dentro dele tem várias cidades, tem várias regiões, ele é um país".

Tanto as explicações das respostas afirmativas quanto as das negativas parecem reforçar a ideia de que para eles região é algo estático, é um local definido. Ou seja, o Brasil é um país, se é um país não pode ser uma região. Goiânia é uma cidade, mas é uma região porque "ela é grande", "ela é habitada por muita gente", "porque ela pode estar na Região Norte...". Quero dizer que a ideia de região assimilada pelos alunos parece ser cristalizada, estática, naturalizadora, no sentido de que não está internalizada em seu conceito (ou pelo menos nas noções manifestas até aqui) a concepção de processo, de regionalização (que inclui a ideia de critérios), de dinâmica espacial que define regiões. São essas as noções que permitiriam a explicação de que um país é um país de um "ponto de vista" (ou critério) e em outro é uma região, que uma área pode ser uma região de um país, mas ao mesmo tempo pode conter uma diversidade de regiões em seu interior. Do contrário, a ideia que se tem, e parece que é a predominante nos alunos, é de que região é aquele local que está definido como tal, não importa que sejam regiões existentes na realidade. O que não está assim conceituado, não é região. Só é região quando faz parte das regiões estabelecidas pela Geografia, ou quando são "regiões da Geografia", tal como se referiu a aluna da 6ª série.

Com o objetivo de tentar apreender um pouco mais as informações que esses alunos têm em relação a regiões estudadas por eles na Geografia, foram apresentadas, na atividade de grupo, duas *charges* (no Anexo), uma sobre a Região Nordeste e outra sobre o Sudeste do Brasil, para que as interpretassem.

As *charges* tratam das questões das desigualdades regionais no Brasil. A primeira ironiza o progresso da sociedade e a segunda critica uma habitual atribuição exclusiva a uma ou outra região de fenômenos sociais que são dinâmicos e contraditórios, como o problema da pobreza que não é exclusivo de uma região. Entender, portanto, essas *charges,* exigiria dos alunos, além de determinadas informações sobre as regiões em foco, uma capacidade de análise dos problemas sociais que elas possuem e de entendimento da linguagem sutil que caracteriza as *charges*. Foi interessante provocar os alunos com essa atividade e perceber como raciocinam com essa linguagem e como alguns chegaram a descobrir a "graça" das mensagens.

5ª A, escola B:
A1- O primeiro eu não entendi tudo não, o segundo que eu entendi.
P- O segundo o quê? Aqui é um, é uma piadinha e aqui é outra piadinha.
A1- Ah!
A2- Eu entendi nesse primeiro quadrinho aqui que eles...
A1- Eu já sei, eu já sei...
A2- ...vão ter facilidades de viver, os nenê que estão nascendo agora. Porque ele não teve facilidade, aí ele nunca levou vacina de sarampo. Aí: "Quando eu nasci na caatinga nem se tinha notícia que existia...". Ele não sabia que existia.
(...)
A2- Aí eu entendi que "agora já tem a notícia"... porque ele cresceu e tem uma família e tem até uma notícia da... vacina de sarampo.
(...)
A2- Eu entendi aqui, porque aqui nesse país não tinha notícia de sarampo, aí depois...
P- Que país é esse?
A3- Aí a situação ficou preta.
A1- Nordeste.
A2- Nordeste.
A3- Caatinga.
P- Que graça tem isso?

A1- Eu não achei graça nenhuma.
(...)
P- O que tem a ver essas duas *charges* com o que vocês aprenderam sobre região?
A3- É que numa região tinha notícia, aí passou pra outra, já não tinha notícia.
P- Que região?
(...)
A1- Nordeste.
A3- Nordeste e caatinga.
P- As duas *charges* são uma da caatinga e outra do Nordeste?
A3- É.

6ª A, escola B:
A1- É que esse aqui quando nasceu não tinha...
A2- Não tinha... não era desenvolvida.
A3- Não tinha vacina contra sarampo.
P- E depois?
A4- Agora tem... (M ri) notícia, não tem a vacina lá, por causa que lá é um lugar muito fechado, assim, parece que ninguém não (...) é um lugar seco, sem água, muita pobreza. O governo não faz nada...
P- E qual é a graça?
A5- Nenhuma, tem é tristeza.
P- E nessa 2ª *charge*?
A3- Ah, agora tem até... é... ladrão na cidade.
A1- Não, aqui o povo pedindo, ó.
A3- Pedindo dinheiro, é?
A4- Uai, aqui não é o Rio de Janeiro, com esses trem aqui?!
A3- Não é, não. Isso aqui é... é mesmo! É o Pão de Açúcar... ixa!... (pensa um pouco). Lá eles mudaram pra outro lugar, lá no Nordeste tá preta, agora aqui é o Rio de Janeiro. Por que será que eles estão aqui?
A2- Porque eles não conseguiram viver lá.
A1- Porque a situação tá preta lá, aí eles têm que vir pro Rio de Janeiro.
A3- Porque tem água de sobra, e é mais fácil.
(...)
P- Qual a graça que tem aqui, gente?
A1- Eu não achei graça.
A3- Ah, eu achei. Porque até no Rio de Janeiro tem uns cara pedindo esmola aqui.

Esses diálogos mostram a dificuldade que os alunos tiveram, principalmente os de 5ª série, de entender a mensagem das *charges*. É uma mensagem indireta, simbólica, que requer do observador um olhar mais atento, mais crítico, mais criativo, que vá além do literal. Esse olhar pode ser conseguido com um exercício habitual, na escola e fora dela.

Território

A conversa com os alunos sobre esse conceito também se iniciou com perguntas do tipo: "Quando eu falo território, você se lembra de quê?" ou "O que é território?". Em seguida era solicitado aos alunos que dessem exemplos ou que respondessem se Goiás e o Brasil são territórios.

Ao se analisarem as respostas às primeiras perguntas, percebe-se que esse conceito está muito pouco claro para os alunos, pois apenas alguns conseguiram expressar suas noções a respeito. Dentre os 18 alunos que responderam, 9 disseram não saber ou não se lembrar do significado da palavra território. As outras respostas podem ser distribuídas em dois tipos, aquelas com uma razoável articulação de ideias e aquelas muito vagas e imprecisas.

O primeiro tipo (4 respostas) pode ser exemplificado com os trechos: "...é uma parte ou uma porção do espaço ocupado por uma pessoa", "eu acho que é um espaço, um espaço que eles ocupam... (...) e que falam que é deles...", "território é, assim, um pedaço do território que a gente vive (a escola é um território?) é. (...) ...porque ela tem um dono". O segundo tipo (5 respostas) se caracteriza por respostas como estas: "às vezes ela fala: o território americano... (...) Em vez dela falar o continente ela fala o território", "...o território que o povo fez", "um território que seja só meu (...) aquele território ali é só do dono". O primeiro tipo de respostas caracteriza-se como tentativa de generalizar o conceito, o segundo tipo são aquelas que, não conseguindo definir um conceito, apresentam um exemplo de como ele é usado.

Alguns desses exemplos e opiniões se destacam porque demonstram a fragilidade das representações que os alunos têm sobre o conceito de território: "...a minha casa, a gente não pode falar que ela ocupa o país todo. A gente temos que falar é... a minha casa ocupa uma parte do território brasileiro", "(Goiás é um território?) Não, eu acho que Goiás é um estado (e Goiânia?). Acho que é um território, tá habitado por muitas pessoas, aí, eu acho que aí é um território habitacional...", "(Brasil é um território?) Ah, eu acho que é (por quê?) porque existem muitas pessoas, muitas pessoas têm seu próprio território".

Como se pode perceber, as crianças mostram dificuldades para definir *território*. Elas procuram defini-lo com alguma expressão na qual está contida a palavra, mas o significado dessa expressão não parece estar internalizado, já que a consideram similar a outras palavras como continente, região. Apesar disso, alguns requisitos foram atribuídos ao conceito e são interessantes por expressarem significados mais precisos.

Percebe-se que alguns alunos já têm uma representação desse conceito e a referência mais imediata para eles é a ideia de propriedade, de posse. Essa referência ainda é de uma propriedade particular – dono, meu território, seu próprio território –, não sendo levantada por eles a possibilidade de um território de propriedade coletiva, pública, mas, de qualquer forma, está presente a ideia de posse, de poder, que são componentes importantes, no meu entendimento, para a formação do conceito. Um outro componente que também considero importante para a formação desse conceito é a noção de limite, que não esteve presente no discurso dos alunos, apesar de ser, em alguns casos, conteúdo da 1ª fase do ensino fundamental, da disciplina de Estudos Sociais.

Natureza

Para captar a representação de *natureza,* perguntei aos alunos o que essa palavra lembrava. Em seguida, pedia que me dessem algum exemplo de natureza existente no local da entrevista (sala de aula, sala de biblioteca, pátio da escola). Também perguntava como, na sua opinião, era a relação da sociedade (ou dos homens em geral) com a natureza, o porquê dessa relação, qual a sua própria (do aluno) relação com a natureza e, por fim, perguntava para que servia a natureza.

A primeira pergunta tinha como objetivo apanhar a imagem desse conceito pelos alunos, o que levaria à análise do núcleo de sua representação. As principais referências feitas foram os seguintes elementos da natureza: animais e plantas (estas últimas também designadas como árvores, matas ou flores). Dos 20 alunos entrevistados, 19 fizeram referência a um ou aos dois elementos em suas respostas.

Para ampliar o significado dessa representação, é importante examinar as falas dos alunos sobre o que é para eles natureza, como as seguintes: "campo muito belo, aves, pássaros, animais de tudo quanto é qualidade (...) natureza é uma coisa muito bela", "as flores, as coisas boas que a gente ... acha que é natureza, né? As flores, os frutos", "lembra amor, né? amar a natureza", "natureza me lembra, assim, da vida, da gente, das pessoas (...) dos animais", "um paraíso... onde o homem não veio destruir", "um lugar, assim, todo verde", "Mata Atlântica, assim, por exemplo, é natureza. Onde que o homem ainda não mexeu. Só é habitado só por animais. Lugar bonito, paisagem", "dos animais, das plantas, de tudo que Deus deixou. Assim da água, da energia (...) Até os seres humanos, né? Que a gente é da natureza", "são as coisas boas que existem, a paisagem".

Algumas informações que podem ser extraídas desses depoimentos são bastante significativas para apreender as ideias de natureza que têm os alunos. Destaco, inicialmente, a referência que eles fazem à beleza, bondade, amor, vida. Natureza é beleza, é bondade, é amor, é vida. Perpassa aqui uma imagem idealizada de natureza, uma imagem idílica. E é interessante notar que, tal como quando se manifestaram sobre paisagem, aqui também se expressaram de forma poética ("natureza me lembra, assim, da vida, da gente, das pessoas"). Aliás, percebe-se uma associação desses dois conceitos: paisagem e natureza. Ambos incluem, para eles, algo de idílico, de ideal, de espiritual até. E ambos são, por eles, expressos na poesia, pois talvez a linguagem coloquial não tenha a forma adequada para expressar seu sentido mais abrangente ou profundo. A associação entre os conceitos de paisagem e de natureza é percebida claramente nas respostas, visto que por vezes paisagem é citada como sinônimo de natureza e por vezes é citada como exemplo desta: "(natureza) campo muito belo (...) ...então, paisagem é uma coisa muito bela (...) (Mas eu estou perguntando de natureza!) pois é, natureza é uma coisa muito bela...", "Lugar bonito, paisagem (natureza e paisagem é a mesma coisa?) Quase a mesma coisa (...) não tem diferença, é bonito mesmo, né?", "a gente, os vegetais, as árvores, paisagem... as matas...".

Nesta "paisagem-natureza" aparecem outros elementos, menos citados, que ajudam a compor seu significado, como: "a gente", "água", "energia" e "tudo que Deus deixou". Assim, o homem entra para compor o significado desse conceito, mas entra, neste momento, como um elemento a mais, não mais importante que os outros. Em certos casos até menos importante, como neste exemplo: "Até os seres humanos, né? Que a gente é da natureza". Mas ainda assim, percebo que "a gente" ou "os seres humanos" que entram aí são uma abstração; é predominantemente um homem como uma espécie, dentro do Universo que Deus deixou. Não é o homem que vive em sociedade, não é o que produz aqui ou ali, ontem ou hoje, não é o próprio aluno, não sou eu. Pois, nessa imagem por eles construída, o homem concreto não tem lugar, até porque nesse caso a imagem deixaria de existir, já que ela é exatamente o lugar, de acordo com um aluno, "onde o homem não veio destruir".

Por todos esses indícios, pode-se concluir que a imagem mais expressiva das representações dos alunos a respeito de natureza é a de paraíso, inclusive com a conotação religiosa que essa ideia carrega. A essa altura é importante questionar: essa é uma imagem exclusiva desses alunos? Essa não é exatamente a noção mais corrente do senso comum? Qual é a origem dessa imagem? Também não é essa a imagem da mídia e dos movimentos ecológicos? Se é a do senso comum, por que os alunos não internalizaram o conceito científico?

Essa imagem de natureza pode ser associada a uma outra concepção também citada que é a do verde, imagem, eu diria, não construída pelos alunos, mas reproduzida por eles às vezes sem o devido entendimento do seu significado, como pode ser observado neste interessante diálogo com uma aluna da 5ª série A, da escola A:

```
P- Aqui nessa sala tem natureza?
A1- Tem.
P- Onde?
A1- Os livros.
```

P- Os livros são natureza?
A1- São.
P- Por quê?
A1- Os verdes.
P- Os verdes? Por quê?
A1- Porque o verde faz parte da natureza.

Os outros exemplos citados pelos alunos referentes à natureza que poderia ser encontrada no local da entrevista foram predominantemente (9 alunos citaram) as árvores, as plantas ou a grama (é o tão famoso verde!). Outros exemplos foram as cadeiras, os livros, a água, a terra, exemplos que demonstram que os alunos já têm uma ideia de natureza modificada pelo homem, sem deixar de ser natureza. As ressalvas dos alunos para esses exemplos (como também a internalização do discurso da preservação ambiental, ecologia etc.) deixam clara a noção de natureza transformada: "(na escola?) Tem... mas destruída, né? (...) madeira, papel... tudo, os livros eu não sei", "A água, só que não é bocadinho assim né? (...) não é uma natureza... como é que fala?... natureza dela mesmo. Foi o homem que mexeu e colocou água pela torneira".

Outro aspecto levantado sobre esse tema foi o da relação dos homens (sociedade) com a natureza, com o objetivo de captar aqui alguma informação que eles têm da questão ecológica na atualidade. A maior parte dos entrevistados (12) respondeu que alguns homens destroem a natureza e outros cuidam dela ou a protegem. Eis alguns dos seus depoimentos a respeito: "tem várias pessoas que gostam da natureza, tem muitas também que destroem", "as pessoas sabem cuidar da natureza, né? Mas tem umas que não (...) tem umas que judeia (...) outras que carinha". Os outros alunos destacaram apenas a relação de destruição: "muita gente destrói a natureza", "os homens matam a natureza".

Esses dados e outros depoimentos sobre as utilidades da natureza indicam que os alunos têm recebido de alguma forma informações sobre o tema. Eis a sua opinião: "é que se não existisse a natureza, ninguém existia (...), nem a gente, nem os animais, nada", "pra sobreviver (...) porque as árvores purificam o ar, a água", "ele precisa dela pra sobreviver. É porque da natureza vem a água e a água é pra gente beber, a energia".

Há, portanto, um conjunto de informações que ajudam os alunos a construírem uma problemática em torno do tema da natureza (é importante sinalizar que, também nesse caso, não detectei diferenças significativas em respostas de alunos de 5ª e de 6ª série). No entanto, quando responderam às questões de quem cuida, de quem não cuida da natureza, por que assim o fazem e o que acham disso, eles elaboram uma análise ingênua e simplificada e demonstram dificuldades de extrapolar seu mundo pessoal e, ao mesmo tempo, de colocar esse mundo num contexto social mais amplo. O que fazem é separar os dois mundos, analisando as questões ora de um ponto de vista estritamente pessoal, ora de um ponto de vista estritamente social (mas não o social genérico, mas um social que é o outro, que não é o pessoal).

Algumas opiniões manifestadas pelos alunos atestam essa observação: "eu acho que eles fazem isso porque eles querem mesmo, cortam as árvores porque eles querem", "parece que o destino do homem é esse (matar a natureza)", "as pessoas é desunido com a vida. Não quer mais essa vida, acha a vida enjoada (...) Meu tio é esse, meu tio bebe pra caramba e vai e fica fazendo isso com a natureza, estraga tudo", "tipo de pessoas que não pensam, né?", "porque tem várias fábricas que faz tipo palito de dente e precisa de tronco de árvore", "muitas pessoas do Ibama cuidam", "O Ibama cuida, né? O guarda florestal. Quem não cuida é os madeireiros", "os homens marceneiros... é... são muitas pessoas (...) os ecologistas, eles preservam ela, são de bem com a natureza". Sobre o que acham disso, responderam: "eu acho que tá certo, porque se não derrubar as árvores não tem cadeira pra nós sentar", "eu acho que não devia cortar, não. Devia preservar a natureza", "ah! eu acho que esses caras não têm coração".

Uma última questão a ser observada é a da relação do próprio aluno com a natureza, ou de como ele vê essa relação. A grande maioria (17) afirmou gostar da natureza ou "estar de bem" com ela. As respostas mais comuns à pergunta de como se relacionam com a natureza foram: "eu cuido (...) Se elas precisar de água eu jogo nelas", "Meu amigo gosta de matar passarinho, mas eu não gosto", "eu ajo (...) eu não faço nada de mal", "eu cuido dela. Por exemplo, se eu ver uma flor, eu cuido dela", "eu principalmente adoro fazenda (...) a natureza é bom pra você relaxar, pensar menos", "Eu respeito a natureza", "Eu adoro plantas. Lá em casa parece um jardim, um pantanal (...) Toda planta que eu acho bonitinha eu pego muda e planto lá em casa". As respostas a essa última pergunta deixam uma confirmação a mais de que a referência mais forte à imagem de natureza são os animais e as plantas (ou o verde).

Sociedade

Para apanhar elementos da representação dos alunos a respeito do conceito de *sociedade* foi perguntado a eles o que é sociedade, ou do que se lembram quando se fala em sociedade, quem faz parte da sociedade e qual a relação de sociedade com os demais conceitos já trabalhados na entrevista.

A maior parte dos entrevistados respondeu à primeira pergunta (17) e a resposta mais comum foi a de que *sociedade* é "um grupo de pessoas". No entanto, observando mais atentamente as respostas, notam-se algumas diferenças no significado dessa definição. Os depoimentos dividem-se em três tipos de respostas diferentes:

> 1) "É um grupo de pessoas (...) são as pessoas que vivem em comunhão. Sociedade financeira, assim, todo mundo vivesse igual", "sociedade é quando uma pessoa precisa de ajuda", "é ajudar pessoas (...) sócio", "tipo um grupo de pessoas organiza uma sociedade, se juntam pra organizar uma coisa".
> 2) "Um grupo de pessoas que moram numa região", "onde as pessoas moram", "grupo de pessoas... que mora... a Vila União mesmo é uma sociedade (...) e cada setor tem sua sociedade...", "é um grupo de pessoas. Igual, assim, aqui no Jardim Vitória, é uma sociedade de várias pessoas".
> 3) "É um agrupamento de pessoas", "são as pessoas", "povo, não é, não?", "ah! família é uma sociedade, um conjunto de amigos é uma sociedade".

No primeiro caso, os entrevistados referem-se a um tipo específico de sociedade que é o que resulta da associação de duas ou mais pessoas, seja para fins pessoais ou não, ou melhor, seja para uma ajuda pessoal ou para formarem uma entidade juridicamente reconhecida. No segundo caso, referem-se mais especificamente a um tipo de sociedade que é a sociedade de bairro, tendo como requisito para sua formação o fato de compartilharem uma mesma "região" de moradia. No terceiro caso, a definição parece ser mais genérica, mas ainda parecem precisar de casos concretos para expressá-la, como a família ou o conjunto de amigos.

A respeito do que pensam da relação desse conceito com os demais que foram abordados na entrevista, os alunos que responderam levantaram a questão da seguinte maneira: "...eu acho assim, que sociedade sem natureza, sem o espaço, sem região...", "onde que ocupa, qual o território que ocupa a sociedade (...) região eu acho que não, não tem a ver sociedade com região", "é no espaço que a sociedade vive", "sociedade é porque foi modificada pelo homem e aí não tem mais paisagem". Por essas respostas se percebe que os alunos, embora às vezes demonstrando dificuldades de expressão, aproximam-se da ideia de que paisagem, natureza, região, espaço são construções da ação dos homens, ou por eles modificados. Mas, quando se observa um pouco mais seus depoimentos, percebe-se que ainda é difícil para eles raciocinarem em termos de uma sociedade genérica, como esta resposta: "é o povo que faz a paisagem (...). A sociedade ajuda também. No nosso setor todo mundo ajuda a melhorar".

Os alunos apresentam, na tentativa de definição desse conceito, dificuldade em expressar um significado que seja genérico, ou seja, como no caso dos outros conceitos, os alunos demonstram dificuldade em formar um conceito genérico que possa ser aplicado a sociedades específicas. Por essa razão, referem-se a ele por meio de uma de suas manifestações concretas.

Essa dificuldade de pensar em termos de uma sociedade genérica também foi observada quando os alunos responderam às questões referentes a quem faz parte da sociedade. À primeira vista, os entrevistados parecem encaminhar-se para isso pois respondem que são "as pessoas", "todo mundo", "todos os homens" que fazem parte da sociedade. Mas, quando complementam suas respostas, constata-se que estão pensando em sociedades específicas, ou em pessoas específicas, como nos seguintes casos: "(de Goiânia?) ah... deixa eu ver... por exemplo, o prefeito, o governador, todas as pessoas também faz parte. A gente mesmo faz parte, eu, você faz parte também", "o homem (...) todos (...), uma família é uma sociedade, não é? (tem sociedade de Goiânia?) Eu acho que não (por quê?) Eu nunca ouvi falar, não", "as pessoas, os políticos (e você?) Faço (Quem não faz parte?) Quem mora no campo", "(Você faz parte?) Faço. Eu não faço bagunça".

Essa dificuldade dos alunos também foi verificada nas conversas durante a atividade de grupo. Nela havia um exercício (no Anexo) que descrevia rapidamente três histórias de meninos de rua e perguntava por que era cada vez maior o número de meninos de rua no Brasil e quais as consequências disso. Os alunos levantaram questões de sua vivência mais imediata como as que estavam presentes nas histórias dos meninos do exercício – mãe que não deixa estudar, pai que espanca. Como consequência desse fenômeno, eles indicaram algumas questões mais difundidas pela mídia, pelo senso comum. É interessante observar, também, que nos diálogos não se percebe uma identificação desses alunos com os das histórias, seja pela idade, seja pelas experiências de vida ou características socioeconômicas que poderiam ser semelhantes em algum aspecto; o que se constata é o tratamento dos personagens como "outros", como nos diálogos:

6ª B, escola A:
A1- Por serem espancados pelos pais, não porque querem sair de casa...
P- Você concorda com isso, Le?
A2- Concordo.
A3- Tá certo. A maioria das vezes que o filho sai é porque o pai espanca, tem vez que o pai bebe e chega em casa não quer saber de nada, só fica batendo nos filhos.
P- Qual o futuro disso?
A3- Não terá muita gente honesta no mundo.
P- Você acha que aumenta a desonestidade?
A4- É, porque não arruma serviço, não arruma emprego, aí eles vão roubar.
A1- É perigoso até morrer.
A3- A maioria das pessoas a polícia bate e mata.

6ª A, escola B:
A1- Ele rouba pra comer, por causa que é a única coisa que ele tem.
A2- E por que ele não pode trabalhar?
A3- Uai, cê acha que é fácil arranjar emprego?
A4- Nem casa ele tem.

A3- E varredor de rua tem de ter pelo menos até a 4ª série pra passar, tem de fazer teste também.
A4- ...o futuro do Brasil, né? Se ele estudar vai conseguir pelo menos uma coisa melhor e eles podem não estudar (...) só que a mãe deles, a própria mãe é que não queria que eles estudassem, por causa que eles tinham que trabalhar, eu acho que eles serão marginais.
A5- As mulheres vão ter muitos filhos, porque não tem jeito de operar pra não ter filho.
A4- Mas ter filho, elas não vão ter condições de criá-los.
A3- Vai gerando mais marginais para o Brasil.

Geografia

Quase sempre no final da entrevista, conversava com os alunos sobre *Geografia*, como matéria de ensino de seu currículo escolar. Meu intuito era o de perceber a vinculação que fariam entre o que já havíamos conversado e essa matéria e, além disso, captar a representação de *Geografia* como matéria de ensino. A premissa é a de que essa representação influi na construção do conhecimento referente a seus conceitos.

Nesse sentido, a primeira preocupação era a de verificar se, ao responder sobre os temas propostos durante as entrevistas, os alunos teriam clareza de que estes eram temas correntes da Geografia como matéria de ensino. Perguntava-lhes, então, se o que havíamos conversado "tinha a ver ou não com Geografia". De 19 alunos que responderam a essa questão, 13 disseram que toda a conversa tinha a ver com Geografia, ou "quase tudo". Os demais apontaram alguns temas que na sua opinião não se relacionavam com a matéria, destacando-se alguns exemplos: "o centro (de Goiânia) não entra na Geografia, e esse negócio de governo", "daquela mulher que tava perdida no centro", "aquele negócio de assalto (notícia da TV)", "bairro, centro de Goiânia, paisagens", "aquele negócio do centro... acho que da guerra". O que se pode perceber é que para estes alunos os temas que foram levantados a respeito de acontecimentos ou de fatos cotidianos que eles vivenciam ou podem vivenciar não fazem parte da Geografia. Provavelmente esses temas não são explorados em sala de aula pela Geografia, razão de estranhamento por parte dos alunos.

Em seguida, foi perguntado o que é Geografia ou o que lembrava essa palavra. Eis algumas respostas: "ah! a primeira coisa que eu vejo é o mapa. O mapa-múndi... eu gosto muito de ver o mapa-múndi", "eu lembro de espaços, de mapas, de territórios", "ah! Dos mapas... só (...) os países, os continentes", "do mundo em que vivemos", "sobre o espaço... a natureza... o mundo", "mundo, geográfico, é... olhando pro mundo", "Geografia é um estudo do Brasil, do território, uma região".

Nas respostas, os termos mais citados são espaço, mapas, mundo, território, países e continentes. Destes, pela indeterminação do significado de "espaço" ou "espaços" (que bem pode estar significando lugares, lugares do mundo) e de "território", destaco, pela sua concretude, a referência a mapa e a mundo, sugerindo uma imagem significativa de Geografia para esses alunos: o *mapa-múndi* (ou como disse um aluno: "olhando para o mundo"). Geografia para eles poderia ser um "olhar sobre o mundo"? "Um olhar sobre o mundo representado no mapa"?[4]

Essas mesmas referências aparecem quando os alunos respondem para que serve a Geografia: "ajuda a gente a conhecer um pouco o país", "saber indicar os... setores, as... os países", "pra gente aprender a localizar mapas", "a gente aprende mais coisas do mundo", "pra conhecer mais o mundo da gente, a vida da gente", "para aprender mais sobre o Brasil". Estas respostas reforçam a imagem construída anteriormente sobre Geografia, uma vez que parece estar subentendida a ideia de que Geografia serve para conhecer lugares (cidades, regiões, estados, países, mundo) e um dos recursos para isso é o mapa.

Os alunos apontam algumas ideias que têm sobre o que se estuda em Geografia, mas demonstram dificuldades em explicar as finalidades que esses estudos têm para a vida prática deles e das pessoas em geral, como atestam as respostas a seguir:

6ª série
– Para que serve a Geografia?
– Para aprender mais sobre o Brasil, assim, o mundo, o espaço.
– E pra que isso serve?
– Acho que pra nada.
– Então, pra que serve a Geografia?
– Só pra aprender.

6ª série
– Pra que serve a Geografia?
– ...acho que sem ela não saberia nem andar no próprio lugar em que a gente mora. Ela explica as regiões, mapas, tudo.

6ª série
– Pra que serve a Geografia?

---

4. Nesse tema as respostas dos alunos da 6ª série foram um pouco diferentes das dos alunos da 5ª. O tema do Brasil, na 6ª série, apareceu com frequência tanto nas respostas do que é como nas de para que serve a Geografia (5 vezes em cada uma das respostas). Isso indica que as concepções dos alunos podem não estar internalizadas no seu quadro de referência mais amplo, mas se referir principalmente a experiências mais recentes (já que na 6ª série, como já foi dito, o Brasil é tema de estudo o ano todo).

– Pra conhecer o mundo inteiro (...) Se a gente for sair, assim, ficar sabendo que lugar que a gente tá, o continente (...) O cara pergunta, assim, que continente você mora, mora no Brasil, né? Aí o cara pergunta. E o outro vai e não sabe responder, fica assim meio na dúvida. Aí fica, assim, meio ruim.

Esses depoimentos dos alunos suscitam algumas questões: Para que serve realmente, na opinião dos alunos, a Geografia? Para que serve a Geografia na escola fundamental? Só para aprender? Não serve para nada? Sem ela não se "saberia nem andar no próprio lugar em que a gente mora"? Ou apenas é "meio ruim" não saber o continente em que se mora? E a Geografia "existe" na escola para se saber em que continente se mora?

Visando captar atitudes dos alunos em relação à Geografia, foram feitas as perguntas: "Você gosta de Geografia?", "Como estuda?" e "O que é mais fácil e o que é mais difícil de estudar nesta matéria?"

Dos 18 alunos que responderam se gostam ou não de Geografia, 11 disseram que sim e os restantes responderam que "mais ou menos". As razões que eles apontaram tanto para gostar como para "gostar mais ou menos" dessa matéria têm a ver, na maior parte dos casos, com o professor ou com o seu modo de trabalhar (esse também foi um ponto verificado pelos questionários dos alunos das quatro turmas das duas escolas da pesquisa), como demonstram estas respostas: "gosto (...) porque a professora é boa, ela ensina bem, ela passa boas matérias", "gosto (...) de vez em quando, porque as respostas é difícil demais e é muito grande as respostas", "mais ou menos (...) Eu gosto de Geografia, mas tem matérias melhores, ou era a professora que eu não gostava... tinha perguntas nas provas que era difícil responder", "gosto, assim, eu gosto menos do que mais. Parece que... às vezes eu confundo tudo. Por exemplo (...) eu tirei 4,5 em Geografia. Aí eu não gostei de Geografia, agora eu tou gostando mais de Geografia".

Nas explicações dos entrevistados a respeito de como estudam essa matéria, verifica-se um modo recorrente que é o "ler", sejam os textos, sejam os exercícios, sejam os cadernos, sejam os livros. As várias explicações dos alunos indicam formas e orientações de estudo independente que já são bastante familiares entre nós, pais e/ou professores. Os depoimentos falam por si mesmos: "eu leio as leituras, depois tem de fazer questionário, tenho de fazer perguntas pra mim mesmo (e as respostas?) Eu leio o texto e resumo ele", "Eu falo que vou ficar no quarto sozinha, estudo, depois eu decoro, quando chega a hora da prova eu não lembro", "leio livro...fico lendo, copio, copiando também, aprendendo... ela fala pra mim copiar eu vou copiando", "estudo os questionários e os textos (...) Eu vou lendo os textos, se meu caderno tiver questionário respondido... se não tiver, eu respondo", "Só pra prova (...) leio o que a professora passou (No livro?) No caderno (...) Livro é mais difícil (Você prefere o resumo ou o questionário?) O resumo e o questionário (Sempre tem questionário?) Tem", "(Como é que você estuda Geografia?) Pra prova? (Você só estuda pra prova?) É".

Em relação a temas mais difíceis ou mais fáceis, os alunos demonstraram dificuldades em especificá-los. Alguns apenas relataram dificuldades ou facilidades gerais, como: "Eu estudo e quando chega na hora da prova eu já não dou conta", "as perguntas que a professora faz pra gente", "mais difícil não tem, porque quando você quer aprender alguma coisa você consegue, né?", "é uma matéria até fácil, né?", "quase tudo". Outros levantaram alguns temas específicos, entre os mais fáceis: "o equador e os hemisférios", "o desmatamento, os animais", "recursos naturais", e entre os mais difíceis: "as linhas imaginárias", "a poluição das fábricas", "espaço geográfico", "o local dos planetas". Este último justificou a dificuldade de um modo que me parece interessante destacar: "(Por que é difícil?) Porque a gente nunca viu, uai! Por isso é que é difícil".

Diante desse material rico em indicações dos processos do pensamento e do conhecimento, é preciso investir mais detidamente nas possíveis fontes geradoras das ideias, concepções e informações, isto é, das representações dos alunos a respeito de alguns conceitos que, no meu entendimento, fazem parte da estrutura do raciocínio geográfico. É o confronto dessas representações com suas fontes e, ainda, especificamente, com as concepções desses mesmos conceitos na ciência geográfica que pode ampliar a compreensão dos processos mentais dos alunos e da estruturação do saber escolar, o que, por sua vez, fornecerá subsídios metodológicos para o ensino de Geografia no nível fundamental.

As representações sociais de professores de Geografia do ensino fundamental

Caracterização das professoras da pesquisa

As professoras de 1ª fase são formadas em curso de magistério, em nível médio, e duas delas têm, também, o curso superior (Pedagogia e Português, respectivamente); a terceira estava (na época da pesquisa) cursando Pedagogia. As três tinham bastante tempo de experiência (12, 16 e 19 anos), tanto em escola pública como em particular, e já trabalharam em todas as séries da 1ª fase do ensino fundamental. Em 1995, trabalhavam apenas numa série: pré-escola, alfabetização e 4ª série.

Das três professoras de Geografia, duas têm formação superior (licenciatura em Geografia, sendo que uma tem curso de especialização nessa área) e a terceira estava cursando, em 1995, o último ano do bacharelado em Geografia.

Duas têm mais tempo de experiência: uma tem 26 anos (dos quais 18 na 1ª fase e 8 na 2ª fase, quando começou a cursar Geografia no nível superior) e outra, 10 anos; a terceira estava, na época, com apenas dois anos de trabalho em sala de aula. Uma das professoras tinha experiência na rede pública e na particular e as outras trabalharam só na rede pública de ensino. Uma delas só trabalhava na 2ª fase do ensino fundamental e as outras duas, na 2ª fase e no ensino médio (uma tem uma curta experiência com o nível superior). Todas têm experiência com as 5ªs e 6ªs séries.

Mais que essas informações gerais sobre as professoras, alguns fragmentos de seus discursos revelam características importantes de sua visão da profissão e de seu modo de trabalhar. Esses fragmentos falam por si mesmos; revelam os dilemas por que passa a maioria dos professores e os "sabores e dissabores" de sua profissão:

Professora A[5] (1ª fase)
Não curtia muito criança dessa idade, faixa de 5 anos (...) Estou adorando, me surpreendi, sabe? Eu acho que é porque eu... pelo conhecimento que a gente tem (...) estou pensando seriamente em continuar, inclusive pra montar um projeto (...) na área do construtivismo mesmo (...) foi uma experiência gratificante (no curso noturno). De repente eu tou me sentindo cansada, sabe? Acho que o problema tá em mim (...) Deve ser minha aula que tá chata e tal, né? E por mais que eu tente ser criativa e tal, eu não consigo levantar o ânimo dos alunos, você entendeu? Estão todos, assim, apáticos, cansados (...) E tem um lá que é pai de família, tem 5 filhos, desempregado. Ele vem pra aula, assim, parece que você vê que ele está derrubado mesmo. Eu não consigo levantar a autoestima dos alunos (...) Isso tá me deixando angustiada, sabe?

Professora B (1ª fase)
(...) eu faço o trabalho com a alfabetização porque me sinto realizada, e eu acho que quando você tá transmitindo alguma coisa para alguém, ajudando alguém a subir, eu acho que isso é gratificante, quando você pega uma turma que praticamente não consegue ler, e chegar no final do ano você vê essa turma lendo e escrevendo (...) Fiz uma coisa que eu gosto, sabe? Mesmo que não é remunerado, mas que a gente sente bem no local, eu acho que vale a pena a gente tentar. Hei de vencer mesmo sendo professora (ri).

Professora D (2ª fase)
Toda vida eu tive vontade de ser professora, né? (...) Eu optei pela matéria de Geografia porque é a matéria que eu gosto realmente, sou apaixonada pela Geografia (...) eu posso estar chateada às vezes, porque, claro, a gente tem muito problema, mas quando eu entro pra sala de aula parece que eu me transformo, mudo completamente... parece que não tenho... não carrego problema, né? Eu gosto dos meus alunos, nossa!

---

5. Com a intenção de resguardar o anonimato das professoras e seguindo o mesmo padrão da descrição dos alunos, as professoras serão denominadas A, B, C, D, E e F, conforme a ordem das entrevistas e o nível de atuação.

Professora A (1ª fase)
(...) você não quer trabalhar só de forma de... ficar repetindo, de dizer pro seu aluno, aquela forma tradicional (...) O aluno só decora e chega lá na frente ele não sabe coisa nenhuma. Você fica mais deixando assim por conta do aluno. Mas parece que pelo fato de ser adulto... ele também se cobra muito. Ele fica: "Ah! porque eu não tou fazendo nada, porque eu não sei, não sei o quê, eu quero aprender". E aí aquilo te deixa angustiada porque você vê a angústia do aluno (...) eu procuro trabalhar de forma diferente, procuro orientações, ler muita coisa, assim, procurando atividades diferentes pra que eles não tenham essa mesma aversão da disciplina (...) pra eles mesmos descobrirem...

Professora B (1ª fase)
(...) eu trabalho (na mesma sala) com criança de 12 até 65 anos (...) o meu trabalho é diferente, porque a realidade do aluno é totalmente diferente. Às vezes o que empolga a criança, pro adulto já é uma coisa lúdica e pra eles é uma coisa assim tão sem utilidade, né?

Professora C (1ª fase)
(...) acho que aí que entra o papel da escola, a gente estimular o pessoal pra conversar, pra ir atrás, pra questionar, pra ver se é verdade, se tá errado, se não é, se é assim mesmo. Eu sei que é função dos pais também fazer isso, mas (...) ser professora não é pra qualquer um, não, você tem de pensar assim: é como meu filho, eu tou com meu filho, fora da minha casa, o que é que eu faria por ele, precisa de dar bronca, de chamar pra realidade (...) A gente traz jornal pra sala. Toda 2ª feira, a gente tem o almanaque que é um suplemento muito bom, né? Porque ele estimula certas conversas, assim. Eu gosto muito de dar aula desse jeito (...). Mas eu acho assim que a gente ensina e aprende é assim, é conversando, é criticando os livros. Não criticando, assim, pra... pra arrasar, não. Mas fazer uma crítica, assim, se é bom, se é bom então vamos usar, se não é, então vamos descartar.

Professora D (2ª fase)
(Alunos do curso noturno) E eu falo pra eles: "Gente! olha aqui, se vocês não começarem a desenvolver o raciocínio, sair disso aí, do papel, o que vocês vão pensar na vida?" "Professora, mas nós não aprendemos". Eu falei: "mas agora nós tamos começando, então vamos sair". E eles questionam mesmo: "Professora, mas você acha que é importante?" Eu falei: "É, porque lá na sociedade, quando você sair daqui da escola, você vai trabalhar nesse mundo selvagem aí, vence quem é o mais importante, vence quem tem o saber melhor"(...) Eu nunca dou uma aula igual à outra. Nunca. Engraçado, eu faço um roteiro aqui: o que eu vou dar? Eu vou dar isso e isso. Mas no trajeto que eu vou pra escola eu já mudo (...) Olha, eu faço debate, eu faço seminário, eu mando desenhar... "n" infinidades de estratégias que eu uso. E às vezes eu uso estratégia que eu nunca vi na vida e depois ainda funciona, sabe?

Professora E (2ª fase)
(...) porque não é sempre, né? (que consegue dar uma aula diferente). Às vezes nem a gente tem disposição de preparar, infelizmente é assim, porque tem outras atividades que não tornam possível preparar uma aula. Tem dia que você tira tempo pra procurar meios de tornar aquela aula melhor, mais próxima do aluno, e outros dias, não. Eu acho que se fosse possível dedicar com mais afinco (...), desde que o professor se encontrasse com mais frequência, coisa que não acontece. E a própria maneira da escola se organizar, parece que tenta impedir isso mesmo.

Professora F (2ª fase)
Aí você pega um aluno em sala de aula e fala pra ele: "É... espaço urbano, que é isso?" Aí ele: "Indústria, carro. Ah! não, gente, andar de ônibus é uma tristeza". Então eles mesmos

vão aprender essa noção. Aí vamos pra outra posição: "espaço rural". "Ih!, sobrou logo os bichos pra mim, é?" Então, eles mesmos já vão falando. Então, partindo do que eles têm ideia, você trabalha o livro didático (...) Porque alguns alunos adquirem o livro, né? Então se você começa a usar outros aí os próprios alunos ficam chateados: "Então, quer dizer, eu comprei o livro, foi caro pra mim, nas minhas condições, e não tou usando nada? Então, pra que mandar comprar?" Sabe? Então, se o livro tá adotado, até mesmo a escola exige isso da gente. Não que você trabalhe apenas o livro, mas que você utilize bastante desse livro didático, em função desses alunos que compraram.

São fragmentos de falas que expressam sentimentos de satisfação com as potencialidades sociais dessa profissão e ao mesmo tempo sentimentos de angústia diante das dificuldades encontradas para transformar as potencialidades em realidades efetivas; também denunciam as precariedades das condições de trabalho no magistério e os problemas referentes a manejo de classe. Os depoimentos das professoras confirmam, assim, a percepção de que elas, tanto quanto grande parte dos que lidam com o ensino, fazem reflexões e análises importantes sobre seu trabalho. E essas reflexões e análises ajudam a compor o quadro de representações que elas têm, especificamente da Geografia e de conceitos que elas trabalham.

As representações sociais das professoras da pesquisa

Lugar

Seguindo o roteiro da entrevista, semelhante ao dos alunos, procurei inicialmente captar opiniões e depoimentos das professoras a respeito do tema "pontos de orientação", comumente trabalhado tanto na 1ª fase, nos Estudos Sociais, como na 5ª série, na Geografia. Desse tema, quis saber basicamente as dificuldades detectadas pelas professoras em relação à sua própria habilidade de se orientar e à habilidade desenvolvida pelos alunos nestes níveis de ensino.

As professoras da 1ª fase declararam ter muita dificuldade para se orientarem espacialmente. Explicam essa dificuldade por algum acontecimento na infância que teria provocado problemas de movimento corporal e espacial. A professora A disse ter tido na infância "problema de coordenação motora" e que não tinha "noção de lateralidade". A professora B não apontou explicitamente algo da infância, mas sua fala deixa entrever sua percepção de que esse "problema" vem de tempos atrás: "Acho que eu sinto dificuldade. Porque às vezes eu estou falando isto porque agora... tou pegando... com essas dificuldades, eu liguei que eu tenho que fazer uma autoescola pra pegar um carro". A professora C declarou: "Quando eu tinha entre 4 e 7 anos eu passei o tempo inteiro com braço e perna com gesso. Eu tenho um problema meio sério com lateralidade, até hoje (...) pra eu aprender os pontos cardeais na 2ª série, eu dei o maior problema com a professora".

As professoras de Geografia declararam não ter dificuldade em orientar-se. A preocupação parece situar-se mais na tarefa de "passar" esse conteúdo aos alunos: "... e eu tenho assim, além dessa facilidade de orientar, eu tento passar essa facilidade para os alunos" (professora D); "Eu tenho (facilidade), mas a dificuldade para passar isso para os alunos de ensino fundamental..." (professora E).

Os depoimentos das professoras suscitam algumas indagações: as professoras da 1ª fase têm, em comum, a dificuldade de se orientar apenas porque tiveram na infância problemas com lateralidade e coisas desse tipo? Não seria isso uma psicologização da falta de conhecimento ou entendimento do tema? Esses problemas poderiam ter sido resolvidos com uma boa formação escolar, inclusive no ensino de nível médio e/ou superior? Não será por conta da formação escolar e também do estudo e da prática com esse tema ao ensinar Geografia que, coincidentemente, as professoras formadas nessa área específica desenvolveram a capacidade de se orientar?

Os depoimentos parecem confirmar estudos na área do ensino que consideram que a aprendizagem tem um peso importante no desenvolvimento de certas capacidades mentais e motoras. Por exemplo, o depoimento da professora B sobre as razões de suas próprias dificuldades e de outras professoras de 1ª fase:

> Pra gente que pouco mexe com mapas, eu acho que isso é uma dificuldade. Não posso falar de todos os professores, eu tou falando de mim. Quando eu falo dos outros professores eu vejo às vezes as dificuldades que eles têm de localizar o mapa. Porque a gente não trabalha com mapa (...) é a realidade do pessoal não mexer com mapas, então eu acho que se a gente colocasse esses meninos para trabalhar com mapa mesmo a partir da 1ª série... (...) você não vê professor de 1ª a 4ª trabalhando com mapa, nem mesmo de 4ª série.

Não se pode generalizar essa informação com base nesse depoimento, mas ele evidencia a existência do problema e a necessidade de se pensar sobre formas de resolvê-lo. As professoras da 1ª fase, com efeito, demonstram preocupação em passar suas próprias dificuldades para os alunos: "E uma coisa que você sente dificuldade, se você depois não estiver segura, você vai passar insegurança. Passar uma coisa errada eu acho que não vale a pena" (professora B); "Mas eu sempre fico assim, quando eu vou dar aulas pros meninos eu sempre dou uma parada, assim, e penso, pra eu não ficar em dúvida e não passar essa dúvida" (professora C).

Sobre como veem as dificuldades dos alunos, as opiniões são variadas. Por exemplo, a professora C afirma que seus alunos não têm dificuldades em relação a esse tema e arrisca uma explicação para isso:

> Não sei se é porque a gente faz aula muito com prática, eu não acho que eles têm dificuldade, não. Nem na 5ª série, eu acho, eu acho a matéria assim desnecessária, mas não sei se é porque a professora é muito boa, os meninos dela que chegam pra prova final é o mínimo (...) negócio de escala, latitude, longitude, eu não acho... porque o menino aprende, né? não sei se ele decora ou o que que é, mas eu não sei se isso é necessário.

A professora D, por sua vez, acha que os alunos têm dificuldade de aprendizagem nesse aspecto:

> Têm, os alunos têm dificuldades. Às vezes eu pergunto pra eles: "vocês moram... a residência de vocês está aonde?" "Ah! professora, tá pra ali". Mas nunca vem pronto. Porque eu acho assim: quando eu lecionava no primário, o problema de pontos cardeais a criança tinha de saber. Agora, hoje eles vêm sem nada (...) acho que o problema não é aprender. Igual eu falo pra eles ...às vezes eu comento com minhas colegas: o mal do primário é decorar. Eu também já cometi esses erros. O mal do primário é decorar. Ele decora norte, sul, leste, oeste. Até a professora faz a repetição, né?(...) chega na 5ª série ele já esqueceu, porque decorou. Aí o que que eu passo para os meus alunos? "Gente, eu quero entendimento".

A professora E também percebe dificuldades de orientação nos seus alunos e, segundo suas declarações, está preocupada em superá-las:

> Parece que a coisa fica, assim, muito abstrata, porque a gente fica em sala de aula, o máximo que a gente sai é pra fora, no pátio, mas, eles têm uma dificuldade tamanha. Mas, eu procuro, assim, buscar nas experiências deles, porque muitos são alunos que trabalham, alunos que vão ao *shopping*, andam de ônibus, é... buscar utilizar a planta da cidade, por exemplo, né? (...) não só considerando o leste, oeste, norte e sul, que é uma... uma coisa vaga, né? Que talvez perca o sentido quando se fala numa cidade.

O depoimento da professora F reforça mais uma vez a percepção de que os alunos têm dificuldade nessa área:

> Eles já veem a gravura da rosa dos ventos e já trazem aquilo, né? com tanto é... que são os pontos colaterais, subcolaterais. Então, eles já vêm, tipo assim, com tanta direção do que que vem a ser aquilo, então mistura tudo. Então, quando chega na hora de aprender, aí eles já têm alguma coisa, mas você tem de estruturar melhor aquilo pra ele (...). Então, você começa dando exemplos e buscando isso daí no dia a dia deles. Pra muitos acredito que esclarece, sim. Mas, tem alguns...

Percebe-se, por um lado, que algumas professoras têm dificuldades em relação à sua própria habilidade para se orientar e para se localizar. Por outro, levantam dificuldades dos alunos, dificuldades essas que podem originar-se da própria natureza do tema, do modo de trabalhá-lo e, ainda, da dificuldade dos professores com esse tema. Em relação aos alunos da pesquisa, os dados analisados revelam, de fato, dificuldades na sua habilidade para se orientar na cidade, para utilizar com correção e convicção pontos de orientação ensinados pela Geografia, para utilizar o sol como referência para determinar os pontos de orientação. Os depoimentos das professoras confirmam, nesse sentido, indícios já encontrados nos dados dos alunos de inadequação do ensino realizado na escola, no que diz respeito aos objetivos, conteúdos e métodos utilizados. Os dados analisados das professoras e dos alunos dão indicações do caráter abstrato de noções de orientação e representação geográfica e da necessidade de se partir do universo mais imediato do aluno.

Paisagem

Quanto à *paisagem*, as professoras tiveram imagens diferentes. A professora A e a professora B fizeram referência a algo bonito:

– Paisagem, ah! muito verde... é flores, né? ...É... quando fala de paisagem eu só lembro de um lugar muito bonito. Uma vista tipo... (...) uma vista bonita, assim, tipo um pôr do sol. (...) Ai, com aquele verde assim embaixo, assim. Eu acho lindo, sabe? Sou fã da natureza. Me lembra a natureza, de modo geral. (Professora A)
– Paisagem pra mim é um lugar bem bonito, lindo. (Professora B)

As professoras C (de 1ª fase) e E (de 2ª fase) relacionaram *paisagem* diretamente com *natureza*, como se percebe pelos seus depoimentos:

– Natureza (...) tudo que vai passando e vai vendo... às vezes você vê ela viva, morta, o que você vê. Eu acho. (Professora C)
– Natureza em geral... desde uma serra... uma viagem que você vai olhar através da janela... sei lá. (Professora F)

As outras duas professoras, ambas da 2ª fase, fizeram referência a paisagem como aquilo que nossa visão abarca ou como aparência das coisas:

– É tudo que nos cerca, né? E nós temos que cuidar disso aí porque senão... (...) eu falo sempre pros meus alunos: "Olha, gente, uma plantinha que você cuida você já tá contribuindo pra melhorar o ar que nós respiramos". Então eu falo isso muito pra eles. Então, é tudo que nos cerca, tudo que nós vemos. (Professora D)
– (...) ele detém só naquele aparente, naquilo que eles veem, né? Constatam quando olham, né? Quando fala a paisagem da escola? É aquele visível, mesmo, o prédio, a árvore... Ele detém na aparência, naquilo que ele vê de imediato. (Professora E)

Apesar de apresentarem elementos de referência diferentes, pode-se fazer uma certa relação entre as declarações das professoras que ligaram paisagem à beleza e as que a ligaram à natureza. Pode-se inferir, assim, que para as professoras da 1ª fase, sem formação específica em Geografia, e ainda para a professora F, que cursava o último ano da faculdade nessa área, paisagem é, como no senso comum, uma vista bonita. Essa imagem é compartilhada pela maioria dos alunos entrevistados, ou seja, é a imagem de uma estampa de parede, um retrato de "folhinha".

As professoras D e E demonstraram um outro entendimento de *paisagem*, associando-a ao que se vê, ou à aparência, embora a professora D tenha logo dado um exemplo de "plantinha" e de "ar que respiramos", deixando aparecer uma associação forte entre paisagem e natureza. De qualquer forma, as duas demonstraram ter incorporado um determinado entendimento do *conceito* de paisagem que tem sido divulgado pela ciência geográfica nos últimos anos. Trata-se do entendimento de que *paisagem* é a aparência dos objetos espaciais, aparência que se modifica conforme a dinâmica das relações sociais. Os exemplos que deram de paisagem reforçam esse entendimento:

– Paisagem? Vamos dar exemplo do Goiânia Shopping (um *shopping* da cidade de Goiânia). Antigamente ali era uma... até eu já levei meus alunos lá... O que tínhamos ali? Taboa, né? Nós tínhamos ali o córrego, a nascente do córrego Vaca Brava aqui. Hoje tá o Goiânia Shopping (...) Então eu acho assim a paisagem ela é móvel... imóvel ou móvel? muda... muda é móvel, né? Ela é muito móvel, vai depender do poder econômico em relação a essa paisagem. (Professora D)
– Eu poderia colocar como exemplo, assim, uma avenida (...) Pra ele descrever paisagem, ele considerando as atividades que são desenvolvidas, por exemplo, uma avenida onde predominam lojas que trabalham com material próprio pra vender pros fazendeiros. (Professora E)

Os exemplos dados pelas demais professoras reforçam seu entendimento de *paisagem* como um lugar bonito e a ênfase que dão à paisagem natural:

– Nossa! A vista aérea de Goiânia é linda, né? (...) Lá do terraço, você olhando o pôr do sol, é lindo também (...) No Araguaia (importante rio, ponto turístico, do Estado de Goiás), as margens do Rio Araguaia, também, à tardezinha ou então o dia amanhecendo, sabe? (Professora A)
– Olha, eu gosto ali da Praça Cívica (praça central de Goiânia), eu acho que tem um aspecto, assim, quando chega e vê também a fonte; à noite, então, você vê uma coisa tão bonita, né? (Professora B)
– A Praça Cívica, o Bosque dos Buritis, os canteiros de flores, ...essa vista noturna que é muito linda quando a gente vai chegando (...) Uma paisagem, assim, muito bonita, uma espécie de uma visão, assim, aquilo que a gente vê, que é bonito, que chama a atenção da gente. Pode ser bonito e pode ser feio também, porque uma coisa, ...por exemplo, você vê

um cerrado, assim, morto, chama a atenção também, é uma paisagem muito triste. (Professora C)
– Bom, pro lado de Senador Canedo (município limítrofe com Goiânia) tem um morro lá que chama bastante atenção, né? Tem até um bairro novo lá que chama Morada do Morro, então, a referência, né? Para o nome do conjunto, foi a própria paisagem, né? (Professora F)

Considero importante refletir sobre as diferentes percepções de *paisagem* aqui esboçadas levando em consideração a formação das professoras. Seus depoimentos permitem inferir que de um lado as professoras da 1ª fase, sem formação específica em Geografia, possuem um entendimento de senso comum de paisagem, também compartilhado pelos alunos, ou até mesmo pode se supor que elas, como representantes de professores de 1ª fase, são uma das fontes das representações de alunos de 5ª e 6ª séries. De outro, as professoras de 2ª fase, com exceção da professora F, "aprenderam" um outro entendimento de paisagem na sua formação em Geografia mas, também, pode-se inferir que não conseguem mudar aquelas representações de seus alunos, a julgar pelas declarações dos que foram aqui entrevistados. Tudo isso induz a crer que uma das medidas para se produzirem alterações e/ou ampliações de representações de conceitos geográficos dos alunos é um investimento maior na formação dos professores da 1ª fase.

Seja como for, considero importante levar em conta essas representações de professores e alunos na construção de conhecimento no ensino. Nesse caso específico da construção de um conceito de paisagem, pode-se partir da ligação que fazem entre paisagem e beleza. Não deixa de ser verdade que paisagem "deve" ser o belo, pois ela é a forma, é o que se vê, e é bom que o que se vê seja bonito. O problema é que nem sempre é o que ocorre na realidade. Vê-se muita coisa "feia" também. Como diz a professora C, um cerrado morto é uma paisagem feia, triste. Isso significa que a beleza não pode ser tomada como atributo essencial da paisagem, mas pode ser parâmetro secundário, desde que se esclareça qual é igualmente o significado de beleza. Da mesma forma, paisagem não pode ser associada mecanicamente à natureza, como se fez aqui. Afinal, não é nem mesmo fácil encontrar essa natureza "natural" que os depoimentos sugerem. E essa imagem prejudica a utilização do conceito de *paisagem* para perceber, para analisar a realidade do ponto de vista do espaço. Portanto, é preciso ampliar os significados desse conceito, incluindo outros como o de aparência, o de expressão de relações sociais e o de dinamicidade da própria paisagem, para que ela possa ser, efetivamente, instrumento relevante no desenvolvimento do raciocínio geográfico ou, em outras palavras, na construção de análises espaciais (ou socioespaciais).

Região

No que se refere às representações de *região*, os dados que primeiramente se destacam são os depoimentos que deram as professoras A (1ª fase) e F (2ª fase):

– Ah!... região... a primeira lembrança que tive agora foi do mapa. (...) da região Centro-Oeste, Estado de Goiás, Mato Grosso do Sul, Mato Grosso. É a divisão do mapa do Brasil em regiões. Eu gosto dessa parte, né? de falar sobre o Brasil e tal, matéria conteúdo de quarta série, né? (Professora A)
– Brasil... (ri). Não sei, quando você fala em região você vê, né? Brasil e as cinco grandes regiões... aí, depois você começa a pormenorizar isso daí, que seria, né? Os contrastes existentes entre esse Brasil, né? Entre essas regiões brasileiras. Então, você fala região, aí você pensa: Centro-Oeste, agropecuária, né? Cultura bovina, como diz um professor nosso. (Professora F)

A imagem de *região* vai sendo, assim, construída. *Região* lembra mapa, lembra as grandes regiões brasileiras e os grandes contrastes entre elas. Lembra algumas características que se destacam em cada uma delas. De um modo um pouco diferente, essas características são lembradas também pela professora E:

– (Quando falo essa palavra o que é que vem na sua cabeça?) Vem alguma característica que torna a população e parte do espaço... é... parecida, né? Mais ou menos homogênea, ou alguma coisa que foi considerada para tentar tornar isso mais homogêneo ou tentar tornar mais fácil... juntando essas partes para poder intervir, desenvolver alguma coisa, um trabalho, uma atividade (...) acho que eu tenho uma dificuldade tamanha pra usar essa expressão.

Outras imagens são menos precisas:

– Regiões eu acho, assim, que são subdivisões...de uma cidade,...ser dividida em regiões. (Professora B)
– Região... é um espaço. Por exemplo, essa mesa aqui, aquela região ali, um espaço, um pedaço, ela pode dividir em três regiões: do meio e as laterais. É um espaço, assim, que eu posso delimitar. (Professora C)
– (...) o que eu entendo de região pode ser o espaço que eu ocupo, né? Se eu estou aqui agora, eu tou numa região (...) Essa região pode ter... pode ser útil para alguém ou... não ser, né? Vai depender da conotação que eu der para essa região. (Professora D)

Os exemplos dados pelas professoras podem demonstrar um pouco melhor qual a representação que elas têm de região:

– Olha... pode ser Goiânia, aqui o Jardim América (um bairro de Goiânia), por exemplo. É uma região que a cada dia tá sendo modificada. (Professora D)

– Goiânia, dividir Goiânia em regiões, a região central, ou setores, setor norte, setor central, setor sudoeste, setor marista. Um pedaço que a gente pode dividir. Igual o Estado de Goiás que a gente pode dividir em microrregiões. São partes, assim, né? (Professora C)
– A gente pode ver, o Brasil é um todo e ele é dividido em regiões e Goiás estaria na Região Centro-Oeste. (Professora B)
– ...Vou pegar aí o centro-sul, quer dizer, só de falar em centro-sul já duas palavras aí: centro, que é o centro do Brasil, e o sul, que é o sudeste. A intenção quando se faz isso aí é considerar os aspectos econômicos, a atividade industrial, comercial... (Professora E)

Embora elas se expressem de forma diferente, pode-se identificar imagens de região que sintetizam as "regiões da Geografia", conforme é convencionalmente estudada nesses níveis de ensino: são espaços precisos, definidos externamente como tais ("quando se faz isso aí" – professora E) – sejam as regiões do Brasil, sejam as microrregiões do Estado de Goiás –, ou genericamente são espaços, partes ou pedaços de um espaço maior.

Essa imagem de *região* como um local definido de forma absoluta e estática é compartilhada também pelos alunos tanto de 5ª quanto de 6ª série entrevistados neste estudo. Percebe-se, no entanto, um pouco mais de elaboração nas representações das professoras no que diz respeito à capacidade de generalizar o conceito e de aplicá-lo a casos específicos. Por exemplo, ao caracterizarem algumas áreas como podendo ser ou não região, os alunos tiveram dificuldade, por exemplo, em definir o Brasil como, ao mesmo tempo, um país e uma região (o que pode ser considerado próprio de sua idade); as professoras não demonstraram essa mesma dificuldade, talvez mesmo por terem já uma capacidade desenvolvida de pensamento reversível, como nestes exemplos:

– (O Brasil é uma região?) É uma região do... uma região da América do Sul, né? Nosso continente. Continente Americano (...) (E Goiás, é região?) Também seria... região do Brasil, né? (Professora A)
– (O Brasil é uma região?) O Brasil é um todo, não? Mas ele é dividido também em região. (Goiás é uma região?) Também. Ele não é dividido? (...) ele é um todo, mas que ele é dividido em região. (Professora B)

No entanto, essa facilidade em formar um conceito mais abrangente e de aplicá-lo em casos concretos parece não ter levado as professoras a incorporar nesse conceito, ao menos explicitamente, as ideias de processo, de critérios de regionalização, de dinâmica espacial como definidora de regiões, já que não as levaram em conta ao definir região ou ao dar exemplos. Nesse sentido, a imagem de região que as professoras têm é tão formal quanto a dos alunos, e, por isso, pode-se dizer que em certa medida eles têm representações compartilhadas também desse conceito.

Território

As respostas que as professoras deram sobre o que é ou o que lembra a palavra território podem ser agrupadas em dois tipos. O primeiro tem como referência um espaço definido legalmente como território e o segundo tipo, elementos ligados ao domínio de um espaço. As respostas das professoras B e D encaixam-se no primeiro tipo:

– Porque quando a gente fala em estado, que o Brasil é dividido em estados e territórios, né? Agora, realmente território me fugiu, assim, pra dizer. (Professora B)
– Ai, ai, território... território ele é um, um... um espaço mais abrangente, né? Ele comporta todas as regiões, e que estão interligadas... né? O sul... o que eu penso é assim: se o território tem sucesso é graças às regiões que estão interligadas, porque se não tiver interligadas não... eu acho que não tem desenvolvimento. (Professora D)

As demais professoras tentaram elaborar outro entendimento de território:

– Território... é muito parecido com região, né? (ri) Território... isso aqui, a minha casa é meu território, né? Onde... onde eu tenho um pouco mais de liberdade, né? Onde eu posso dar mais palpites, o meu trabalho, a sala de aula, o território onde eu trabalho, a minha casa é o meu território de... familiar. Território...o Brasil é o território dos brasileiros (ri). (Professora A)
– Lembra terra, né? (...) É, assim, deixa eu te explicar (...) Território nacional, eu tou falando desse chão aqui meu. Eu falo assim: eu moro no território brasileiro, né? Então, assim, esse pedaço é meu (...) É como se eu me sentisse dona, eu não moro aqui? Então, isso aqui é tudo meu, isso aqui. Não sei se é se me pertence, a gente se sentir dona, se sentir responsável por aquilo. E a gente defende, você já viu que a gente defende? Nossa! (Professora C)
– É outra expressão complicada da Geografia (ri). Tem uns conceitos de Geografia que a gente aprende, pelo menos tenta aprender mas, na verdade, fica só mais dúvidas, né? (...) Mas... é delimitar fronteiras, estabelecer determinados limites, né? Que o homem no relacionamento com esses outros elementos da natureza vai... fazendo, né? Vai estabelecendo limites, e quase sempre com a intenção de dominar os outros elementos, né? Certos homens exercendo domínio, explorando e aí acaba por estabelecer esses limites, né? Que são as fronteiras (...) e acaba fazendo confusão, porque essas fronteiras elas acabam sendo políticas, né? E território pra mim não é exatamente isso (...) eu acho que ultrapassa isso... porque, na verdade, essas fronteiras políticas, elas são uma imposição da sociedade. (Professora E)
– Uma coisa mais ou menos específica, sem ser tão específico... Tipo assim, em termos de você dizer essa palavra, você pode ter desde uma ideia de propriedade, sua, né? Então, tipo assim, um território meu, então muito individualista, se você pensar assim, né? (...) Então, você tem o seu quarto é o seu território, o mais íntimo, até o universo, onde você vive (...) Só que numa linguagem geográfica, né? Por assim dizer, então, território seria, tipo assim, algo com leis próprias, né? (...) Um espaço com leis próprias. (Professora F)

As declarações das professoras demonstram certa dificuldade para definir território. Uma primeira definição que surgiu foi a de território como um espaço legalmente constituído como tal, o que é um entendimento restrito. Outra compreensão é possível detectar com base em determinadas expressões utilizadas pelas professoras, como: "meu território", "lembra terra", "é como se eu me sentisse dona", "se sentir responsável", "delimitar fronteiras", "exercendo domínio", "ideia de propriedade", "um espaço com leis próprias". As respostas dadas pelas professoras têm características semelhantes às dadas pelos alunos Pode-se dizer que as representações são compartilhadas, alunos e professoras ora se referem a território legalmente constituído, ora a propriedade, e de fato a ideia de propriedade é bastante forte na representação que fazem de território. No caso das professoras, essa noção está mais trabalhada, mais ampliada, incluindo por exemplo a noção de limites e de propriedade definida socialmente, que, no caso dos alunos, não aparecia. Esses elementos e os outros citados são importantes para entender o significado de território. A questão do domínio, do estabelecer limites, de leis próprias, acredito servirem bem à construção desse conceito.

Convém destacar, porém, a dificuldade que as professoras demonstraram em "passar" de uma explicação, diga-se, do cotidiano para uma "linguagem geográfica": a professora E faz uma ressalva ao uso de fronteira como referência ao território porque este não se refere, como aquela, ao político; ele ultrapassa o político. A professora F restringe a característica de "leis próprias" ao território da geografia, ou como ela diz, ao território da "linguagem geográfica". O que considero interessante de se assinalar é que, tomando por base essas observações, pode-se questionar se é possível na realidade fazer certos "cortes" do individual ao social, do pessoal ao coletivo. Ao que parece, aqueles elementos citados anteriormente são pertinentes à construção de um conceito de território, não importando se se trata de um território individual, um território de grupos pequenos, de uma nação ou país. A questão do componente político e o estabelecimento de leis próprias parecem fazer parte da constituição de territórios em geral (por exemplo, um grupo de crianças que dividem seu espaço de brincadeiras na varanda de uma casa, define fronteiras, que têm conotação política e estabelecem leis próprias). E mais, do entendimento do território constituído pessoalmente ou por grupos, no cotidiano, pode-se levar ao entendimento de território na "linguagem geográfica", que pode permitir uma análise mais abrangente da realidade.

Natureza

As professoras entrevistadas associaram a ideia de *natureza* com várias outras, embora seja possível reconhecer uma referência mais explícita a "paraíso" e a lugar bonito. Os exemplos a seguir mostram as associações feitas (que como em outros casos têm conotações religiosas):

– Bom, quando a gente fala natureza a primeira lembrança que me vem é o meio ambiente, né?... Tudo como a gente aprende lá na... Tudo que Deus fez, né? (ri) Tudo que foi criado por Deus. (Professora A)
– Plenitude. Tudo que você tem assim de bom, de puro mesmo (...) uma coisa muito singular (...) Então você tem desde um rio límpido, né? Até todo esse caos de atmosfera poluída, com tudo. (Professora F)

Em outras imagens formuladas pelas professoras, a associação com o divino e com a criação não é tão explícita, mas indica, também, uma ideia religiosa:

– Tudo que tem vida, que tem vida ou que demonstra vida, mesmo que o homem vem e acaba com aquela vida, mas pelo menos é vida, foi vida. (Professora C)
– Olha, natureza é tudo que é natural, mas que no nosso planeta... no nosso planeta... eu considero, eu não acho que tem nada mais natural, intacto no planeta (...) que existe a 1ª natureza, pode haver, mas a interferência do homem está ali presente. (Professora D)
– (...) quando eu coloco natureza, eu coloco aí tudo que é possível da gente encontrar no mundo, então é o ser humano e todos os demais elementos, né? O relevo, vegetação, o clima, o solo etc... É a integração entre esses elementos todos aí que nós chamamos de natureza, que é elemento da Geografia. (Professora E)

A professora B não elaborou, inicialmente, um conceito mais genérico de *natureza*, apenas apontou elementos que ia lembrando: "... natureza lembra árvore, né? Lembra floresta... plantações... pássaro... rios, né?". No entanto, quando perguntei a ela se gostava de natureza, sua resposta deixou entrever seu entendimento desse conceito que, ademais, coincide com o das outras professoras: "Eu acho que todo mundo tem que gostar, né? Porque eu acho assim, que quando você sai de um lugar que você vê tudo aquilo deixado pelas mãos divinas, que o homem ainda não tocou. Eu acho que é tão bom, né? Sente tão bem!"

Nos depoimentos das professoras estão presentes ideias, representações de natureza já identificadas na fala dos alunos: beleza, bondade, vida, criação, paraíso. Trata-se de uma imagem idealizada, idílica, de "algo que o homem ainda não tocou". E, de certa forma, também o "verde" é algo fortemente associado à natureza, como já apareceu no depoimento dos alunos.

Algumas declarações, no entanto, se diferenciam das dos alunos pela maior quantidade de informações e pela maior capacidade de análise da natureza e da sua relação com a sociedade. No caso da professora E, sua concepção de natureza integra vários elementos, incluindo o homem e, ao mesmo tempo, separando-o dos demais elementos por apresentar especificidades. Sua ideia da relação da sociedade com a natureza é a seguinte:

– Primeiro o tema só trazia a questão colocando que o homem se apropriava desses outros elementos da natureza para garantir a sobrevivência, e que hoje ele se apropria disso não só pra garantir a sobrevivência, mas pra explorar cada vez mais com a intenção de acumular mais riquezas, né? Exercendo o domínio sobre outros elementos, quer dizer, minerais, vegetais, água. (Professora E)

As professoras D e F, também formadas em Geografia, fizeram referência ao modo de organização da sociedade para analisar a relação que esta mantém com a natureza:

– Olha, a sociedade não tá preocupada com a natureza (...) porque é o poder econômico que tá falando mais alto (...) vamos supor uma fazenda, eu tenho madeira de lei ali, e é de suma importância pra natureza essa madeira (...). Mas se alguém chegar, por exemplo, o japonês chega: "Não, essa madeira vai valer pra mim, eu te pago x questão". Que eu faço? Eu vou lá e corto. Eu tou preocupada com a natureza? Eu não tou. Então o poder econômico falou mais alto. (Professora D)
– Primeiro que é muito complexo, né? Viver dentro de um sistema capitalista... partindo do pressuposto de que o ser humano por natureza, eu acredito, ser muito egoísta... ele não admite que ele dependa dessa natureza e tem essa necessidade de ele se ver como parte integrante da mesma pra respeitá-la. (Professora F)

As análises que as professoras da 1ª fase fizeram da relação entre *sociedade* e *natureza* me pareceram um pouco diferentes daquelas das professoras de Geografia, embora estas também não tenham aprofundado muito suas respostas. Mas alguns elementos apontados pelas professoras de 1ª fase sugerem mais superficialidade e talvez mais ingenuidade que as outras. Considero que os seguintes trechos de suas falas dão margem para essa impressão:

– O homem tá agredindo muito a natureza. Tanto que a gente vê o reflexo nesse calor exagerado, né? (...) Ontem, por exemplo, eu cheguei da escola (...) tava passando um programa (...) Falando na devastação das matas da Floresta Amazônica, né? Aquilo me dá um mal-estar, sabe? Ver o pessoal destruindo (...) Eu acho que é o homem de uma forma geral (...) até pessoas, assim, de certo nível cultural, por exemplo, os empresários, donos dessas empresas (...) são pessoas que deveriam ter conhecimento dessa parte, mas eu acho que, embora ele tenha um conhecimento, a... o financeiro fala mais alto, né? (...) A gente vê as autoridades... Um dia desses o governador (...) Ou ele faz parte dessas empresas, é um desses empresários ou ele tem pacto com eles e não pode falar. (Professora A)
– Eu acho que o homem ele está destruindo demais, né? Eu acho que enquanto ele poderia estar conservando, ele praticamente tá destruindo (...) quando eles partem dos rios principalmente para fazer exploração de ouro, né? (Professora B)
– (...) o homem destrói muito, muitas vezes por ele não conhecer, principalmente o homem brasileiro, ele é muito mal informado, ele não vê, assim, por exemplo, ele quer fazer uma casa ali, compra um lote ali, em vez dele analisar primeiro dentro do lote qual que é a parte que ele pode construir, não, ele vai e desmata tudo primeiro (...) Esse pessoal que queima pra fazer o carvão vegetal, né? "Não, não tem importância queimar, não. Eu sei que é

proibido, mas eu tou dando emprego pra tanta gente" (...) Acho que o homem, ele é muito insensato. Muito acomodado, né? (...) Eles adoram culpar o governo, eu sei que o governo tem culpa, mas nós também temos muita culpa. (Professora C)

Esses depoimentos trazem aspectos importantes na análise da questão ambiental na atualidade, mas percebe-se que eles estão eivados de argumentos ingênuos, do tipo "até as pessoas, assim, de um certo nível cultural", ou com alguma mensagem de que o homem que se relaciona com a natureza é um homem genérico, que faz o que faz porque não conhece, porque se conhecesse não o faria, ou de que ele faz isso por ser, por natureza, egoísta. A ideia que subjaz aí é a de que os homens destroem por serem maus, e a natureza é sua vítima. Naturalmente são argumentações menos simplificadas e ingênuas que as dos alunos, mas essa noção de natureza e de sua relação com a sociedade é correspondente à dos alunos. Natureza como paraíso, e a sociedade pecadora que destrói esse paraíso. Ao emitir opiniões sobre a relação da sociedade com a natureza, as professoras, tanto quanto os alunos, oscilam entre uma análise mais genérica da questão ambiental e uma análise pontuada pelo cotidiano mais imediato. Um aspecto que demonstra essa oscilação na análise das professoras é a preocupação com a limpeza cotidiana do ambiente como forma de cuidar da natureza, conforme estes exemplos:

– (...) o que eu posso contribuir é questionando os meus alunos nessa questão. Por exemplo, eu peço desde a sala, eu não gosto de deixar a sala suja, brigo, jogou papel de bala eu falo quem jogou pode pegar (...) A minha filha mesmo sai, na rua, ela joga papel de picolé em qualquer lugar, eu questiono ela desde pequena. (Professora A)
– (...) e a gente fez a nossa parte, e como é que fica? Eu sei que fiz, né? Mas vem o outro e suja. Aqui na escola eu faço muito isso com os meninos, a gente mantém a escola limpa, e eles acabam ficando revoltados. Por quê? Nós somos os únicos que catamos papel no chão (...) pedimos pra pôr umas lixeiras que tem no pátio, mas você só vê a 4ª série fazendo isso. (Professora C)

Pode-se verificar que alguns depoimentos se diferenciam e outros se aproximam das representações dos alunos, do senso comum, daquilo que é trabalhado na mídia; outros levantam elementos mais científicos, mais elaborados. Considero ser justamente a conscientização desses encontros e desencontros entre representações, entre conhecimentos cotidianos e científicos, um dos caminhos para a construção de conhecimento no ensino.

Sociedade

Outro conceito trabalhado nas entrevistas foi o de *sociedade*. Para captar a representação que as professoras tinham desse conceito, foi perguntado o que essa palavra lembrava. Ao falar sobre esse tema, as professoras sublinharam alguns aspectos:

– Sociedade são todas as pessoas, né? Que fazem parte de uma... de uma comunidade, onde as pessoas vivem juntas (...) E que têm mais ou menos os mesmos costumes, né? E que têm que desempenhar alguns deveres aí... mais ou menos semelhantes, né? Mas que a gente pode ver, também, que ela é muito injusta, a sociedade nossa, né? Onde a maioria não vivencia seus verdadeiros direitos, de moradia, de alimentação, de saúde, né? (...) deveria ser mais igualitária (...) a gente vê na Sociologia da faculdade aquela pirâmide, né? Que a base da pirâmide é a massa da pobreza mesmo (...) lá na pontinha tem uma classe muito pequeninha, né? E que vive do suor de quem tá aqui embaixo, na base da pirâmide. (Professora A)
– Eu acho que vendo assim é um... eu posso dizer assim um conjunto de pessoas, né? Pra formar uma sociedade, grupos, né? Grupos de pessoas formando praticamente uma comunidade, né? (Professora B)
– Ah! Sociedade me lembra tudo, convivência, aprendizado, tolerância, a gente aceitar, né? Aceitação. Nossa! Me lembra vida (...) os grandes projetos na vida são feitos em comunidade, pela sociedade, todo mundo se associa (...) a escola é um dos exemplos mais vivos que tem de sociedade (...) só encaro sociedade, assim, com um objetivo comum (...) Sociedade pra mim é isso: é viver junto com um objetivo comum, apesar das divergências, que precisam de existir pra poder crescer, né? (...) na minha cidade... eles falavam, assim: a sociedade... eles falavam assim só quem era da classe média alta era da sociedade, o resto não era. Eu acho isso um absurdo (...) Hoje já mudou, eles falam assim: a classe média (...) a classe pobre, os miseráveis, mas pelo menos sabem que todo mundo é uma sociedade. (Professora C)
– Sociedade somos todos nós, né? O homem... ela é uma estrutura, composta de poder econômico, poder político, e quem é que manda não é o poder político, é o poder econômico (...) quando fala em região, essa região vai ser modificada de acordo com o poder político (...) com a sociedade, como ela está estruturada. Se ela está direcionada para o econômico, ela faz valer, se não tem mais interesse, ela desmonta, vai embora e ali fica um corredor da fome. (Professora D)
– (...) bom, aí tem outra questão quando falo de natureza, é... a maneira, é... as formas que as pessoas utilizam-se para se relacionarem com as outras, entre elas, né? E de se apropriar desses elementos da natureza, acaba por constituir aquilo que nós chamamos de sociedade, né? Que é esse agrupamento todo (...) provavelmente alguns a obter lucro desse relacionamento todo aí, deles entre si e com esses outros elementos da natureza. (Professora E)
– Caos... (ri) Total. Então, tipo assim, ah... a sociedade ela é muito complexa no seu contexto devido... até mesmo (...) pela dificuldade de aceitar em alguns aspectos certas questões que pra muitos dentro dessa mesma sociedade é fácil de aceitar, mas talvez a maneira de visão de mundo não deixa que eu tenha uma mesma concepção, né? De valores. Daí essa dificuldade de talvez até mesmo de convívio nessa sociedade. (Professora F)

A considerar algumas ideias emitidas pelas professoras, há uma concepção de *sociedade* como um grupo de pessoas vivendo em comunidade, em função do bem comum, como nos depoimentos das professoras B e C. Sabe-se que isso pode ser um ideal de sociedade a ser conquistado, mas as sociedades em que se vive têm outros atributos importantes, como os sublinhados pelas demais professoras. Ao levantar elementos como injustiça, pirâmide social, direitos e deveres, estrutura social, formas de organização, caos, parece que essas professoras estão definindo um conceito de sociedade mais próximo da realidade e mais adequado à análise geográfica.

As representações que as professoras têm de sociedade possuem elementos diferentes das representações dos alunos desse mesmo conceito. Os alunos tiveram dificuldade em elaborar um conceito mais genérico, aplicável a sociedades específicas; as professoras, e nesse caso mesmo as que definiram uma sociedade mais idealizada, não demonstraram essa dificuldade, ao contrário, suas definições têm como referência uma sociedade abstrata, cujas características podem ser verificadas empiricamente.

Geografia

Finalmente, foi trabalhado com as professoras o conceito de Geografia, perguntando-lhes o que lembrava a palavra Geografia, para que serve, se elas e os alunos gostavam dessa matéria e quais as dificuldades verificadas por elas em sua aprendizagem.

Em relação à primeira pergunta – o que lembra Geografia –, as respostas podem ser divididas em dois tipos. O primeiro corresponde a respostas que fazem referência ao estudo da natureza ou do meio ambiente. O segundo refere-se a respostas mais vagas e que atribuem à Geografia uma função bastante ampla, demonstrando um entendimento romântico da palavra.

No primeiro tipo de respostas encaixam-se as declarações das professoras A, B e E:

– (...) é uma ciência que estuda... o... que estuda o meio ambiente, eu acho... é, não só o meio ambiente, a natureza de forma geral. Estuda solo, vegetação, clima, é... tem a Geografia... que é pra mim... quando eu saí do ginásio, 2º grau, não tinha essa noção que tem essa Geografia populacional, Geografia disso, Geografia daquilo. É tanta Geografia por aí que às vezes, né? A gente não... tinha noção... Mas também explicar é... definir pra você com palavras bem específicas eu também não dou conta (mas a 1ª coisa que vem na cabeça?) É aquela que eu aprendi lá na escola primária. Geografia é estudar rios, solos, vegetação, clima, né? ... região... aspectos geográficos... (Professora A)
– Quando eu penso em Geografia, eu acho que é para estudar... o território... não é o território, né? Que eu quero dizer.... eu acho que fugiu, né? Porque... eu acho assim, que é trabalhar o ambiente geográfico (...) montanhas, né? Tudo que se parte de... da natureza, você vai trabalhar dentro da Geografia. E o ambiente aonde a gente convive, fora dele, né? (Professora B)
– Vem a natureza, né? E... quando eu falo natureza eu lembro que... primeiro ele é... agia com a intenção de sobreviver, utilizando lá vegetais, solo, água etc... e que hoje esse sentido aí, ele se perde, né? Uma vez que nós vivemos numa sociedade urbana, sociedade industrial, onde aqueles que intervêm diretamente nesses elementos, e a população em geral se apropria disso, mas já tá transformado, acabado... (Professora E)

As respostas das professoras D e F são diferentes, são mais genéricas:
– Olha, a Geografia pra mim é o ar que respiramos (...) eu dei uma resposta pra uma menina (...) a Geografia é a única ciência que te dá margem pra você entender tudo o que está em sua volta. O ar que você respira, o solo que você pisa, porque você é pobre, porque que você está estudando nessa escola aqui (...) A Geografia é tudo, eu acho que a Geografia é esse sangue que a gente respira, que a gente vive... (Professora D)

– Como diz Ruy Moreira: "tudo é Geografia" (...) Pra mim seria, tipo assim, a beleza e essência (...) com Geografia você pode ter uma análise sua de mundo mais humano, né? Você, no caso, poderia passar essa necessidade de preservação da natureza, sem ter muito mídia em cima, mas sim de sua defesa enquanto pessoa e tendo conhecimento dessa ciência. Então a necessidade de você melhorar, não o padrão de vida, mas a qualidade de vida... (...) a Geografia, ela tem essa... esse poder de síntese... de poder ver isso daí, e que tá muito adiante de outras ciências (...) eu acredito e vejo a Geografia uma ciência de síntese que tá adiante de outras tantas ciências. (Professora F)

As professoras sem formação específica em Geografia, no caso as professoras A e B, encontraram dificuldades para definir esse conceito, demonstrando uma influência muito grande da Geografia que estudaram no ensino fundamental, algum tempo atrás, influência essa que será confirmada mais adiante. Apesar dessa dificuldade, fizeram referência, e aí de modo parecido com a professora D, ao estudo da natureza ou do meio ambiente, e citaram alguns elementos da natureza estudados pela Geografia mais tradicionalmente. De outro lado, as professoras D e F, ambas com formação em Geografia, responderam prontamente à questão, mas suas respostas foram vagas, muito amplas, sem apontarem algo de específico da ciência geográfica (ou o apontaram de uma forma que não esclarece a contribuição específica dessa ciência, como "entender o solo que pisa" e "passar a necessidade de preservação da natureza"). São, no meu entendimento, respostas românticas – "a Geografia é tudo", "é o ar que respiramos"– que não esclarecem a especificidade da ciência geográfica e deixam transparecer sua velha máxima de "ciência de síntese", como aponta, aliás, explicitamente a professora F, que cursava o último ano de Geografia. Sua concepção de que a Geografia é uma ciência de síntese "que tá adiante de outras tantas ciências" pode ter correspondência com concepções veiculadas no seu curso de formação (em vigor no ano de 1995). Se há alguma corrrespondência nesse sentido, isso pode significar que ainda hoje, mesmo para quem forma professores de Geografia, permanece uma dificuldade em definir Geografia e seu papel na análise da realidade, seja ela natural ou social. Essa dificuldade em especificar a Geografia e o geográfico foi também demonstrada pela mesma professora em outro momento da entrevista:

– (...) a Geografia, a meu ver, ela ser tão... importante, e muita gente não dá esse valor (...) porque eles sabem, tipo assim, recebem seu salário, aí não dá pra pagar as contas (...) eles sabem dos problemas, mas não sabem onde buscar sustentação pra poder falar: "isso tá assim por isso, por isso, por isso". (E o que seria geográfico aí? Neste problema, o que a Geografia ajudaria de específico?) Não sei se entendi bem (...) eu penso que ele teria, no caso, né? Sabendo dessa dificuldade de mercado de trabalho, o salário é baixo. Então ele teria, tipo assim, o auxílio de planejar melhor o salário dele. Então, tipo assim, um mês tem 30 dias, o que ele precisa, ah... pra se manter nesses 30 dias com esse salário? (Professora F)

Ao responder para que serve a Geografia na escola, as professoras apresentam mais elementos sobre a questão da especificidade da Geografia. A função mais apontada para essa matéria na escola foi a de ajudar na habilidade de localização:

> – É... pra tudo, né? Porque você vê essa questão de você me perguntar aí, onde, que posição que você tá... representação de mapas, acho que a gente deveria trabalhar mais na escola. Então, diante da dificuldade da gente como professor, então, você não vai explorar muito do seu aluno porque você vai acabar se deparando com uma dificuldade sua, então você passa por cima daquilo. (Professora A)
> – Ich... e agora? (...) porque... igual eu tava te falando... eu trabalho com Estudos Sociais, né? Eu vou tentar ajudar o aluno a identificar a escola, o tamanho da escola, né? O bairro que ela tá localizada, né? Qual setor que ele mora, que bairro tá aquele setor, que aquele setor está localizado em uma cidade, né? Eu acho que quando eu trabalho isso aí eu tou trabalhando também um pouco de Geografia. (Professora B)
> – Nossa Senhora! Pra mim a melhor coisa é localizar. Você vê o tanto que é bom você ler um livro lá da Chapada dos Veadeiros, e quando você chega lá você vai constatar tudo aquilo que você leu lá, que a professora falou e te mostrou num filme, né? Então, é assim, é localização, é uma matéria que esclarece tudo. Olha aqui, quem é você sem um mapa em uma rodovia que você não conhece? (...) Então, eu acho a Geografia muito importante, ela...e é bom fazer, Geografia é bom demais de fazer, de experimentar... o tanto que é bom pintar mapa? Ficam uns mapas lindos... fazer o litoral do Brasil, que nós temos um dos maiores litorais, fazer aquele tanto de ilha, aquele tanto de coisa, mesmo que o menino não vai lá, mas ele, assim, tem aquela noção, ele fica pensando: "Se algum dia eu for lá, eu vou ver esse lugar", né? ...ali no mapa é como se você tivesse um retrato, assim. (Professora C)
> – Bom, aí eu acredito que tanto na 5ª e, principalmente, na 6ª série, pra eles terem uma noção da dimensão do que vem a ser o planeta Terra. Pra eles saberem que eles têm dificuldade, primeiro até mesmo da localização, na 5ª, e na 6ª eles já não sabem, tipo assim, tem muita confusão ainda o que vem a ser um país, uma nação. (Professora F)

A professora E respondeu a essa pergunta de um modo um pouco diferente, fazendo referência ao aspecto de que a Geografia poderia ajudar as pessoas a organizar melhor o espaço em que vivem:

> (...) ela serviria para cada um poder elaborar ideias ou ter formas de pensar e contribuir para uma melhor organização disso, que não só a minoria privilegiada, né? fosse beneficiar disso (...) Mesmo que seja aí uma utopia, mas que cada vez uma parcela maior possa organizar o espaço de vida dele melhor, né?

É interessante notar que as representações de *Geografia* dos alunos entrevistados neste estudo e das professoras de 1ª fase têm referências mais concretas que as das demais professoras. Enquanto para os primeiros a imagem que se pôde inferir foi a de mapa-múndi (para os alunos) e de estudo de elementos da natureza (para as professoras de 1ª fase, além da professora E), para as demais professoras a "Geografia é tudo", ou "é o ar que respiramos". Geografia para os primeiros é algo específico, é a imagem da matéria que eles já estudaram, é o que ficou de mais concreto no trabalho com essa matéria: o mapa e o mundo (podendo-se incluir aí os elementos da natureza). Para as demais professoras, a Geografia é a ciência, é um conjunto de conhecimentos sobre o mundo, é um olhar sobre o mundo, é algo mais amplo que o que se estuda na matéria Geografia. São duas perspectivas diferentes de se referir à Geografia. São, efetivamente, duas maneiras de ver esse conceito, e ambas correspondem à realidade. O problema é que é preciso esclarecer bastante as duas perspectivas, tomar consciência delas, para que se possa ajudar os alunos a construir seu próprio conceito de Geografia, tanto o da matéria de ensino quanto o da ciência.

As respostas das professoras sobre para que serve a Geografia foram semelhantes às dos alunos. Para estes, a Geografia serve "pra gente aprender a localizar mapas", "conhecer um pouco o país", "pra conhecer mais o mundo da gente", "saber indicar os setores, os países". Ou seja, a razão mais apontada também pelos alunos foi a de indicação, localização e conhecimento do mundo.

Outro aspecto explorado na entrevista com as professoras foi referente a sua apreciação pessoal sobre Geografia. As professoras disseram gostar da matéria, com exceção das professoras A e B, que demonstraram não gostar muito, apontando como razões o fato de não serem boas para memorizar (o que indica que não é precisamente da matéria que não gostam):

– Não muito, como eu gosto de História (...) Agora, a Geografia que a gente viu no primário, há muito tempo que eu não tenho contato com ela, então eu não posso nem te dizer. Porque muita coisa que eu não gostava antes, hoje eu gosto, né? (...) não gostava da forma que... é... eu tinha dificuldade, eu nunca fui boa pra memorizar, e a gente tinha de memorizar, né? Aquele tanto de coisa... (Professora A)
– Eu nunca fui boa em Geografia, não. Eu não sei se é porque não despertou, alguém não despertou a curiosidade pra gente estudar realmente a Geografia (...) eu acho que quando eu estudei era mais, igual eu tou te falando, quando você estuda você estuda mesmo ali, hoje parece que tão partindo pra outra coisa, o aluno tá trabalhando com o concreto, e a gente trabalhava com abstrato, né? Então, eu acho que naquilo ali, só você decorar e você não saber o que está fazendo, eu acho que isso que faz a gente não gostar das coisas. (Professora B)

Na opinião das professoras, nem todos os alunos gostam de Geografia ou têm facilidade em aprendê-la. Acham, porém, que as razões disso não estão diretamente ligadas ao conteúdo que estudam na matéria, mas muito mais às formas de encaminhamento que são dadas para essa matéria na escola. Os depoimentos das professoras são demonstrativos:

– É... raríssimas exceções, geralmente eles não gostam, não, né? Não gostam de forma nenhuma (Por que eles não gostam?) (...) embora quando eu comecei a trabalhar na 3ª e na 4ª série eu nunca fiz avaliação de o que é isso, o que é aquilo, então eu procurava sempre trabalhar em grupo, jogava questões pra eles, pra eles elaborarem, questões do mapa, né? (Professora A)

– Olha, hoje a gente consegue às vezes falar: dependendo do professor, o aluno gosta de Geografia, dependendo do professor (...) tem professores de Geografia que os alunos adoram estudar Geografia, já tem professor de Geografia que os meninos acham uma chatice. (Professora B)
– Eu vejo assim: aqui (...) até a 6ª série os meninos com uma... assim eles têm um procedimento diferente no ensino de Geografia, parece assim que depois, na 7ª eles estudam por obrigação. Parece que aprender aquilo lá, pra decorar o que tá no livro. Até a 6ª série a gente vê eles fazendo muita investigação (...) até a 6ª série eles têm esses... são mais observadores, não ficam presos aos livros. E os de 7ª série eles já querem é saber que têm de passar, têm que aprender aquilo ali pra passar, então eles não ficam com uma visão muito aberta. (Sobre as dificuldades dos alunos) Só se for os termos, assim, sabe? Pra eles ficarem... porque eles têm mania de decorar, isso aqui é depressão, decorar o que é depressão. Então você vê, é aqueles conceitos. Não sei se eles não estão habituados a formar o próprio conceito, eles acham que eles têm que aprender aquilo que está escrito. (Professora C)
– Não. Ó, tem muitos que não gostam, eles comentam, né? Professora, Geografia do jeito que a senhora faz é muito melhor, porque as minhas questões são muito abertas, eu peço assim: o que você entendeu?(...) Aí eles falam: "Professora, eu não tenho de decorar". Claro que tem aqueles que têm muita dificuldade, porque dependem do Português (...) porque eles não sabem escrever, não sabem ler. (Professora D)
– (Os alunos gostam?) Eu acho que uma parcela, uns 40% a 50% só. Eu acho que justamente pela dificuldade que nós vamos ter ao longo desses anos de trabalhar com a Geografia. E talvez nós estamos trabalhando muito com o que tem no livro e deixando o dia a dia fora do estudo. (Professora E)
– Alguns se identificam bastante, agora outros... porque exige bastante leitura, eles são um pouco preguiçosos (...) dá um peso menor pra Geografia e, tipo assim, se dedicam mais talvez à Matemática, ao Português, que é cheio das regras, tudo. Em função das notas, sempre. Mas, a Geografia, à medida que eles vão sendo avaliados e vão constatando que não é bem aquilo, que vê as notas baixas, que pensava que entendia direitinho e vê que não é bem aquilo (...) Então, no primeiro momento, há um descaso com a Geografia, né? Em termos de sala de aula, pra depois eles mesmo tomarem conhecimento, é... consciência da necessidade. (Professora F)

Todas essas falas das professoras trazem sugestões bastante significativas para o trabalho com Geografia na escola. São elas que estão dizendo que a Geografia é importante, mas às vezes demonstram dificuldade em especificar tal importância. São elas que apontam falhas nos trabalhos que por vezes provocam o "desgosto" do aluno, e o seu próprio, e o não envolvimento real com a matéria. São elas que apontam também encaminhamentos importantes para uma possível superação das dificuldades, mas de uma forma pouco sistemática. Por suas declarações, é possível sintetizar as dificuldades dos alunos em alguns aspectos, como a dificuldade de lidar com a escrita e a leitura ("a Geografia exige bastante leitura"), de formar autonomamente seus próprios conceitos e de trabalhar, sem "decorar", com conteúdos abstratos. Se as professoras dizem que é preciso trabalhar o cotidiano dos alunos, então é importante aprofundar a reflexão sobre como fazê-lo. Se dizem que o problema está na dificuldade de construção dos conceitos, então é preciso refletir sobre como ajudá-los nessa construção.

3
GEOGRAFIA ESCOLAR E A CONSTRUÇÃO DE CONCEITOS NO ENSINO

Os dados do capítulo anterior indicam que os elementos presentes nas representações dos alunos e de professores devem ser considerados no ensino. A análise dessas representações permite captar o sentido que perpassa a linguagem geográfica falada por alunos e professores em sala de aula. Considero que a análise dessa linguagem juntamente com a análise de uma outra linguagem geográfica, a científica, poderão avançar no entendimento dos problemas do ensino dessa matéria.

Mas ficam ainda algumas questões para a ampliação da análise dos dados: em que medida esses elementos das representações têm a ver com os conceitos geográficos científicos? É possível, na prática rotineira das aulas de Geografia, trabalhar com ambos – confrontando-os, complementando um ou outro – de um modo que nenhum seja secundarizado *a priori*? E, se é possível, isso realmente ajuda na construção do conhecimento pelo aluno, ampliando suas representações ao formular conceitos mais articulados e mais abrangentes? No caso da Geografia em particular, considerar os dois tipos de conhecimento ajuda a formar raciocínio geográfico? Em busca dessas respostas, este estudo procura, neste capítulo, ampliar a análise da problemática em questão, levantando aspectos dos conhecimentos científicos e dos conhecimentos cotidianos.

Encontros e desencontros entre conceitos cotidianos e conceitos científicos na linguagem geográfica

A referência inicial para a análise anunciada neste tópico é o entendimento de que o ensino visa à aprendizagem ativa dos alunos, atribuindo-se grande importância a saberes, experiências, significados que os alunos já trazem para a sala de aula incluindo, obviamente, os conceitos cotidianos. Para além dessa primeira consideração, o processo de ensino busca o desenvolvimento, por parte dos alunos, de determinadas capacidades cognitivas e operativas, por meio da formação de conceitos sobre a matéria estudada. Para tanto, requer-se o domínio de conceitos específicos dessa matéria e de sua linguagem própria.

Seja como ciência, seja como matéria de ensino, a Geografia desenvolveu uma linguagem, um corpo conceitual que acabou por constituir-se numa linguagem geográfica. Essa linguagem está permeada por conceitos que são requisitos para a análise dos fenômenos do ponto de vista geográfico. Tomando a sociedade como objeto de estudo da Geografia, Corrêa aponta seus conceitos fundamentais:

> Como ciência social a geografia tem como objeto de estudo a sociedade que, no entanto, é objetivada via cinco conceitos-chave que guardam entre si forte grau de parentesco, pois todos se referem à ação humana modelando a superfície terrestre: paisagem, região, espaço, lugar e território. (1995, p. 16)

Como Corrêa, outros geógrafos de destaque na teorização da Geografia discutem seu objeto e seus conceitos elementares. Para explicitar uma teoria do espaço, Santos (1988) analisa algumas categorias e suas inter-relações, a saber: região, paisagem, configuração territorial, homem e natureza. Moreira, ao fazer a crítica à chamada Geografia Tradicional, conclui que é necessário um "resgate crítico de categorias e princípios que historicamente têm feito o universo lógico do raciocínio geográfico" (1987, p. 181). No rol das categorias, ele cita a natureza, o espaço, o território, o ambiente e a paisagem.

Tais conceitos não são exclusivos da ciência geográfica, sendo utilizados, também, por outras ciências e pelo senso comum, de diferentes formas e com diversas acepções. Por essa razão, a Geografia precisa considerar seus diferentes significados, do mesmo modo que a análise das representações dos alunos e professores dos conceitos geográficos escolhidos deve ser enriquecida pelo estudo desses conceitos nas suas formulações científicas. Afinal, essas formulações científicas são referências básicas para a estruturação dos conteúdos da Geografia ensinada na escola.

Neste tópico, com base na linguagem geográfica utilizada nas aulas de Geografia expressa nos conceitos tomados aqui como elementares, serão expostas algumas formulações de tais conceitos no campo científico, tendo como objetivo fazer o entrecruzamento entre as formulações científicas e o saber cotidiano, aqui captado pelas suas representações sociais. Seguindo a estruturação do capítulo anterior, farei a análise de cada conceito separadamente ressalvando, todavia, que tais conceitos compõem um sistema conceitual mais amplo na estruturação do raciocínio geográfico e que devem ser considerados em suas inter-relações.

Lugar

No capítulo anterior descreveu-se a percepção que os alunos têm de Geografia e de sua função na escola. Para eles, essa matéria serve para localizar e conhecer diferentes partes do mundo, por meio sobretudo do mapa. Ou seja, o *lugar* destaca-se como ideia de referência da Geografia para os alunos. A aprendizagem desse conceito (ou sua construção para além das representações já formadas), no entanto, supõe referi-lo aos resultados da produção científica, que são parte da herança cultural acumulada e considerados socialmente válidos para serem internalizados pelos alunos.

A discussão teórico-metodológica sobre *lugar* na ciência geográfica tem sido feita atualmente em três perspectivas, tendo em comum o objetivo de ultrapassar a ideia desse conceito como simples localização espacial absoluta. Tais perspectivas serão destacadas a seguir:

Na Geografia Humanística, *lugar* é o espaço que se torna familiar ao indivíduo, é o espaço do vivido, do experienciado. Esse conceito está, na verdade, no cerne da problemática discutida nessa orientação teórica, como afirma Tuan: "A Geografia Humanística procura um entendimento do mundo humano através do estudo das relações das pessoas com a natureza, do seu comportamento geográfico bem como dos seus sentimentos e idéias a respeito do espaço e do lugar" (1982, p. 143).

Para esse autor, a tarefa do geógrafo humanista é exatamente a de saber como um *espaço* pode se tornar *lugar*, distinguindo os dois conceitos da seguinte maneira:

> Na experiência, o significado de espaço freqüentemente se funde com o de lugar. "Espaço" é mais abstrato do que "lugar". O que começa como espaço indiferenciado transforma-se em lugar à medida que o conhecemos melhor e o dotamos de valor (...) se pensamos no espaço como algo que permite movimento, então lugar é pausa; cada pausa no movimento torna possível que localização se transforme em lugar. (*Idem, ibidem* 1983, p. 6)

Na concepção histórico-dialética, *lugar* pode ser considerado no contexto do processo de globalização. A globalização indica uma tensão contraditória entre a homogeneização das várias esferas da vida social e fragmentação, diferenciação e antagonismos sociais. Por ser assim, a compreensão da globalização requer a análise das particularidades dos lugares, que permanecem, mas que não podem ser entendidas nelas mesmas. O que há de específico nas particularidades deve ser encarado na mundialidade, ou seja, o problema local deve ser analisado como problema global, pois há na atualidade um "deslocamento" (no sentido de des-locar) das relações sociais.

O lugar, meio de manifestação da globalização, sofreria, nesse entendimento, os impactos das transformações provocadas pela globalização, conforme suas particularidades e em função de suas possibilidades. A eficácia das ações em nível global estaria, assim, na dependência da possibilidade de sua materialidade nos lugares. Do mesmo modo, no local se realizariam as resistências ao fenômeno da globalização e às suas consequências, pois é onde podem manifestar-se a identidade, o coletivo, o subjetivo. Na análise de Carlos:

> O lugar se produz na articulação contraditória entre o mundial que se anuncia e a especificidade histórica do particular. Deste modo o *lugar* se apresentaria como o *ponto de articulação* entre a mundialidade em constituição e o local enquanto especificidade concreta, enquanto momento. Só é possível o entendimento do mundo moderno a partir do lugar na medida em que este for analisado num processo mais amplo. (1993, p. 303)

A terceira perspectiva propõe a discussão da Geografia pela ótica do pensamento pós-moderno, colocando em questão a noção de totalidade para a explicação do *lugar*. Silveira (1993) busca entender esse conceito com base em um confronto entre a concepção dialética e a concepção pós-moderna no que diz respeito à totalidade. A epistemologia pós-moderna propõe a desconstrução da totalidade e da razão como fundamento de explicação da realidade. Segundo essa autora:

> Essa ruptura radical com a lógica da totalidade significa um rompimento do caminho único, da idéia de uma sociedade total. A partir desse fim da racionalidade totalizante, a proposta é a valorização do empírico-individual, que se faz através da consideração de outras racionalidades. Em cada situação, no tempo e no espaço, existe um "outro da razão" dentro da razão (...), isto é, várias razões possíveis. Nessa concepção, o dado empírico deixa de ser um momento explicado *a priori* pela totalidade, para ser o eixo da nova epistemologia. (1993, p. 202)

Lugar, na perspectiva pós-moderna, não seria explicado pela sua relação com a totalidade, visto que o todo desapareceria e cederia espaço ao fragmento, ao micro, ao empírico individual:

> ...a totalidade é um categoria tautológica, que revela um novo determinismo geográfico. A única coisa que tem existência empírica, e, portanto, é possível se analisar, é o lugar, o fragmento, o indivíduo. A totalidade só pode ser uma idéia, a soma dos fragmentos, mas muito dificilmente uma realidade empírica... (*Idem, ibidem*, p. 204)

Fazendo uma crítica à concepção de que *lugar* seria um fragmento, Silveira afirma que ele é a "própria totalidade em movimento que, através do evento, se afirma e se nega, modelando um subespaço do espaço global" (p. 205). Nesse sentido, faz as seguintes considerações:

> Embora os eventos, pela sua materialização nos lugares, estejam ligados a uma estrutura única, eles não perdem sua individualidade (...), pelo contrário contêm cada vez mais "raridade" porque têm sua própria totalização parcial. O indivíduo não desaparece, ele é entendido como elemento de uma estrutura em movimento. Ele não se restringe aos limites do local, mas nele acontecem eventos que trazem diferentes tempos, e assim o lugar torna-se totalidade, mas uma totalidade parcial, incompleta, inacabada, pois a trama dos eventos não atinge sua completude no lugar, mas no mundo em movimento. (*Idem, ibidem*, pp. 205-206)

Diante dessas análises e da problemática da pesquisa, algumas questões são cabíveis: que elementos são pertinentes, no quadro de referência teórico da pesquisa, para a formação do conceito de *lugar* pelos alunos? Qual dessas concepções científicas de *lugar* está mais próxima do significado dado pelos alunos? Como é que os conceitos cotidianos e científicos se "cruzam" na construção de conhecimentos geográficos desses alunos? Como é que se podem no ensino propiciar as aproximações entre o saber do aluno e as formulações científicas de referência, buscando a ampliação desse saber?

Para uma primeira aproximação da análise do significado de *lugar* dado pelos alunos, as formulações da Geografia Humanística parecem ser bastante produtivas. Se a relação entre sujeito e objeto no processo de conhecimento como um todo tem uma dimensão subjetiva, no caso desse conceito o apelo ao subjetivo parece ser mais forte, uma vez que antes de conceituar os alunos já têm uma experiência direta com o lugar, com o seu lugar. No entanto, não se pode contentar com o conhecimento do aluno apenas no âmbito de seu cotidiano. A compreensão de que *lugar* só pode ser entendido como expressão da totalidade, inacabada, aberta e em movimento, leva à necessidade de ampliar o entendimento do vivido para o concebido.

A Geografia Humanística tem, todavia, uma substanciosa contribuição para a dimensão afetiva do processo de conhecimento, podendo ser levada em conta na construção do conceito de *lugar* pelos alunos. Mello (1990), ao distinguir *espaço* e *lugar,* destaca explicitamente esse aspecto: "O espaço, qualquer porção da superfície terrestre, é amplo, desconhecido, temido ou rejeitado. O lugar, recortado afetivamente, emerge da experiência e é um 'mundo ordenado e com significado'" (1990, p. 102). Com esse mesmo critério da afetividade, Mello formula o conceito de *deslugar*: "Neologismo/conceito desenvolvido por Relph (1976) a respeito das paisagens estandardizadas, repetidas, 'xerocopiadas', com uniformidade de seqüências" (*idem, ibidem,* p. 102).

Ao analisar situações em que esses conceitos são utilizados, Mello dá-lhes algumas conotações que merecem discussão. Por exemplo, ao afirmar que *espaço* é "aberto, livre, amplo, vulnerável (...) e provoca medo, ansiedade, desprezo, sendo desprovido de valores e de qualquer ligação afetiva" (p. 104), opera um raciocínio que me parece pouco claro. Como pode provocar medo, ansiedade, desprezo, o que é desprovido de ligação afetiva? Medo, ansiedade, desprezo não são também atitudes afetivas, ainda que negativas? Então, espaço seria aquela porção da terra pela qual se têm atitudes negativas?... Em outra parte do texto novamente o autor faz um raciocínio que leva a associar *espaço* com atitudes e sentimentos negativos: "A passagem de lugar para espaço pode ocorrer por motivos de dor ou vergonha (...) os pontos de encontros (lugares) dos enamorados, quando do desenlace, causam desamor e desprezo, podendo ser caracterizados como espaços" (p. 104). Em outro trecho a confusão permanece: "Para ser alçado à categoria de lugar (ainda que passageiro), o local não precisa ser investido de carinho e sim ser apenas um ponto de significação, ainda que por uma única vez" (p. 105). Também a análise de situações de "deslugares" parece conter essa dubiedade do que é desprovido de valor e do que tem valor negativo, como exemplificam dois trechos: "No convívio, as paisagens artificiais, interpretadas como feias, transformam-se em belas e agradáveis, ou seja, lugares" (p. 107); "... para quem reside nas ruas onde são construídos esses monumentos, os viadutos – que enfeiam, escurecem e desvalorizam o logradouro – são ou podem ser deslugares" (p. 108); "O deslugar é vazio de significados, mas a paisagem com a mesma seqüência pode ser admirada (lugar)" (p. 108). Como pode uma porção da superfície ser vazia de significados se ela é interpretada como feia? Ou, ao ser interpretada como feia, ela não é mais deslugar? Se não é, também não pode ser interpretada como espaço, já que este também é vazio de significados. Então, o que é?

Certamente, os elementos do conceito de *lugar* levantados pela perspectiva humanística são relevantes para seu tratamento no ensino. Contudo, considero importantes as questões anteriores, porque reafirmam a necessidade de se apreenderem dialeticamente os fenômenos que se experienciam. Tomando como base o conceito de Yi-Fu Tuan, anteriormente transcrito, *espaço* pode ser entendido como o *indiferenciado*, e este se transforma em *lugar* à medida que é conhecido e dotado de *valor* (e aí eu incluiria os valores "negativos"), portanto, ao tornar-se familiar. No entanto, numa análise mais ampliada, percebe-se que os fenômenos da atualidade não são compreendidos na sua familiaridade (*lugar*) sem se reportar ao não familiar (*espaço, deslugar*). Para entender como as porções do mundo atual são ao mesmo tempo *espaço, lugar* e *deslugar*, conceitos contraditórios e complementares, é preciso considerá-los na relação dialética entre local e global. O que é familiar também pode ser estranho e vice-versa. A familiaridade não está mais ligada ao lugar, no mesmo sentido em que já esteve em períodos precedentes. A língua inglesa, os restaurantes típicos internacionais, os *shopping centers*, os hábitos de consumo, de lazer, de rotina, instrumentos tecnológicos, como o computador, são exemplos de coisas familiares, mas não porque surgiram nos lugares, mas porque foram "colocados" no ambiente local pela experiência global partilhada. Em determinados contextos, observa-se que as pessoas são levadas a se familiarizar com estruturas, hábitos, eventos, objetos "globalizados", não porque deles participem ou usufruam, ainda que não sejam derivados do local, mas apenas porque "convivem" com eles cotidianamente, sem que façam parte de fato de sua experiência.

A análise da pesquisa com os alunos confirma a presença da afetividade no seu conceito de *lugar*. Quando perguntados sobre do que gostavam mais no bairro em que moravam ou em qual gostariam de morar, grande parte dos alunos fez referência à presença de colegas, amigos e familiares. Também citaram como pontos positivos importantes as características do bairro referentes à segurança, proteção, liberdade, alegria, brincadeira, e como negativos, a violência, o perigo. São, portanto, as relações pessoais, a experiência afetiva que dão significados aos lugares, positivos ou negativos. Os lugares são, portanto, "recortados afetivamente". Com base nisso, é preciso investir na ampliação desse significado ligado ao empírico dos alunos e propiciar o conhecimento de elementos da realidade objetiva e global. Esses elementos podem ajudar na compreensão de que as relações pessoais são importantes, mas que em determinados contextos elas são abortadas, são dirigidas, são coisificadas; também podem ajudar na compreensão de que a associação de lugares ruins (ou espaços, ou deslugares) à violência não é uma associação isolada, mas é partilhada por quem vive nas grandes cidades nos últimos anos. O conhecimento de outros lugares e a comparação entre eles e a análise da materialização diferenciada das condições globais no lugar podem avançar o conhecimento que se tem de cada lugar vivido.

O conceito de *lugar* tem sido trabalhado mais frequentemente na 5ª série do ensino fundamental, como sugerem os livros de Alves e outros (1990), Vesentini e Vlach (1991), Adas (1989) e Pereira e outros (1993). Por exemplo, o livro didático da 5ª série, de Pereira e outros (1993), tem como subtítulo exatamente "geografia dos lugares", o que leva a crer que para eles o lugar é o primeiro passo para estudar Geografia, isto é, o primeiro conceito para iniciar a formação do raciocínio geográfico. Logo no 1º capítulo, os autores anunciam o que consideram dar início aos estudos de Geografia: "Identificar o lugar onde você está é o primeiro e importante passo para iniciarmos nossos estudos de Geografia" (p. 2). Para compor o conceito de *lugar*, o livro apresenta alguns elementos, tais como: lugar é o familiar, é o que se define pela identidade com a experiência individual; os lugares sugerem tipos de atividades e de comportamentos; falar em lugares é também falar em regras, funções e comportamentos sociais; os lugares estão ligados a uma série de outros lugares.

No ensino, de fato, esse conceito pode ser formado com base na experiência fenomênica dos alunos com seus próprios lugares. O estudo do lugar, nesses termos, permite inicialmente a identificação e a compreensão da geografia de cada um, o que é básico para a reflexão sobre a espacialidade da prática cotidiana individual e de outras práticas. Para a formação do conceito de *lugar*, ultrapassando suas manifestações fenomênicas individuais, são necessários: a reflexão sobre os lugares da prática imediata (com a ajuda de elementos de análise como os daquele livro didático); o desenvolvimento da habilidade de orientação, de localização, de representação; o conhecimento de outros lugares. A reflexão sobre seu lugar, as implicações ou a significação desse lugar, a compreensão de que outros lugares são diferentes, exige que o aluno desenvolva determinadas habilidades espaciais e que tenha informações objetivas do seu e de outros lugares.

Os dados da pesquisa mostram embaraços significativos dos alunos no que se refere a conhecimentos e habilidades necessários à formação do conceito de *lugar*. Os alunos não conseguiram indicar pontos de referência de seu bairro ou da cidade. Também mostraram dificuldades em dar os pontos convencionais de orientação para localizar seu bairro, o centro, a escola, para localizar pessoas e coisas em situações propostas no trabalho em grupo, e para identificar e localizar lugares mencionados em noticiários da televisão.

Os alunos descreveram lugares e caminhos entre lugares com certa dificuldade, utilizando gestos e pontos de referência mais familiares, como praças, ruas, avenidas, pontos de ônibus, sem recorrer aos pontos cardeais.

É verdade que essa dificuldade não os impede de se locomoverem, na sua prática cotidiana, no bairro e em lugares mais conhecidos ou que, eventualmente, apontem direções quando solicitados. Por que, então, se insiste na aprendizagem dos pontos cardeais? A pouca utilização dessa referência na prática cotidiana, sobretudo para pessoas que vivem na cidade (que têm uma série de outras referências espaciais), não reduz sua importância para ampliar as comunicações "espaciais" com as pessoas, pois são pontos de referência convencionados universalmente. Além disso, essa referência é extremamente importante para o conhecimento geográfico, já que faz parte de sua linguagem e é com base nela que podem ser explicados diversos fenômenos naturais e sociais do ponto de vista espacial. Sua importância reside no seu caráter de universalidade, o que pode potencializar a capacidade dos alunos de compreender informações sobre diferentes lugares do mundo, de compreender as análises geográficas, de ler mapas cientificamente elaborados. Mas, mais que tudo isso, o importante é desenvolver, com o estudo dos pontos cardeais, a habilidade de orientação espacial composta pelo desenvolvimento das habilidades de descentralização e reversibilidade, entre outras (Almeida e Passini 1989).

Com efeito, os pontos cardeais são referências construídas com base nessas habilidades espaciais. A habilidade de orientação espacial é desenvolvida desde a infância, com base nas relações topológicas de proximidade, distância, ordem, continuidade e evolui com a habilidade de orientação corporal da criança. Nesse processo, destacam-se as habilidades de descentralização e de reversibilidade, que se percebem quando a criança consegue localizar os objetos independentemente de sua posição em relação a eles, ou seja, quando ela é capaz de posicioná-los, utilizando-se de pontos de referência externos a ela. Conforme explicam Almeida e Passini, essas habilidades são interdependentes:

> (...) *descentralização* (...) consiste na passagem do egocentrismo infantil para um enfoque mais objetivo da realidade, através da construção de estruturas de conservação que permitem à criança ter um pensamento mais reversível. Isso ocorre porque ela começa a considerar outros elementos para a localização espacial e não apenas sua percepção ou intuição sobre os fenômenos. (1989, p. 34)

A reversibilidade, por sua vez, consiste na habilidade do pensamento de perceber a relação entre dois objetos em dois sentidos, dependendo do referencial. Para exemplificar esse processo mental, Almeida e Passini interpretam a resposta de uma criança que não possui ainda o pensamento reversível:

> (...) A relação entre os objetos: solo e cebolinha, só é percebida em um sentido, e de forma estática. O caminho de ida e volta, a reversão das posições ainda não é percebida. Para Jairzinho, naquele momento, o chão que vai para baixo não é o mesmo que vai para cima; ele não domina a conservação do referencial para reverter a ação, quer dizer, para coordenar a ação e realizar uma operação inversa. (*Idem, ibidem*, p. 36)

Uma habilidade espacial que também faz parte do processo de descentralização e que é desenvolvida ao longo da infância é a de lateralidade, a qual apresenta as seguintes fases:

1ª fase: dos 5 aos 8 anos aproximadamente – a criança considera a esquerda e a direita apenas do seu ponto de vista. Por exemplo, se pedirmos a ela que diga qual o objeto que está à sua direita, ela consegue localizá-lo, mas se pedirmos que ela localize um objeto à direita de outra pessoa, não é capaz de fazê-lo.
2ª fase: dos 8 aos 11 anos aproximadamente – a criança considera o ponto de vista do outro. Localiza o objeto quando está "à sua direita" ou quando está à direita de outra pessoa.
3ª fase: dos 11 aos 12 anos aproximadamente – agora a criança percebe que os objetos estão à direita e à esquerda uns dos outros ao mesmo tempo que estão posicionados em relação às pessoas. (Paganelli, *apud* Santos 1994a, pp. 152-153)

A noção de lateralidade e o desenvolvimento das habilidades de descentralização e reversibilidade são pré-requisitos para a aprendizagem dos pontos cardeais à medida que a criança vai transpondo a orientação corporal desenvolvida para a orientação por meio dessas direções cardeais. Com essa compreensão de desenvolvimento da habilidade de orientação espacial, é possível entender melhor as características e as dificuldades de orientação espacial verificadas no trabalho com os alunos, mostradas nesta pesquisa. É possível explicar, por exemplo, as limitações do raciocínio dos alunos que os levam a afirmar que "está na frente, então é norte", ou a falta de convicção quando diziam que algo estava no leste e logo afirmavam que estava no oeste. Tais limitações são próprias de seu desenvolvimento mental; para superá-las eles precisam *aprender* a raciocinar de forma descentralizada, de forma reversível, o que requer um estudo mais sistemático desse assunto, que não pode ser feito em apenas uma ou duas unidades de estudo, como ocorre convencionalmente nas aulas de Geografia da 5ª série.

As considerações anteriores trazem, assim, elementos que norteiam a necessidade de se respeitarem as etapas de desenvolvimento da criança no trabalho em sala de aula com essa habilidade e, ao mesmo tempo, de se buscar adiantar esse processo propiciando situações desafiantes e problematizadoras, que ultrapassem o formalismo imperante na escola. Um trabalho conduzido dessa forma requer do professor uma maior aproximação com os alunos para conhecê-los melhor, para saber o que já conhecem e como conhecem, para perceber suas dificuldades.

Paisagem

O conceito de *paisagem,* assim como os outros conceitos, não é exclusivo do quadro conceitual da Geografia, sendo bastante utilizado, por exemplo, por arquitetos e urbanistas. Na Geografia, esse conceito tem sido tradicionalmente destacado pelo fato de essa ciência procurar definir seu campo de estudo nos aspectos e fenômenos que concorrem para modelar, organizar e modificar materialmente o espaço. É geográfico, nesse sentido, aquilo que tem influência sobre a paisagem, como expressão e forma desse espaço.

Para iniciar as considerações a respeito desse conceito científico, um bom começo será buscar seu significado comum. No *Novo dicionário da língua portuguesa*, de Ferreira (1986), são encontradas duas definições gerais para *paisagem*: "(1) espaço de terreno que se abrange num lance de vista; (2) pintura, gravura ou desenho que representa uma paisagem natural ou urbana". Ou seja, o significado de paisagem pode ser tanto o de uma vista como o de um desenho. Para a Geografia, no entanto, *paisagem* tem conotações um pouco diferentes dessas duas, embora não as exclua (conforme veremos adiante). Pode ser útil para melhor esclarecimento o verbete encontrado em um dicionário de Geografia:

> Termo usado para descrever o "aspecto" global de uma área. A paisagem física refere-se aos efeitos combinados das formas do terreno, vegetação "natural", solos, rios, e lagos, enquanto a paisagem cultural (ou humana) inclui todas as modificações feitas pelo homem (vegetação "cultivada", comunicações, povoações, minas a céu aberto, pedreiras etc.). (Small e Witherick 1992, p. 191)

Há, nessa definição, dois aspectos que merecem destaque: o primeiro é a referência ao "descrever"; o segundo, a menção a dois tipos de paisagem: natural e cultural.

O primeiro aspecto tem origem nas formulações da Geografia Tradicional. Nessa corrente da Geografia a *paisagem* foi bastante evidenciada, tornando-se, para determinados teóricos, o próprio objeto dessa ciência. Por permitir a observação dos aspectos visíveis dos fatos, fenômenos e acontecimentos geográficos, era considerada a melhor expressão do relacionamento entre o homem e o meio, caracterizando as diferenças entre as áreas. Sendo assim, ela servia como foco de análise tanto para quem defendia ser a Geografia uma ciência em busca da individualidade dos lugares (regional) quanto para quem buscava leis e regularidades em diferentes lugares (geral). Carl Sauer afirmava que todo o campo da Geografia era a *paisagem*, defendendo com isso um método de análise: o interesse da Geografia seria estabelecer conexões espaciais, sem causalidade oculta, limitando-se a um sistema puramente evidencial (cf. Gregory 1984). Conforme esse método a pesquisa geográfica se ocuparia em descrever a natureza visível e os traços objetivos dos lugares. A veracidade da explicação geográfica estaria centrada na capacidade do próprio observador ao descrever o mais objetivamente possível a paisagem observada. Conforme Christofoletti: "A plausibilidade das explicações sugeridas era automaticamente considerada como confirmando a própria realidade, pois a explicação baseada na observação visual era entendida como objetiva e partindo do concreto" (1982, p. 80).

Em razão das questões feitas pela Nova Geografia sobre a cientificidade e objetividade da observação e da descrição, entre outras coisas, a crítica da Geografia Tradicional e a formulação de novos métodos de análise, que ficaram conhecidas como revolução teórico-quantitativa (para usar uma expressão de Corrêa 1995) colocaram limites ao uso da *paisagem* como paradigma dessa ciência, conforme Christofoletti:

> A noção de paisagem tornou-se insatisfatória para preencher os requisitos do paradigma contemporâneo da Geografia, sendo substituída pela noção de *sistema espacial* ou *organização espacial*, compreendendo a estrutura dos elementos e os processos que respondem pelo funcionamento de qualquer espaço organizado. (1982, p. 81)

Pelo que se depreende desse ponto de vista, o objetivo de substituição do paradigma foi o de superar a abordagem da descrição da paisagem para a busca de estrutura e processos responsáveis por um sistema espacial.

Mais recentemente, *paisagem* reaparece como conceito importante no estudo da Geografia Física e da Geografia da Percepção. Embora ambas as tendências retomem esse conceito clássico na ciência geográfica, cada uma delas o faz com base em um determinado entendimento dele, ora ressaltando seu caráter de objetividade, ora de subjetividade. Conforme interpretação de Mendoza e outros (1988), *paisagem* do ponto de vista da Geografia Física é: "Um sistema real cujos elementos e interações são o que são, com independência da percepção ou do significado que lhes dêem as pessoas carentes do distanciamento e dos instrumentos teóricos adequados para um conhecimento objetivo" (1988, p. 132).

De modo diferente, na visão da Geografia da Percepção há um conjunto de signos que estruturam a paisagem segundo o próprio sujeito. A *paisagem*, assim, seria: "Uma composição mental resultante de uma seleção e estruturação subjetiva a partir da informação emitida pelo entorno, mediante o qual este se torna compreensível ao homem e orienta suas decisões e comportamentos" (*idem, ibidem*, p. 132).

Numa outra perspectiva da Geografia na atualidade, de cunho dialético, a *paisagem* tem sido tomada como um primeiro foco de análise, como ponto de partida para aproximação de seu objeto de estudo que é o espaço geográfico, contendo ao mesmo tempo uma dimensão objetiva e uma subjetiva. Nessa linha, Santos define *paisagem* da seguinte forma: "Tudo aquilo que nós vemos, o que nossa visão alcança, é a paisagem. Esta pode ser definida como o domínio do visível, aquilo que a vista abarca. Não é formada apenas de volume, mas também de cores, movimentos, odores, sons etc." (1988, p. 61).

Se é o domínio do visível, a *paisagem* está na dimensão da percepção e, como alerta Santos, a percepção é sempre um processo seletivo de apreensão. Por isso, pode ser mais enriquecida a análise que ultrapassa a paisagem como aspecto percebido, portanto, no âmbito do subjetivo, para atingir seu real significado, numa compreensão de seus determinantes mais objetivos. Para esse autor, *paisagem* é a materialização de um instante da sociedade, enquanto o espaço geográfico contém o movimento dessa sociedade, por isso *paisagem* e *espaço* constituem um par dialético.

Para analisar a paisagem e atingir o significado do espaço, Santos aponta alguns elementos, como: cada tipo de paisagem é a reprodução de níveis diferentes de forças produtivas; a paisagem atende a funções sociais diferentes, por isso ela é sempre heterogênea; uma paisagem é uma escrita sobre a outra, é um conjunto de objetos que têm idades diferentes, é uma herança de muitos diferentes momentos; ela não é dada para sempre, é objeto de mudança, é um resultado de adições e subtrações sucessivas, é uma espécie de marca da história do trabalho, das técnicas; ela não mostra todos os dados, que nem sempre são visíveis; a paisagem é um palimpsesto, um mosaico, mas tem um funcionamento unitário e pode ter formas viúvas – à espera de reutilização – e formas virgens – criadas para novas funções.

Na literatura mais recente tem-se destacado o tema da paisagem no quadro da tendência de homogeneização das paisagens na sociedade global. Nesse contexto atual de globalização não teria muito sentido enfatizar a distinção entre paisagem natural e paisagem cultural, tal como configura em dicionário e em livros didáticos. Santos afirma, a esse respeito, que *paisagem* é um "conjunto heterogêneo de formas naturais e artificiais; é formada por frações de ambas, seja quanto ao tamanho, volume, cor, utilidade, ou por qualquer outro critério" (1988, p. 65).

Para a construção do conceito de *paisagem* no ensino de Geografia, concordando com Santos, é importante considerar esse conceito como primeira aproximação do lugar, chave inicial para apreender as diversas determinações desse lugar. A partir daí, a análise poderia se encaminhar para o entendimento do espaço geográfico, por meio de sucessivas aproximações do real estudado. Sendo assim, parece adequada a reflexão sobre esse conceito inserindo elementos como, por exemplo, os sugeridos anteriormente por Santos, desde que não se perca de vista a dimensão objetiva e subjetiva da paisagem e de sua construção.

Há, ainda, outro aspecto que, também, enriquece a compreensão do conceito de paisagem. Trata-se de resgatar as dimensões de ciência e de arte contidas nesse conceito (cf. Christofoletti 1982 e Leite 1994), ou seja, resgatar um conceito de *paisagem* que contenha ao mesmo tempo a dimensão científica e a dimensão artística (ou, por outras palavras, um aspecto funcional e outro estético), tanto para quem constrói tecnicamente uma paisagem, caso dos paisagistas, como para quem constrói socialmente a paisagem, os cidadãos de um modo geral.[1] A *paisagem*, nesse sentido, revela não só as relações de produção da sociedade, a estrutura da sociedade, mas também revela o imaginário social, as crenças, os valores, os sentimentos das pessoas que a constroem, como analisa Leite:

> A evolução histórica dos conceitos e dos processos de projeto da paisagem mostra uma permanente procura de formas que expressem a integração e a compatibilidade entre as manifestações econômicas, técnicas, científicas e artísticas da sociedade. Intervenções na paisagem são o resultado de um processo dinâmico de expressão do imaginário social, que reflete de perto certos padrões estéticos e culturais, cuja origem dificilmente pode ser situada em cada um desses campos de conhecimento isoladamente. (1994, p. 30)

No ensino, a consideração desse aspecto parece-me importante, pois a dimensão estética da paisagem, a julgar pelos dados da pesquisa, é um elemento de destaque no conjunto das representações sociais dos alunos e professores. A forte associação entre paisagem e beleza, ou mesmo o entranhamento dessa ideia nos agentes do ensino, sugere, inclusive, que esse seja um primeiro elemento a ser explorado na construção do conceito de *paisagem*.

Em síntese, na formação do raciocínio geográfico, o conceito de *paisagem* aparece, no meu entendimento, no primeiro nível de análise do lugar, estando estreitamente ligado com esse conceito. É pela paisagem, vista em seus determinantes e em suas dimensões, que se vivencia empiricamente um primeiro nível de identificação com o lugar.

A imagem de paisagem sugerida pelos alunos, na pesquisa de campo, é a de uma vista, uma estampa de um lugar bonito. As professoras entrevistadas, sobretudo as de 1ª fase, compartilham dessa imagem, pois também fizeram associação entre paisagem e lugar bonito ou uma vista bonita. Um outro elemento importante de suas representações diz respeito à referência mais forte ao que se poderia denominar de paisagem natural (associação entre paisagem e natureza) do que à paisagem cultural. É interessante notar que os alunos não fizeram distinção entre esses dois tipos de paisagem e enfatizaram justamente a paisagem natural, praticamente desaparecida na atualidade e, além disso, pouco presente nas suas "vidas urbanas". Parece que esse conceito fica associado a algo distante de seus lugares, de suas vidas, de suas realidades, pertencendo mais a um mundo de sonho, místico, sagrado. Esse paradoxo, no entanto, encaixa-se

---

1. Leite (1994) faz uma distinção entre paisagem socialmente produzida e tecnicamente produzida (p. 10).

bem nas características convencionais do ensino: é tão formal e tão estático que a paisagem é "transmitida" como conteúdo de ensino, não como algo vivo e construído pelo homem, mas como um conceito, não importando a sua correspondência com o real. Por essa razão pode-se dar ênfase a paisagens naturais, apesar de tão distantes da experiência dos alunos e professores. Mas, caberia ao ensino trazer a "paisagem" para o universo do aluno, para o lugar vivido por ele, o que quer dizer trazer a paisagem conceitualmente como instrumento que o ajude a compreender o mundo em que vive.

Analisando, agora, essa imagem idealizada e estática, como componente das representações dos alunos, pode-se perceber que ela não tem uma correspondência total com o conceito científico de *paisagem* tal como foi mostrado. Levando-se em conta, porém, alguns elementos dessas representações, é possível encontrar aproximações entre eles. Por exemplo, a referência à beleza como atributo de paisagem tem correspondência com um conceito de *paisagem* que leva em conta o aspecto estético, além do funcional (conforme já foi mencionado). Esse parece ser um caminho inicial para a construção, no ensino, do conceito de paisagem pelos alunos. Trata-se de refletir com eles sobre essa primeira referência: a beleza. Por que ela é tão forte? Será que é porque paisagem tem a ver com aparência? Com forma? Beleza e forma estariam associadas? Se *paisagem* é forma, no sentido de um arranjo formal, externo do espaço, então parece ser correto que os alunos levantem o aspecto estético. Mas o processo didático deve prosseguir questionando sobre as diferenças entre uma paisagem ideal (bela) e as paisagens reais ("feias", "neutras"); sobre por que os alunos quase não apontam paisagem em seu lugar de vivência imediata (por que seus bairros têm poucas paisagens bonitas? E paisagens feias, não têm?); sobre quem constrói a paisagem e para quem. Num outro nível de aproximação do conceito, pode-se refletir sobre elementos de seu aspecto funcional: para que se constrói uma paisagem? O que tem a ver a paisagem com a dinâmica da sociedade? Por que as paisagens mudam com o tempo?

Não há por que definir *a priori* os elementos para a construção desse conceito (ou de qualquer outro) pelos alunos no ensino de Geografia, mesmo porque, ao se fazer isso, perde-se a possibilidade da sua construção por eles. No entanto, a reflexão anterior busca elencar aspectos do conceito de *paisagem* que se devem enfatizar para que ele seja o mais instrumentalizador possível do pensamento e da ação dos alunos.

Região

O conceito de *região* é proposto como tema de estudo em vários programas curriculares e livros didáticos do ensino fundamental (especialmente na 6ª série) e médio. Na ciência geográfica, esse é um conceito que tem sido discutido, formulado e reformulado ao longo de sua história, constituindo-se no cerne de uma de suas clássicas polêmicas, sobre sua "natureza" de ciência em busca de leis gerais ou de individualidades regionais.

Tradicionalmente, *região* era vista como uma entidade autônoma, como uma área autossuficiente. Dentro do que ficou conhecido como a linha tradicional da Geografia, destacam-se dois conceitos de *região*: a região natural (com origem no "determinismo ambiental") e a região geográfica (com origem no "possibilismo" de La Blache). Segundo Corrêa, essas regiões são entendidas da seguinte forma:

> A região natural é entendida como uma parte da superfície da Terra, dimensionada segundo escalas territoriais diversificadas, e caracterizadas pela uniformidade resultando da combinação ou integração em área dos elementos da natureza. (1986, p. 23)

> A região geográfica abrange uma paisagem e sua extensão territorial, onde se entrelaçam de modo harmonioso componentes humanos e natureza. A idéia de harmonia (...) constitui o resultado de um longo processo de evolução, de maturação da região (...) assim concebida é considerada uma entidade concreta, palpável, um dado com vida, supondo portanto uma evolução e um estágio de equilíbrio (...) O que importa é que na região haja uma combinação específica da diversidade, uma paisagem que acabe conferindo singularidade àquela região. (1986, pp. 28-29)[2]

Na verdade, por detrás dessas diferentes conceitualizações estão diferentes concepções da Geografia. Assim, o conceito de região geográfica foi formulado no quadro do que ficou conhecido como "possibilismo" na Geografia. Dessa perspectiva:

> A região natural não pode ser o quadro e o fundamento da geografia, pois o ambiente não é capaz de tudo explicar (...) as regiões existem como unidades básicas do saber geográfico, não como unidades morfológica e fisicamente pré-constituídas, mas sim como o resultado do trabalho humano em um determinado ambiente. (Gomes 1995, p. 56)

Por sua vez, a Nova Geografia, fundamentada no positivismo lógico, define região:

> Como um conjunto de lugares onde as diferenças internas entre esses lugares são menores que as existentes entre eles e qualquer elemento de outro conjunto de lugares

---

2. O autor alerta que nessa concepção *região* e *paisagem* são conceitos equivalentes ou associados.

(...) As similaridades e diferenças entre lugares são definidas através de uma mensuração na qual se utilizam técnicas estatísticas descritivas (...) isso significa que não se atribui a elas nenhuma base empírica prévia. (Corrêa 1986, pp. 32-33)

Nessa concepção a região é um instrumento de divisão do espaço segundo determinados critérios definidos *a priori*; a cada critério ou conjunto de critérios corresponderia uma regionalização ou divisão do espaço. Não se postula, assim, a existência concreta e objetiva de regiões na superfície terrestre.

Na crítica de tipo marxista à "Geografia Tradicional" e à "Nova Geografia" nas últimas décadas, o conceito de *região* tem sido questionado e, em consequência, são propostos novos entendimentos. Num primeiro momento, havia uma compreensão de que o capitalismo com sua dinâmica tinha a tendência de homogeneizar o espaço, fazendo desaparecer a região (Oliveira 1981). Combatendo essa visão e reforçando a existência da região sob o capitalismo, Corrêa (1986) propõe a análise do regional com base na caracterização do processo de desenvolvimento capitalista como um desenvolvimento desigual e combinado. A dimensão espacial desse processo seria a regionalização, sendo que essa regionalização tenderia a se tornar mais complexa em função da dinâmica social e do desenvolvimento das forças produtivas. Na sua proposta,

região é considerada uma entidade concreta, resultado de múltiplas determinações, ou seja, da efetivação dos mecanismos de regionalização sobre um quadro territorial já previamente ocupado (...) Ela não tem nada da preconizada harmonia, não é *única* (...) mas *particular*, ou seja, é a especificação de uma totalidade da qual faz parte. (1986, pp. 45-46)

Num outro enfoque, mas também ressaltando a complexificação da região e sua referência com a totalidade, Santos chama a atenção para a análise desse conceito no quadro da globalização da sociedade. Conforme afirma: "As regiões são subdivisões do espaço: do espaço total, do espaço nacional e mesmo do espaço local: são espaços de conveniência, lugares funcionais do todo, um produto social" (1994b, p. 1).

Da perspectiva da Geografia Humanística, região existe como uma referência na consciência das sociedades e "define um código social comum que tem uma base territorial" (Gomes 1995, p. 67). Para Gomes: "Consciência regional, sentimento de pertencimento, mentalidades regionais são alguns dos elementos que estes autores chamam a atenção para revalorizar esta dimensão regional como um espaço vivido" (1995, p. 67). Frémont (1980), nessa linha de raciocínio, entende região como um sistema particular de relações que une homens e lugares num espaço, aproximando, desse modo, os conceitos de região e lugar. Para ele, o componente psicológico é importante na constituição de uma região:

> Do homem à região e da região ao homem, as transparências da racionalidade são perturbadas pelas inércias dos hábitos, as pulsões da afectividade, os condicionamentos da cultura, os fantasmas do inconsciente. O "espaço vivido", em toda a sua espessura e complexidade, aparece assim como o revelador das realidades regionais; estas têm certamente componentes administrativos, históricos, ecológicos, econômicos, mas também, e mais profundamente, psicológicos. (1980, pp. 16-17)

Na discussão atual, na ciência geográfica, sobre o conceito de região alguns elementos merecem ser destacados por atender à necessidade de analisar o surgimento/ressurgimento, o desenvolvimento ou mesmo a morte da região ante a homogeneização do espaço e das relações de produção e ante o fenômeno de globalização da sociedade. Por um lado, a redefinição de fronteiras, o novo papel do Estado-nação, desestrutura regiões consolidadas; por outro, assiste-se a surgimentos e ressurgimentos de regiões em consolidação. O momento atual, afirma Santos, "faz com que as regiões se transformem continuamente, legando portanto uma menor duração ao edifício regional. Mas isso não suprime a região; apenas ela muda de conteúdo" (1994b, p. 3).

É possível, então, compreender a região, na atualidade, como uma área formada por articulações particulares no quadro de uma sociedade globalizada. Essa região é definida a partir de recortes múltiplos, complexos e mutáveis, mas destacando-se, nesses recortes, elementos fundamentais, como a relação de pertencimento e identidade entre os homens e seu território, o jogo político no estabelecimento de regiões autônomas ante um poder central, a questão do controle e da gestão de um território (Gomes 1995).

Na discussão a respeito do conceito de *região* para a Geografia, os autores têm chamado a atenção para o fato de que esse termo é bastante utilizado em outros campos científicos e também no senso comum. Mas esse fato não é exclusivo desse conceito. Muitos dos conceitos utilizados na análise geográfica, entre os quais os que neste estudo estão sendo analisados, fazem parte da linguagem cotidiana, assumindo variadas concepções e representações, o que reforça a necessidade de, para a prática de ensino, buscar-se captar os significados que lhes são atribuídos pelos alunos.

No senso comum, o conceito de *região*, conforme aponta Gomes (1995), está associado à localização e à extensão de um certo fato ou fenômeno: "Um conjunto de área onde há o domínio de determinadas características que distinguem aquela área das demais" (p. 53). Um outro sentido atribuído à *região* é o de unidade administrativa, sendo a divisão regional, nesse caso, a forma pela qual se exerce a hierarquia e o controle na administração dos estados.

Nos depoimentos dos alunos, a ideia mais frequente para o conceito de *região* é a de um local definido de forma absoluta e estática. Nessa ideia não se inclui a noção de processo, de escala ou de especificidade e de identidade tanto no sentido da região natural quanto no da região geográfica, conforme aqui explicitadas. Também não foi levantada nenhuma ideia que pudesse ser atribuída ao conceito de *região* como espaço vivido. As ideias mais frequentes estão mais no nível do senso comum, como unidade político-administrativa. Por essa razão, eles apontam como região aquelas áreas que legalmente são definidas como tais, como se não fosse possível encontrar regiões não "reconhecidas" institucionalmente.

Da mesma forma, as ideias de *região* expressas pelas professoras estão associadas a regiões legalmente constituídas ou às "regiões da Geografia". São representações, ao que parece, com fortes componentes do senso comum.

Pelos depoimentos, conclui-se que as professoras e os alunos da pesquisa compartilham ideias, imagens, representações a respeito do conceito de região. Embora possam ter elementos das formulações científicas, são predominantemente originadas no senso comum, simplificadas, formais, tornando-se assim pouco instrumentalizadoras de um raciocínio geográfico eficiente. Se essas constatações podem ser ampliadas, ainda que não generalizadas, para outros grupos de alunos e professores, é pertinente que se reflita sobre modos de propiciar no ensino um "encontro" efetivo entre os dois níveis de conhecimento (cotidiano e científico), para que o processo de conhecimento tenha avanços.

Tem sido reiteradamente afirmada ao longo deste trabalho a necessidade de se considerarem o conhecimento e as representações dos alunos no processo de ensino, particularmente nas séries iniciais (incluindo aqui a 5ª e a 6ª do ensino fundamental) quando é maior a dificuldade de fazer abstrações que não partam de algo vivenciado empiricamente. Nesse sentido, chama-se a atenção para a importância de colocar em relevo os significados dos conceitos aqui trabalhados no nível do vivido, para se poder efetivar um trabalho de construção desses conceitos que ultrapasse esse vivido. Da perspectiva da Geografia Humanística, Frémont propõe um entendimento de região (espaço vivido) como um conceito "equilíbrio", entre fenômenos de pequenas e grandes dimensões. Como afirma:

> De uma maneira geral a região apresenta-se como um espaço médio, menos extensa do que a nação ou o grande espaço de civilização, mais vasto do que o espaço social de um grupo, e *a fortiori* de um lugar. Integra lugares vividos e espaços sociais com um mínimo de coerência e de especificidade. (1980, p. 167)

Nessa interpretação, parece-me que o conceito de *lugar* e de *região*, tomados isoladamente, aproximam-se muito, dificultando a distinção entre eles no ensino de Geografia para a 5ª e 6ª séries, por exemplo. Considerando nesse caso *região* e *lugar* como equivalentes do espaço vivido, o conceito de *lugar* parece mais adequado para trabalhar com a dimensão do vivido pelos alunos, por se tratar de uma referência espacial mais próxima, mais familiar e experienciada mais cotidianamente por eles. A análise do lugar, de sua paisagem, de sua dinâmica, das relações de poder nele materializadas, de sua história... pode fornecer elementos para uma compreensão mais ampla do "espaço vivido" e desenvolver valores referentes à identidade, "pertencimento", que integram uma construção do conceito de *região*, considerado, assim, como o espaço vivido com maior extensão e, consequentemente, com maior abstração e complexidade.

Por outro lado, há um outro "nível" do conceito de *região*, que poderia ser definido como o nível do concebido, que se refere a regiões instituídas formalmente ou "regiões de controle" (Ribeiro 1993). Por essa distinção, pode-se destacar que a construção do conceito de *região* como espaço vivido e como "região de controle" resulta da articulação de elementos diferentes. O conceito de região como espaço vivido

> é (...) muito melhor percebido de dentro para fora da região. De fora para dentro, o reconhecimento é mais difícil, pois é feito por alguém que não vive este espaço historicamente. O conceito de região espaço vivido geralmente se opõe ao de região de controle, na medida em que esta última se forma subjugando a anterior. (*Idem, ibidem*, p. 215)

Com base nessa análise, podem ser compreendidos alguns conflitos entre povos, dentro de um país ou entre países, que têm ocorrido na atualidade, como os provocados por contradições inerentes a processos de constituição de regiões "de fora" e "de dentro". Mas, também essa análise serve para fundamentar a importância de trabalhar no ensino com ambos os conceitos. Isso significa trabalhar com elementos do conceito de região que propiciem a compreensão do fenômeno regional como processo histórico e social responsável por diferenças entre áreas, numa rede escalar complexa e, ao mesmo tempo, trabalhar com elementos que ajudem os alunos a compreender que o fenômeno regional (de dentro para fora) muitas vezes é subjugado por um outro fenômeno espacial que é o recorte político-administrativo em territórios determinados (região de controle).

Anteriormente fiz referência a um conceito de região que pudesse instrumentalizar um raciocínio geográfico eficiente. Trata-se de ampliar esse conceito, por exemplo, com os elementos já destacados aqui, para que o fenômeno regional seja de fato entendido como componente das práticas socioespaciais. No entanto, o fenômeno regional deve ser visto como expressão de uma totalidade social. A contradição regional e totalidade social podem ser expressas em outras contradições que precisam igualmente ser introduzidas na reflexão sobre o tema, como as seguintes: homogeneização/fragmentação do espaço; integração / desintegração; enraizamento/desenraizamento; familiaridade/estranhamento; identidade/não identidade; tipicidade/padronicidade.

Território

O conceito de *território* tem uma larga utilização na história da ciência geográfica, particularmente na área de Geografia Política e de Geopolítica.[3] No ensino ele está presente em diversos conteúdos que compõem o programa curricular do ensino fundamental e médio.

Nas análises científicas atuais – por exemplo, Raffestin (1993), Souza (1995), Fighera (1994), Santos (1995), Sánchez (1992) –, um dos elementos que têm sido apontados com destaque na constituição desse conceito é o poder. Entre essas análises, a relação entre território e poder é destacada por Raffestin ao fazer uma crítica à Geografia Política clássica, sobretudo nas formulações de Ratzel. Ele aponta limites dessas formulações no que diz respeito ao entendimento de poder. Segundo esse autor, Ratzel formulou sua teoria (sobre Estado, Território, Espaço Vital) como se o Estado fosse o único núcleo de poder e que, assim, concentrasse todo o poder. Essa é, na opinião do autor, uma concepção que limita a capacidade de análise geográfica, pois se baseia numa Geografia unidimensional, "o que não é aceitável na medida em que existem múltiplos poderes que se manifestam nas estratégicas regionais ou locais" (1993, p. 17).

Com essa crítica, Raffestin propõe novas formulações para uma Geografia Política atual, com base em novos entendimentos de seus conceitos fundamentais, destacando-se os de território e de poder.

Nessa linha, *território* deve ser entendido como produção dos homens ou, na expressão de Raffestin, dos atores sociais nas relações de poder tecidas em sua existência; e poder, como uma força dirigida, orientada, canalizada por um saber enraizado no trabalho e definido por duas dimensões: a informação e a energia. A problemática da Geografia Política, assim, não seria uma problemática das formas investidas de poder, mas antes uma problemática relacional,

---

3. Essas "especialidades" têm de ser relativizadas, ressaltando-se mais uma linha de pesquisa e produções que ficou conhecida com esses nomes, pois concordando com Raffestin "toda geografia humana, composta por uma infinidade de relações, é em todos os momentos uma geografia política (...) A dimensão política nunca está ausente, pois é constitutiva de toda ação" (1993, p. 267). Acrescento ainda a ressalva de que Geografia Humana, como usou Raffestin, deve também ser relativizada, pois não se pode excluir aí a Geografia Física.

das relações que determinam as formas. Na análise de Raffestin, *território* é definido com base em um sistema composto por tessitura, nós e redes. Desse sistema, o autor vai construindo uma estrutura conceitual, sugerindo alguns conceitos mais específicos, como limite (zonal e linear), fronteiras, vizinhança, acessos, convergências, territorialidade. No entanto, nessa primeira aproximação do conceito de *território*, considero necessário destacar apenas alguns elementos desse conceito, por contribuir na análise das representações dos alunos, como a diferença que esse autor faz entre *espaço* e *território*:

> Espaço é anterior ao território. O território se forma a partir do espaço, é o resultado de uma ação conduzida por um ator sintagmático (ator que realiza um programa) em qualquer nível. Ao se apropriar de um espaço, concreta ou abstratamente (por exemplo, pela representação), o ator "territorializa" o espaço. (Raffestin 1993, p. 143)

Outro aspecto que deve ser destacado nesse conceito é o entendimento de que a produção de um território não deve ter como referência apenas o poder do Estado. Segundo Raffestin:

> Do Estado ao indivíduo, passando por todas as organizações pequenas ou grandes, encontram-se atores sintagmáticos que "produzem" o território. De fato, o Estado está sempre organizando o território nacional por intermédio de novos recortes, de novas implantações e de novas ligações. O mesmo se passa com as empresas ou outras organizações (...) O mesmo acontece com um indivíduo que constrói uma casa (...) Em graus diversos, em momentos diferentes e em lugares variados, somos todos atores sintagmáticos que produzem "territórios". Essa produção de território se inscreve perfeitamente no campo do poder de nossa problemática relacional. Todos nós combinamos energia e informação, que estruturamos com códigos. Todos nós elaboramos estratégias de produção, que se chocam com outras estratégias em diversas relações de poder. (1993, pp. 152-153)

A associação entre *território* e *Estado*, entre *território* e *território nacional*, enfim, entre *território* e *territórios* legal e politicamente definidos é feita, segundo Souza (1995), pelo senso comum e pela literatura científica, apesar de uma infinidade de situações da prática social em que se podem definir territórios. É importante, na sua análise, levar em conta que essa associação é resultante de uma construção histórico-ideológica do conceito de um território específico, o território nacional. Souza levanta questões a alguns pontos da análise de Raffestin, mas seu entendimento do território tem elementos comuns, como a definição a seguir:

O território será um *campo de forças*, uma teia ou *rede de relações sociais* que, a par de sua complexidade interna, define, ao mesmo tempo, um limite, uma alteridade: a diferença entre "nós" (o grupo, os membros da coletividade ou "comunidade", os *insiders*) e os "outros" (os de fora, os estranhos, os *outsiders*). (1995, p. 86)

Para esse autor, territórios são antes relações sociais projetadas no espaço que espaços concretos, não havendo necessariamente superposição absoluta entre o espaço concreto com seus atributos materiais e o território como campo de forças. Os territórios, como tais, são estáveis ou instáveis, podendo formar-se e dissolver-se em rápido intervalo de tempo, podem ter existência regular ou apenas periódica, podem ser contínuos ou não, podem conter um poder exclusivo ou não (à medida que podem ser superpostos), enfim, devem ser entendidos como territorialidades flexíveis. Com essas características ressaltadas, o autor quis formular seu entendimento de que "território *não* é o substrato, o espaço social em si, mas sim um campo de forças, *as relações de poder espacialmente delimitadas e operando, destarte, sobre um substrato referencial*" (idem, ibidem, p. 97).

Diante dessas análises, é preciso buscar nas representações dos alunos (reforçadas pelas das professoras) elementos que aproximam os dois níveis de conhecimentos. Pela interpretação dos dados, no capítulo anterior, ficou constatado que alguns alunos não conseguiram expressar o conceito, mas os que o fizeram destacaram pontos também presentes nas análises científicas apresentadas aqui anteriormente, como as associações que fazem entre território, Estado e poder. Os professores também fizeram associações semelhantes, ora se referindo a territórios legalmente instituídos, ora a espaço delimitado e constituído de poder.

Essas associações a territórios legalmente constituídos evidenciam a influência, no senso comum e/ou no saber geográfico escolar, de uma determinada concepção de território fundamentada na Geografia Política Clássica. Quanto às associações à ideia de propriedade, de posse, as professoras levantaram elementos mais consistentes e ricos, como limites, fronteiras, a existência delas próprias, mas os alunos, em geral, não compartilham desse entendimento.

Na interpretação dos dados, no capítulo anterior, já se destacou uma dificuldade dos alunos em compreender os fenômenos, no caso da referência ao *território*, isso podendo ser verificado em escalas diferentes, em nível local ou global, em nível individual ou coletivo. Os depoimentos ora se referem a um nível, ora a outro, sem que consigam fazer os inter-relacionamentos possíveis entre eles. Agora, à luz de reflexões científicas sobre esse conceito, fica reforçada a necessidade de um entendimento de *território* que permita ao sujeito transitar em níveis ou escalas diferentes da realidade. Isso é, para Souza (1995), desfazer o reducionismo de uma conceituação clássica e apanhar a riqueza potencial desse termo.

Um entendimento não reducionista de *território* implica, ao que parece, entendê-lo, conforme formulações anteriores, como um campo de forças operando sobre um substrato material referencial (seja esse substrato o quarto de uma casa ou um país). Implica também distinguir na delimitação de territórios o domínio material, que significa a apropriação, no sentido estrito, do domínio da influência, âmbito territorial de intervenção. Para analisar uma "territorialidade flexível", por exemplo, um lugar ocupado numa cidade por determinados segmentos marginalizados, é preciso lançar mão do domínio como influência, o que permite o entrecruzamento de diferentes domínios em um mesmo substrato material referencial e não como apropriação efetiva do território. Há, ainda, uma outra implicação desse entendimento, e que interessa especialmente nessa análise, que é a questão do tratamento do poder no âmbito das relações sociais e no âmbito das relações interpessoais, buscando as especificidades de cada âmbito, mas resguardando uma interdependência entre ambos.

No caso específico do ensino, cabe, então, indagar sobre que conceito de *território* se quer ajudar os alunos a construírem. É importante trabalhar com os alunos conteúdos que fundamentem o papel histórico que têm desempenhado as formas de poder exercidas por determinados grupos e/ou classes sociais na construção da sociedade e de seus territórios, o que requer o tratamento do poder no âmbito das relações sociais mais estruturais. Mas isso não significa negligenciar a importância das atuações concretas, individuais e/ou grupais, na dinâmica da sociedade, nem negligenciar a reflexão de que, nas relações sociais, os grupos atuam por intermédio dos indivíduos, o que requer o tratamento do poder mais no âmbito do interpessoal, que contém algo de subjetivo.

Trabalhar com os alunos na construção de um conceito de *território* como um campo de forças, envolvendo relações de poder, é trabalhar a delimitação de territórios na própria sala de aula, no lugar de vivência do aluno, nos lugares por ele percebidos (mais próximos – não fisicamente – do aluno); é trabalhar elementos desse conceito – territorialidade, nós, redes, tessitura, fronteira, limites, continuidade, descontinuidade, superposição de poderes, domínio material e não material – no âmbito do vivido pelo aluno.

A construção de um conceito de *território* no ensino, para além de uma determinada construção ideológica de *território* como sinônimo de *território nacional*, requer a consideração das representações dos alunos a respeito desse conceito. No caso do grupo de alunos da pesquisa, essa consideração pode ser bastante construtiva visto que se observa uma aproximação entre os dois níveis de conhecimento sobre esse conceito. No entanto, há uma ressalva importante a ser feita. As representações dos alunos devem ser confrontadas entre si e com outros entendimentos teóricos, para consolidar, ampliar ou corrigir aspectos dessas representações, de qualquer forma enriquecidas no confronto. Por essa razão, a análise do *território* deve incluir o nível individual a fim de confrontá-lo com o social, ou incluir até mesmo o nível subjetivo para objetivá-lo nas relações sociais. Ou seja, deve-se ampliar o conceito de *território* para a compreensão de sua construção nas diferentes escalas das relações de poder e para permitir a formação de convicções atinentes a essas diferentes escalas. Assim, o aluno deve entender que sua intervenção no território, nas diferentes escalas, deve ser feita com base em determinados objetivos e convicções, como o controle territorial e a igualdade social, respectivamente. Pode-se, assim, propor, como Raffestin (1993), uma "geografia da autonomia":

> Não se trata de privilegiar o indivíduo, mas de lhe permitir conservar sua identidade e sua diferença na coletividade à qual pertence. Para tanto, ele deve poder dispor dos instrumentos teóricos que lhe permitem analisar as relações de poder que caracterizam o corpo social do qual é membro (...) Para aí chegar, a geografia política não deve se desprender das coisas cotidianas mas, ao contrário, estar constantemente voltada para a "produção do mundo", que nos inunda e nos submerge. Essa confrontação incessante é o único meio de fazer a junção entre conhecimento (cotidiano) e conhecimento científico. (1993, p. 268)

Natureza

A reflexão sobre os conceitos de *natureza* e de *sociedade* (o de sociedade será analisado a seguir) é bastante ampla e complexa, envolvendo muitas áreas do pensamento científico e filosófico. Sendo assim, precisar seus significados, ao longo da história ou atualmente, mesmo que por meio de pequenas pontuações, parece-me uma empresa damasiadamente complexa para os limites deste trabalho. Pretendo, então, limitar a análise àqueles pontos mais atinentes à reflexão no âmbito da Geografia, principalmente os referentes à relação sociedade-natureza.

Numa historiografia esquemática a respeito do conceito de natureza, no pensamento ocidental, é possível distinguir (Casini 1987; Pereira 1989; Carvalho 1994; Casseti 1991; Moreira 1993) concepções diferenciadas que corresponderiam a visões filosóficas determinadas. Em que pesem as diferenças, as concepções podem ser agrupadas em três visões distintas: a visão de natureza como organismo "humano"; a natureza como manifestação de uma inteligência externa e exterior a ela; e a visão evolucionista da natureza. Essas diferentes visões de natureza têm fundamentado as análises geográficas, sobretudo em alguns aspectos, como os seguintes: a clássica oposição determinismo-possibilismo (homem determinado pelo ambiente natural – natureza como possibilidade à existência humana); a tentativa de superar essa oposição de uma perspectiva crítica, analisando a relação homem-natureza como dependente da relação homem-homem; a polêmica da separação ou não entre Geografia Física e Geografia Humana; a questão ecológica na atualidade.

Pereira (1989) aponta três momentos no entendimento de *natureza*. O primeiro, de origem grega, concebia *natureza* como um organismo inteligente, comparando o mundo da natureza e o mundo do ser humano individual. O segundo momento, o Renascimento, formou um conceito como antítese à visão grega: "Em vez de organismo, o mundo natural passa a ser encarado como uma máquina formada por partes conjugadas, impelidas e destinadas a um fim definido por um espírito inteligente que lhe é exterior" (Pereira 1989, p. 68). Esse espírito, nessa visão, seria o criador divino e o senhor da natureza. No desdobramento dessa visão, distanciando-se de um tom inicial de cunho religioso, a ideia de natureza como organismo foi substituída pela ideia de natureza como máquina. Instaura-se aqui também a ideia de que a natureza pode e deve ser dominada pelo homem. O terceiro momento é a visão moderna de natureza. Nessa visão surgem noções, como as de processo, de evolução, de mudança progressiva, para explicação da natureza como algo mutável, inacabado, em desenvolvimento.

A visão moderna fundamentou, entre outras, duas concepções de *natureza* bem demarcadas: uma ancorada na posição organicista de base biológica, que deu origem à concepção positivista e outra na concepção dialético-materialista, que originou a concepção marxista. Nesta há uma ideia evolucionista e historicista de *natureza* e *sociedade*, que busca integrá-las, sem, no entanto, identificar uma com a outra. No quadro teórico do marxismo, as categorias de totalidade e de contradição são tomadas para conduzir o entendimento de natureza tanto como anterior e exterior ao homem, como também parte do próprio homem (Pereira 1989, p. 74). Também com uma fundamentação marxista, Smith (1988) analisa o conceito de *natureza*, alertando, em primeiro lugar, para o caráter social e histórico da construção desse conceito e para as diferentes concepções que hoje se "acumulam" no capitalismo. Conforme afirma, a concepção de *natureza* é complexa e muitas vezes contraditória:

> É material e espiritual, ela é dada e feita, pura e imaculada; a natureza é ordem e desordem, sublime e secular, dominada e vitoriosa, ela é uma totalidade e uma série de partes, mulher e objeto, organismo e máquina. A natureza é um dom de Deus e é um produto de sua própria evolução; é uma história universal à parte, e é também o produto da História, acidental e planejada, é selvagem e jardim. (1988, p. 28)

Admitindo todos esses significados, esse autor sugere sua organização em dois "polos". De um lado, a natureza é entendida como externa, como reino dos objetos e dos processos que existem fora da sociedade; é primitiva, criada por Deus e autônoma. De outro lado, a natureza é concebida como universal. O conceito de natureza abrigaria, assim, um dualismo entre a exterioridade e a universalidade.

Segundo Smith, Marx tenta a superação desse dualismo com base no conceito de interação metabólica, possibilitada pelo trabalho, na relação da sociedade com a natureza e de um entendimento peculiar da distinção da primeira e da segunda natureza. Esse autor propõe uma renovação do conceito de *natureza*, com bases marxistas de distinção da primeira e segunda natureza, pela diferenciação de valores de uso e valores de troca, para compreender a produção da natureza nas condições concretas do capitalismo. Nessas condições há uma produção da natureza em escala mundial e "a natureza é progressivamente produzida de dentro e como parte da chamada segunda natureza. A primeira natureza é destituída de fato de sua primitividade, sua originalidade (...) O trabalho humano produz a primeira natureza e as relações humanas produzem a segunda" (*idem, ibidem,* pp. 94-95).

Numa formulação desse conceito, é fecunda a análise de Smith no que diz respeito, por exemplo, à produção da natureza e a uma forma de subordinação da primeira pela segunda natureza. Mas, não é o caso de fazer aqui desdobramentos dessa análise da natureza na atualidade e ao longo da História. Importa, sim, ressaltar a existência, na experiência das pessoas em geral, de mais de uma concepção de *natureza* na atualidade, sendo suas representações marcadas pela prática social que as produz. Assim, em determinados contextos, podem ser encontradas ora uma visão romântica, ora uma visão utilitária da natureza, nas quais ela pode ser vista como hostil ou como amiga e virtuosa.

Nos depoimentos dos alunos entrevistados aparece uma visão romântica de *natureza*, expressa em tom poético. *Natureza* para eles é "amiga e virtuosa"; as referências mais frequentemente apontadas foram beleza, bondade, amor, vida. Também é possível perceber a presença do dualismo anteriormente referido nas suas representações sobre natureza. Em determinados momentos, ela é identificada com os animais, as plantas, o verde – portanto exterior; em outros momentos, surge a referência aos seres humanos como natureza – portanto universal, ainda que seja destacado apenas o caráter, diga-se, natural, em detrimento do social dos seres humanos. Parece bastante evidente a influência de concepções religiosas – cristãs – nessas representações. A *natureza* seria criação de Deus, assim como os homens (nesse nível, é uma natureza universal), mas é criação de Deus para o homem, para ser utilizada pelo homem para atender às suas necessidades (nesse nível ela é exterior ao homem). Paradoxalmente, os alunos fazem uma imagem de natureza como um paraíso, "onde o homem não veio destruir".

No ensino, a construção desse conceito depende da mediação do professor. É preciso que este tenha incorporado elementos importantes dos conceitos, para que possa ajudar os alunos na construção do conceito. Já foi constatada a dificuldade do professor de trabalhar os conceitos pelo fato de eles próprios não terem conhecimentos mais amplos e aprofundados, ou seja, mais fundamentados cientificamente. As representações desse conceito tendem a ser compartilhadas por professores e alunos, ainda que aqueles tenham um pouco mais de elaboração.

A pesquisa sobre as representações referentes ao meio ambiente por professores de diferentes áreas, realizada por Reigota (1994), revela que meio ambiente é tomado como sinônimo de *natureza*. O autor denomina essas representações como "naturalistas", por considerar os elementos da chamada primeira natureza (ou natureza intocada) preponderantes, e os da segunda natureza aparecerem com maior dificuldade. Segundo ele: "Em diversas passagens, o homem é enquadrado como 'a nota dissonante' do meio ambiente, ou seja, o componente depredador por excelência" (*idem, ibidem,* p. 74). Chama a atenção também para outros elementos dessa representação, como as ideias de equilíbrio ecológico, de sobrevivência do homem, de preservacionismo e de harmonia ou desarmonia ecológica. As análises propiciadas por essa pesquisa são importantes para se refletir sobre algumas coincidências com o presente estudo, sobretudo nos aspectos da "naturalização" da natureza e do dualismo de uma natureza universal e exterior ao homem.

Pelas considerações feitas anteriormente, deduz-se que não é fácil, talvez nem desejável, buscar um único entendimento sobre o conceito de natureza. Ao contrário, é preciso levar em conta a multiplicidade de significados na ciência e no senso comum e buscar, no ensino, entender a natureza como um elemento fundamental do ambiente. Ou seja, é preciso construir no ensino um conceito de natureza que seja instrumentalizador das práticas cotidianas dos alunos, em seus vários níveis, o que requer inserir esse conceito num quadro da problemática ambiental da atualidade. Por ser assim, é útil a análise geográfica do ambiente, envolvendo a relação sociedade/natureza.

Embora a questão ambiental seja complexa para ser tratada aqui em toda sua extensão, é importante pontuar alguns elementos de análise. Em primeiro lugar, pode-se partir de um conceito de meio ambiente, ou de ambiente, formulado por Reigota, como: "O lugar determinado ou percebido, onde os elementos naturais e sociais estão em relações dinâmicas e em interação. Essas relações implicam processos de criação cultural e tecnológica e processos históricos e sociais de transformação do meio natural e construído" (1994, p. 14).

Essa concepção de ambiente é mais ampla e acredito mais instrumentalizadora para a análise ambiental da atualidade do que seu entendimento "naturalizante", já que busca ultrapassá-lo, trabalhando com uma ideia de *natureza* produzida socialmente e em interação com a sociedade em todas as suas dimensões. Essa concepção pode fundamentar uma ética de "nova aliança" da sociedade com a natureza por meio de práticas dialógicas. Na interpretação de Reigota, Prigogine e Stengers propõe-se essa nova aliança como uma escuta poética da natureza na qual

> se busca estabelecer com a natureza um outro tipo de comunicação que não seja o monólogo do cientista que decifra as suas leis do universo, mas o diálogo entre o cientista e a natureza, considerando que ela não é passiva nem simples como as leis que os observadores procuram lhe determinar, mas sim complexa e múltipla. (1994, p. 16)

Considero fecunda essa perspectiva dos autores mencionados por ela destacar aspectos básicos para a questão ambiental na atualidade, como a complexidade e multiplicidade da dinâmica da natureza, da não passividade, da irreversibilidade e da instabilidade como fontes criadoras da organização da natureza.

É preciso atentar, ainda, para o fato de que assim como não há um só modo de conceber *natureza*, na ciência e no senso comum, também é possível encontrar, nesses mesmos âmbitos, vários modos de analisar a questão ambiental, do ponto de vista dessa relação sociedade-natureza. Moraes (1994), ao levantar a temática ambiental nas ciências sociais, aponta três posturas presentes na comunidade científica; cada uma parece guardar correspondência com um determinado entendimento de *natureza*. A primeira postura é a naturalista, perante o mundo, perante a história e perante a relação homem/natureza:

> Trata-se daqueles discursos que vêem o homem apenas como fator de alteração do equilíbrio de um meio; daquelas análises que não falam de sociedade mas apenas da "ação antrópica" (...) a relação homem-natureza, assim, sendo concebida sem a mediação das relações sociais. (1994, p. 53)

A segunda é a postura do tecnicismo, que dilui as implicações políticas de manejo da questão ambiental, como se as soluções técnicas fossem neutras. Segundo Moraes, essa postura busca tornar a ciência autônoma em relação à sociedade, pondo a técnica como algo acima de conflitos e disputas. A terceira postura é a do romantismo, que se manifesta, na questão ambiental, no preservacionismo radical "que, no limite, pode veicular perspectivas anti-humanistas ao colocar a natureza como um valor maior que o homem" (*idem, ibidem*, p. 55).

Na percepção que os alunos têm da relação da sociedade com a natureza, tomando esta como elemento do ambiente, pode-se detectar também um tom romântico e maniqueísta, que parece antes de tudo caracterizar determinados "panfletos" ecológicos atuais. Parece haver um entendimento de que a relação do homem com a natureza é "boa" se o homem for bom, é "má" se o homem for mau. Esse homem não foi contextualizado pelos alunos: num momento, trata-se de um homem genérico que precisa da natureza para sobreviver, uma espécie natural (concepção universalizante), em outro surge um homem que destrói, mata, derruba árvores (concepção de natureza externa). Em suas falas, vão aparecendo extratos de um discurso que parece ter sido assimilado mecanicamente: "os homens destroem", "pra ganhar dinheiro", "o verde", "o Ibama cuida", "os ecologistas", "quem não cuida é os madeireiros".

Esses depoimentos indicam pistas em torno dos paradoxos que a sociedade vive na sua relação com a natureza e na própria compreensão dessa relação. Por um lado, a busca de uma relação de harmonia, que legitima uma relação de domínio da natureza pelo homem; por outro, a nostalgia de uma natureza intocada, sem poder "relacionar-se" com o homem. E os instrumentos conceituais que os alunos têm para compreender e tomar posições ante esse paradoxo são bastante precários; as ideias de produção da natureza, de uma segunda natureza distinta daquela do paraíso, sem deixar de ser natureza, são elementos da composição desse conceito que ajudariam os alunos a fazerem uma análise mais realista da relação sociedade/natureza no momento atual.

A reflexão sobre *natureza* mostrou muitos encontros e muitos desencontros entre as representações dos alunos e professores e a reflexão científica. Em muitos casos são comuns, ou equivalentes, os paradoxos ou os dualismos na interpretação da questão ambiental, fundamentada em concepções de *natureza* carregadas de ambiguidades. Em outros casos, a análise científica apresenta elementos imprescindíveis para a ampliação dessa questão. Para o ensino de Geografia, isso aponta para a importância de se considerarem, nas práticas diárias escolares, as representações dos alunos (não simplesmente para refutá-las, mas para possibilitar um confronto real com outras representações, inclusive a científica, que não deixa de ser também representação) e, além disso, aponta para a necessidade de conduzir um movimento de reflexão coletiva sobre as diferentes representações encontradas para desencadear um processo de construção ou socioconstrução de conceitos, análises, atitudes, referentes à questão ambiental na sociedade contemporânea.

Sociedade

Inicialmente é preciso esclarecer que o termo *sociedade* é polissêmico, referindo-se, por exemplo, tanto a quaisquer tipos de parcerias entre pessoas quanto a agrupamentos de seres vivos em geral. Evidentemente, o termo aqui diz respeito à sociedade humana, em sentido estrito, definida em um dicionário filosófico como:

> Conjunto de seres humanos cujas relações são organizadas por instituições e eventualmente garantidas por sanções (explícitas ou difusas) que fazem cada membro sentir o peso do coletivo. Essa organização jurídica dos indivíduos constitui a *sociedade civil*. (Durozoi e Roussel 1993, p. 440)

Num enfoque mais geográfico, *sociedade* pode ser entendida da seguinte maneira:

> É um agrupamento de indivíduos que vivem de acordo com determinadas regras, num certo espaço geográfico. Temos vários exemplos de sociedade: das abelhas, das formigas, a sociedade humana etc. Em Geografia, nosso interesse é voltado para a sociedade humana, pois é ela que modifica profundamente a natureza e constrói o espaço geográfico. (Vesentini e Vlach 1991, p. 15)

Basta considerarem-se essas definições para perceber que o conceito de *sociedade* é bastante complexo, tanto quanto o de *natureza*, podendo ser analisado por diferentes perspectivas, correspondentes aos enfoques que se queira dar. Neste estudo, o conceito de *sociedade* foi considerado básico na análise da realidade do ponto de vista de sua espacialidade. Nesse sentido, não pretendo fazer um estudo amplo desse conceito, mas tão somente pontuar alguns aspectos sociais que se têm destacado na análise geográfica. Entre esses aspectos mais diretamente ligados à construção do espaço geográfico pela sociedade, estão os seguintes: a relação da sociedade com a natureza; as relações sociais materializadas no espaço geográfico; o fenômeno da globalização da sociedade e do espaço.

Nos últimos tempos, a análise crítica da relação sociedade/natureza tem apontado insistentemente para a dualidade e o antagonismo presentes nas teorias geográficas denominadas tradicionais. Essas teorias geográficas estariam tratando em separado a sociedade (no discurso geográfico traduzida como população) e a natureza. No ensino, essa estruturação geográfica pode ser esquematizada no padrão de organização dos conteúdos escolares definido por Moreira (1987) como N-H-E (natureza, homem, economia).

Uma tentativa de superação dessa dicotomia, apontada por geógrafos de orientação crítica, é feita pela análise marxista da relação dialética entre sociedade e natureza. Segundo Pereira, a solução para afastar a antinomia natureza/sociedade "pode ser alcançada através do materialismo histórico enquanto teoria que considera simultaneamente a relação do homem com a natureza e a relação do homem com o homem" (1989, p. 74). Nessa concepção, a história da sociedade (homem-homem) inscreve-se na história da sua relação com a natureza, transformando-a e transformando-se a si própria, num mesmo processo.

Nessa análise da relação sociedade/natureza importa, para a linha de raciocínio aqui seguida, reter a ideia de historicidade da sociedade. A sociedade produz seus meios de vida por um intercâmbio com a natureza, porém esse intercâmbio dependerá de como essa sociedade concebe (historicamente) seus meios de vida. Considero esse raciocínio bastante adequado para compreender a construção do espaço geográfico pela sociedade, ao longo de sua história. A análise geográfica, desse ponto de vista, consistiria em entender inicialmente como a sociedade, por intermédio do trabalho, transforma a natureza, em função de suas necessidades de sobrevivência e como, com isso, se transforma. Essa compreensão, por sua vez, seria básica para a análise da construção do espaço geográfico peculiar a cada momento histórico.

Um outro aspecto importante é a possibilidade de compreender ou apanhar as relações sociais na observação e análise do espaço geográfico. Com base no princípio de que as relações dos homens entre si (relações sociais) definem as relações dos homens com a natureza, é possível partir do inverso: do espaço geográfico, que é a materialização das relações da sociedade com a natureza, podem-se apanhar as relações sociais subjacentes, responsáveis pela definição dos meios de vida. Nesse sentido, a análise geográfica busca apreender as relações sociais expressas representadas pelo espaço geográfico; em outras palavras, busca, pela análise do espaço geográfico como resultado de ações sociais concretas, compreender a sociedade que o produziu.

Em tempos recentes era possível afirmar que pelo espaço geográfico se poderiam apanhar, por exemplo, no capitalismo, as relações de classe (burguesia e proletariado) próprias desse tipo de sociedade como essência de seu movimento. Hoje, diante das transformações sociais, políticas, culturais do mundo "pós-moderno", tem-se apontado que a análise da estrutura de classes sociais antagônicas, do ponto de vista econômico, é insuficiente para apanhar o movimento essencial da sociedade. Há uma complexificação da realidade social que requer o enriquecimento das análises para ampliar e aumentar as categorias, de buscar entender o movimento da sociedade não apenas do ponto de vista de suas relações sociais mais objetivas, mas de relações mais subjetivas entre indivíduos e grupos, como as que são constituídas nas denominadas minorias sociais (negros, homossexuais, jovens, grupos religiosos).

Para uma análise geográfica da sociedade, que compreenda suas transformações atuais em interdependência com as transformações do espaço geográfico, acredito que seja necessário o destaque de um aspecto importante do mundo contemporâneo que é o fenômeno da globalização. Em linhas gerais, globalização diz respeito ao processo de mundialização da cultura, da economia, do espaço, do tempo. Significa dizer que as diferentes sociedades do planeta passaram a ser regidas por um mesmo padrão de produção material, social e cultural, mas não significa dizer que as diversidades e tensões, locais, nacionais e mundiais desapareceram. Ao contrário, a globalização tem sido interpretada como um fenômeno contraditório que sugere de um lado a homogeneização – perceptível na universalização da produção, das trocas, do capital, das técnicas, dos padrões de usos e costumes, dos valores – e de outro mantém ou mesmo intensifica as desigualdades e contradições sociais. No quadro social atual, o processo de mundialização tem sido apontado como complicador para a análise de temas como progresso social, conquistas tecnológicas, desenvolvimento/subdesenvolvimento, estrutura demográfica, urbanização da sociedade e da natureza, estados de fome e de miséria.

Nesse contexto, a realidade social não pode mais ser explicada com base em paradigmas, categorias e conceitos já construídos, sem uma reconstrução crítica destes. Na realidade social atual (global), os meios de vida ganharam novos significados, assim como suas formas de expressão: o indivíduo, o grupo, a sociedade, as classes, a cidadania, a nação, a história, a tradição, a cultura, a língua, o mercado e o espaço geográfico. Exige-se, com isso, uma outra lógica na produção de conhecimento, para que se possa entender o significado dessas formas de expressão sociais. A esse respeito, Ianni faz o seguinte comentário:

> Coloca-se aqui o problema central: em fins do séc. XX, a realidade social e a história das sociedades, nações e continentes abrem problemas científicos para os quais os conceitos, as categorias, as leis ou interpretações disponíveis parecem insuficientes. As controvérsias sobre micro e macroteorias, vistas de modo exclusivo, ou em suas articulações possíveis, são atropeladas pelos problemas de ampla envergadura postos pela sociedade internacional, mundial, global. (1992, p. 166)

Para interpretar esses dilemas e perspectivas atuais, podem ser resgatados, como na interpretação de Ianni,

> os potenciais interpretativos das teorias macro, holistas, históricas, globalizantes, ao mesmo tempo que esses potenciais são enriquecidos pelas contribuições alcançadas pelas interpretações lançadas no nível micro, do individualismo, do pequeno relato. Mas, não há dúvida de que umas e outras podem ser, em alguma escala, questionadas. (1992, p. 176)

Na visão geográfica, a análise da sociedade atual deve basear-se na compreensão do movimento social complexo conjugada a uma análise de sua relação de interdependência com a natureza. Isso requer que o geógrafo, segundo Andrade,

> esteja atento a problemas ligados à posição geográfica, ao relevo, ao clima, à hidrografia e à vegetação, e, ao mesmo tempo, não deixe de perceber os problemas sociais e econômicos ligados à população, sua divisão em classes sociais, grupos religiosos, ideologias e sistemas políticos, nível de cultura e identificação histórica. Os fatos físico-naturais e os socioeconômicos devem ser encarados de forma integrada para que não se caia em áreas de outras ciências naturais ou sociais. O homem, para o geógrafo, não é apenas o habitante, mas o produtor, o consumidor, é o membro de uma classe social ligado a uma igreja e/ou a um partido político. (1993, p. 26)

É preciso acrescentar que o homem não é apenas o habitante somente para os geógrafos; aliás, é porque o homem na realidade tem essas múltiplas dimensões (naturais e sociais) que o geógrafo deve assim o encarar para que possa compreendê-lo melhor. Com isso estou querendo concluir que a compreensão da sociedade atual e do espaço geográfico por ela construído requer, por parte de qualquer cidadão (ou indivíduo), e não apenas do cientista, a consideração de suas múltiplas determinações e contradições, incluindo-se aí os alunos – cidadão (ou indivíduo) em formação. Em consequência, todos os elementos alinhavados anteriormente sobre esse conceito devem estar presentes no processo de sua construção conduzido pelo ensino escolar, respeitando-se evidentemente as situações concretas em que tal ensino é realizado. Nesse sentido, a contribuição das reflexões e análises geográficas na construção de conhecimentos referentes ao conceito de *sociedade* pelos alunos está em sua peculiaridade de analisar de forma integrada a sociedade e a relação sociedade/natureza (conforme aponta Andrade) ou sociedade/espaço.

Pelo que foi possível detectar das falas dos alunos a respeito desse conceito, conclui-se que é preciso ajudar os alunos a elaborar seus conhecimentos. A maior parte deles definiu *sociedade* como um grupo de pessoas, sendo que alguns se limitaram a dar um exemplo como associação de pessoas ou sociedade de bairro. Não levantaram elementos, como os aqui mencionados, que seriam importantes na análise da relação da sociedade com o espaço geográfico, ou seja, o conceito de *sociedade*, expresso pelos alunos, não é muito instrumentalizador para um raciocínio espacial.

Os professores, por sua vez, demonstraram ter elementos que ajudariam os alunos na ampliação desse conceito. Em suas falas foram aventados importantes aspectos da realidade social: injustiça, direitos e deveres, pirâmide social, comunidade, convivência, aprendizado, tolerância, aceitação, vida, objetivo comum, estrutura, poder econômico, poder político, apropriação da natureza, caos.

O que é preciso destacar dos depoimentos das professoras é a inexistência de aspectos contraditórios num mesmo discurso: algumas professoras destacaram aspectos de uma sociedade ideal, do que poderia ser um projeto de sociedade, mas que aparece como se fosse realidade, outras levantaram aspectos do que se vivencia na sociedade concreta. Seria enriquecedor que cada professor tivesse uma concepção de *sociedade* na qual estivessem incluídos todos esses elementos, como os seguintes: ela é injusta, mas devemos lutar para que seja mais justa e que caminhe por alguns objetivos comuns; ela é caos, mas é uma organização que obedece a uma determinada lógica. Mais uma vez, o pensamento dialético, o pensamento por contradição, ajudaria alunos e professores a ampliar suas representações sobre sociedade, tendo em vista compreender melhor as relações que determinadas sociedades, em determinados contextos históricos e em condições concretas, estabelecem com seu espaço geográfico.

Cotidiano e conhecimento geográfico

> – Seria bom que estes meninos – disse o médico da Previdência Social – respirassem um pouco de ar puro, numa certa altitude, corressem pelos campos... Estava entre as camas do subsolo onde morava a pequena família e pressionava o estetoscópio contra a coluna de Teresina, entre as omoplatas frágeis como as asas de um passarinho implume. As camas eram duas e as quatro crianças, todas doentes, punham as cabecinhas de fora nas cabeceiras e nos pés das camas com as faces quentes e os olhos brilhantes.
> – Nos campos como o canteiro da praça? – perguntou Michelino.
> – Uma altura como a do arranha-céu? – perguntou Filipetto.
> – Ar puro é bom de comer? – quis saber Pietruccio.
> (...)
> Subiram até quase o pico do morro. Numa curva, a cidade surgiu, lá embaixo, ao fundo, esparramada sem contornos pela cinzenta teia de aranha das ruas. Os meninos rolavam pela grama como se não tivessem feito outra coisa na vida. Soprou uma brisa; já anoitecia. Na cidade algumas luzes se acendiam num piscar confuso. Marcovaldo experimentou a mesma sensação de quando, jovem, chegara à cidade e se sentira atraído por aquelas ruas, por aquelas luzes como se esperasse sabe-se lá o quê. As andorinhas cortavam o céu sobre a cidade.
> Então foi invadido pela tristeza de ter de voltar lá para baixo, e decifrou na paisagem incrustada a sombra de seu bairro: ele lhe pareceu uma charneca de chumbo, estagnada, recoberta pelas densas escamas dos telhados e pelas tiras de fumaça esvoaçando sobre as colunas das chaminés. (Trecho do livro *Marcovaldo ou as estações na cidade*, de Italo Calvino 1994, p. 49)

Esses personagens de Calvino "perambulam" pela cidade, em várias circunstâncias descritas no livro. De um lado, Marcovaldo, o pai, circula cotidianamente na cidade com a sensibilidade e a ingenuidade de quem busca um significado transcendente às coisas. Assim o faz ao comparar um semáforo com a lua, ao acompanhar o voo de um pássaro até quase ser atropelado, ao vigiar cogumelos que brotam entre blocos de concreto. De outro, as crianças vivenciam a cidade e seus fenômenos a partir de seu restrito "horizonte geográfico";[4] dando significado às coisas com base nesse horizonte, como "ar puro" (entendido até como coisa para comer), "bosque" (que é confundido com *outdoors*), gado (que é comparado com bonde). Essa obra chama a atenção pela apresentação de cenas do cotidiano em que a relação do homem com seu espaço é intensa, ou seja, pela apresentação de cenas carregadas de geografia.[5]

Da mesma maneira, crianças de 11, 12 anos, como os alunos aqui entrevistados, e adultos, como as professoras da pesquisa, também "perambulam" pela sua cidade, pelo seu bairro, no dia a dia, para realizar suas atividades cotidianas. Ao fazê-lo, criam, recriam e organizam espaços, dão significados aos espaços encontrados. Suas cenas cotidianas são, portanto, também carregadas de geografia.

No sentido referido aqui, geografia é uma prática social que ocorre na história cotidiana dos homens. Há uma geografia das coisas e da vida cotidianas. Essa geografia pode ser pensada ou conhecida no plano do cotidiano e no do não cotidiano, sendo que cada tipo de conhecimento tem suas características próprias, mas sem um corte rigoroso entre eles. Marcovaldo, no trecho destacado anteriormente, ao se distanciar da cidade numa atividade cotidiana, aproveitou-se da oportunidade para refletir sobre essa cidade e sua relação com ela.

Tomando como base as análises já feitas sobre determinados conceitos geográficos nos âmbitos científico e cotidiano, o objetivo deste tópico é refletir sobre as características desses tipos de conhecimentos e as possibilidades de suas inter-relações na escola. Assim, a primeira questão a analisar é a necessidade que tem um homem – como Marcovaldo, sua família e qualquer criança de 11, 12 anos – de conhecer a geografia construída na sua prática social cotidiana.

---

4. Esse conceito é aqui utilizado no sentido designado por Spósito: "(...) designa a memória e a capacidade que cada pessoa tem para entender e se deslocar no espaço geográfico. Essa capacidade diferencia-se de pessoa para pessoa, em função de seu lugar no espaço, dependendo da idade, da condição econômica, da família etc." (1994, p. 88).
5. Ao longo deste estudo, Geografia tem sido a palavra utilizada para designar tanto a ciência geográfica quanto a matéria de ensino. Para designar a espacialidade inerente às coisas e às práticas sociais, a palavra utilizada será a mesma, porém com a inicial minúscula: geografia.

Heller, em sua análise sobre a vida cotidiana, aponta para o fato de que esse conhecimento só é necessário se contribuir para o amadurecimento do homem para a cotidianidade:

> O homem nasce já inserido em sua cotidianidade. O amadurecimento do homem significa, em qualquer sociedade, que o indivíduo adquire *todas as habilidades imprescindíveis para a vida cotidiana da sociedade* (camada social) *em questão*. É adulto quem é capaz de viver por si mesmo a sua cotidianidade. (1992, p. 18)

A autora aponta como habilidades do homem adulto, para viver o mundo cotidiano, a manipulação das coisas (cuja assimilação implica assimilar as relações sociais e as leis da natureza inerentes a essas coisas) e a assimilação imediata das formas de intercâmbio ou comunicação social. Considerando-se que o conhecimento geográfico pode contribuir para o desenvolvimento dessas habilidades, pode-se afirmar que ele é necessário para a vida cotidiana. Pela geografia se conhece a forma material resultante da organização espacial das coisas (forma que, evidentemente, materializa relações sociais), o que é necessário para a "manipulação das coisas".

Ao manipular as coisas no cotidiano, os indivíduos vão construindo uma geografia e um conhecimento geográfico. Porém o pensamento e a ação que ocorrem no plano individual-particular nunca existem de forma pura, pois o comportamento genérico, que ultrapassa o imediato e se reveste do social mais amplo, está contido, em alguma medida, naquele plano. Sendo assim, a geografia produzida individualmente contém elementos de uma geografia, digamos, mais global. Em outras palavras, a produção da geografia pelo indivíduo depende, entre outras determinações, do conjunto de representações sociais sobre o espaço. A consciência dessa geografia produzida, individual e genericamente, provoca alterações na prática social cotidiana. O distanciamento das ações cotidianas, como fez por exemplo Marcovaldo, para refletir sobre as coisas manipuladas diariamente, é uma prática necessária quando se quer elevar as ações ao nível do humano genérico, quando se quer dar um sentido social a essas ações. As formas de pensamento e de comportamento cotidianos contêm limitações próprias, mas sempre é possível ultrapassá-las rumo a formas mais autônomas e conscientes de "condução da vida" (cf. Heller 1992). Um caminho para isso é a prática da arte e da ciência, nos dizeres de Heller. Mas não se pode esperar que cada indivíduo seja um artista ou um cientista, o que se deve é lutar por formas de reflexão e manifestação científica e artística no dia a dia. Uma dessas formas, ou uma das instâncias em que essa reflexão e essa manifestação são possíveis, é a escola.

O que dizer da escola neste momento histórico? Em primeiro lugar, é preciso reafirmar essa instituição como uma das agências destinadas a propiciar a formação humana: promover a autorreflexão e o desenvolvimento de operações mentais necessárias à prática cotidiana consciente e crítica. E, como agência da sociedade, ela expressa suas contradições e ambiguidades. Segundo Oliveira:

> O mundo inercial da escola, as características do professor (...) são terreno fértil e propício ao desenvolvimento de vários mecanismos de alienação, como o verbalismo, o mercantilismo e a competitividade, entre muitos outros. Eis aí mecanismos observados diariamente nas salas de aula e que se concentram para acostumar o aluno com um distanciamento daqueles aspectos que lhe são mais vitais. (1994, p. 135)[6]

Ao fazer a análise das características reprodutivistas da escola, o autor chama a atenção para o fato de que essa instituição guarda consigo a possibilidade de transformação. Como realidade dialética, a escola tem a possibilidade de contribuir para emancipar o homem, torná-lo cidadão autônomo, consciente, participativo, capaz de conduzir sua própria vida no cotidiano. A escola não é agência homogênea, ao contrário, nela convivem valores, conhecimentos, modos de pensar, linguagem, que trazem a marca da diversidade social. É nessa mesclagem que está a possibilidade do confronto, da transformação, da reação. É nessa mescla que se confrontam o verbalismo com o simbolismo, o real congelado com o próprio real, o formalismo com o informal, o universal e o racional com o particular e não racional. Enfim, o currículo oculto e o "não oculto".

---

6. Esses mecanismos foram utilizados também por Gebran (1991) para analisar a prática de ensino de Geografia (propostos por Nudler). Essa autora confirmou a manifestação de mecanismos de alienação, como os exemplos apresentados a seguir. *Verbalismo*: a linguagem utilizada no ensino de Geografia que é caracterizada pela mera enumeração de fatos geográficos e pelo desvio da atenção do aluno para "um mundo fantasmagórico formado por palavras, onde os conceitos básicos passam a se constituir elementos meramente memorativos e enumerativos desvinculados da sua realidade, que permanece ocultada, dissimulada sob o manto das palavras" (p. 3). *Congelamento do real*: diz respeito ao ocultamento das diferentes facetas da realidade e sua apresentação como algo estático. Na observação de sala de aula, a autora verificou que o conteúdo geográfico se apresenta congelado, a-histórico, desvinculado da realidade social do aluno. *Formalismo*: esse mecanismo foi demonstrado, por exemplo, nas atividades com uso de mapas, nas quais "há uma supremacia do inerte, do aparente, sobre o vital e autêntico. Percebe-se que o estabelecimento de normas rígidas, uniformes, passa ao aluno uma estrutura imóvel, estática. A classe, como um todo, em geral 'aceita' esta situação e às vezes exige ou reforça esse formalismo" (p. 8). *Detalhismo*: há uma fragmentação do conhecimento geográfico (por exemplo, aspectos físicos e aspectos humanos) veiculado na escola e, consequentemente, a realidade passa a ser apresentada dividida em compartimentos estanques, sem interação entre suas partes.

Creio que uma reflexão crítica sobre a escola e suas potencialidades em relação à formação e emancipação humanas é um modo de enfrentamento positivo diante das questões colocadas por determinadas análises reprodutivistas no campo da educação,[7] principalmente à da denúncia do papel da escola na manutenção das relações de poder numa determinada sociedade.

A análise da função reprodutora da escola e da Geografia impede a conclusão de que os problemas da escola se resumem a uma questão de ineficiência dessa instituição e/ou do professor de Geografia. Aliás, essa análise permite compreender que a escola pode ser eficiente para determinados propósitos e que pode estar montada para funcionar exatamente da maneira como funciona, como suspeita a professora E, da pesquisa: "Eu acho que se fosse possível dedicar com mais afinco, maior disposição e tempo, eu acho que se tornaria mais interessante, desde que o professor se encontrasse com mais frequência, coisa que não acontece. E a própria maneira da escola se organizar, parece que tenta impedir isso mesmo" (depoimento de entrevista).

Por outro lado, essa análise deve ser feita para pontuar os limites das intervenções possíveis. A reflexão crítica sobre o papel e as possibilidades da educação escolar no processo de formação humana implica analisar a escola como instância de reprodução e produção sociais. Ou seja, significa entendê-la como agência não subordinada completamente aos interesses dominantes sem cair no idealismo de tomá-la como autônoma em relação à sociedade.

Os estudos sobre os aspectos sociais e ideológicos do conhecimento escolar têm recebido importante contribuição da Sociologia do Currículo, no quadro da teoria social crítica.[8] Essa linha de pesquisa parte do pressuposto inicial de que o conhecimento escolar não é algo neutro e inquestionável. Pelo contrário, esse conhecimento, na forma de currículo escolar, é construído socialmente e corresponde a uma seleção arbitrária da cultura. Sendo assim, busca compreender por que certos conhecimentos são considerados válidos para ser ensinados na escola e outros não. Moreira e Barros (1993), analisando a

---

7. As teorias da educação chamadas de crítico-reprodutivistas, marxistas ou não, tiveram uma grande repercurssão no meio educacional das últimas décadas. Os teóricos críticos da área (conferir, por exemplo, Saviani 1986 e Silva 1992), de perspectivas diferentes, têm analisado tais teorias apontando, por um lado, o mérito que tiveram ao denunciar as relações entre educação e sociedade e, por outro, os limites de suas análises, consideradas unilaterais, pois analisam a relação entre educação (e a escola) e sociedade como de subordinação completa da primeira à segunda.

8. A respeito de análises sobre o saber que é trabalhado na escola, seja na forma de currículo explícito ou currículo oculto, e suas ligações com as relações sociais em movimento, conferir Silva 1992 e Silva e Moreira 1995, entre outros.

proposta de Young, nessa linha, afirmam que para esse autor: "O currículo é uma construção social e, como tal, não contribui, necessariamente, para fortalecer os esforços em prol da melhoria do indivíduo e da sociedade" (p. 49).

Uma consequência bastante importante desse pressuposto é a necessidade de questionar as disciplinas escolares tradicionais. Sua importância está em chamar a atenção sobre a origem de uma matéria de ensino que fica esquecida porque se consagrou como tradição. Esse raciocínio é apontado por Silva (1992), lembrando outro autor (Raymond Williams), que fala sobre tradição seletiva, "que vai ao longo do tempo critalizando como alternativa única aquilo que não passava, no início, de uma seleção particular e arbitrária de um universo muito mais amplo de possibilidades" (1992, p. 80).

Questionar, porém, a organização do conteúdo por disciplinas, ou as disciplinas que estão hoje em vigor, ou ainda uma disciplina em particular, não significa, necessariamente, postular seu fim. Significa ser contra o caráter natural que vão adquirindo historicamente, em razão de que esse estatuto tende a congelar a reflexão sobre elas e seu conteúdo (além de congelar também o conteúdo oculto na forma de organização do saber por disciplinas). Significa ser a favor de um saber escolar que seja realmente relevante para a formação do aluno, com base em convicções definidas para essa formação. Significa, conforme a posição de Young, na leitura de Moreira e Barros:

> (...) assegurar que as disciplinas criticadas e reformuladas, ou possíveis alternativas para elas, passem a relacionar-se com a experiência dos que as ensinam e estudam. Trata-se, também, de favorecer o desenvolvimento de novas modalidades de organização dos conteúdos, como, por exemplo, módulos (...) capazes de facilitar o real envolvimento do aluno com o planejamento de sua aprendizagem. (1993, pp. 49-50)

Nessa linha de raciocínio, Moreira e Barros baseiam-se em Michael Young e Henry Giroux para sugerir que os conteúdos dos currículos se originem dos dois tipos de saberes – o saber erudito e o saber popular. Em suas palavras:

> Optamos, assim, repetimos, por situar o saber popular no interior da proposta curricular, ao invés de utilizá-lo como ponte para a aquisição do saber erudito. Defendemos a possibilidade metodológica de confrontar os saberes ditos universais, tradicionalmente sistematizados por um suposto consenso científico, com os saberes populares – até aqui fragilizados por sua não-cientificidade – a partir da própria proposta curricular. (1993, p. 55)

Nesse sentido, considero importante refletir acerca da validade ou não da Geografia na escola. Essa reflexão pode iniciar-se com a própria definição da Geografia. Ao longo deste estudo tenho argumentado a favor do entendimento de que Geografia é uma ciência que estuda o espaço produzido e reproduzido pela sociedade ao longo da História. Ou seja, é o estudo do espaço geográfico, entendendo por espaço "um conjunto de formas contendo cada qual frações da sociedade em movimento" (Santos 1988, p. 27).

A importância da análise desse espaço na atualidade tem sido apontada por geógrafos, como Harvey (1989) e Soja (1993). A esse respeito, pode-se destacar o trabalho de Soja, que tem por objetivo justamente assinalar a importância da construção de uma teoria social crítica que tenha como categoria importante o espaço, segundo ele, até pouco tempo atrás negligenciado. A denúncia de Soja parte da afirmação de Foucault de que o pensamento crítico moderno (que teve continuidade no século XX) encarou o espaço como o "morto, o fixo, o não-dialético, o imóvel. O tempo, ao contrário, era a riqueza, a fecundidade, a vida e a dialética" (*in:* Soja, p. 17). Foucault, com efeito, demonstra não concordar com essa dicotomia, afirmando a importância atual da análise espacial:

> Eles não compreendem que, na demarcação das implantações, das delimitações, dos recortes de objetos, das classificações, das organizações de domínios, o que se fazia aflorar eram processos – históricos certamente – de poder. A descrição espacializante dos fatos discursivos desemboca na análise dos efeitos de poder que lhe estão ligados. (1989, p. 159)

Na compreensão de Soja, o desafio hoje, ao se demonstrar a importância do espaço na teoria social crítica, é o de analisar o espaço-tempo como uma categoria única que permita "criar modos mais criticamente reveladores de examinar a combinação de tempo e espaço, história e geografia, período e região, sucessão e simultaneidade" (1993, p. 8).

Essa argumentação é pertinente aqui porque a constatação da importância do espaço no plano do pensamento crítico, da filosofia, da ciência suscita algumas questões: essa constatação tem ressonância direta no plano do ensino? Se a análise do espaço é importante porque "aflora processos de poder", essa importância não deve também ser considerada para qualquer cidadão e não apenas para filósofos e cientistas? Ou, se a importância não é a mesma, ou se o papel da análise espacial não é o mesmo para o cientista e o filósofo e para o cidadão, então qual é a importância dessa análise especificamente para alunos do ensino fundamental?

É pensando nisso que considero como ponto de partida para uma reflexão sobre o ensino de Geografia as perguntas do tipo: para que serve a Geografia na escola hoje? Como ela pode contribuir para a formação do cidadão do século XXI?

Poder-se-ia dizer que a função atual do estudo da Geografia na escola se deve à necessidade que têm os homens em formação, tornando-se maduros para o cotidiano (na expressão de Heller), em apreender o papel do espaço na prática cotidiana. Para tanto, pode-se argumentar pela necessidade de os alunos conhecerem o mundo em que vivem, de localizarem alguns pontos importantes nesse mundo, de representá-lo linguística e graficamente. Esses foram, com efeito, os motivos do estudo da Geografia mais apontados pelas professoras e pelos alunos na pesquisa.[9] Porém, sem querer negar a importância desses objetivos para o estudo da Geografia, é preciso acrescentar que sua função não se resume a eles. Tais motivos são apontados porque é próprio do cotidiano pensar o imediato, fazer juízos provisórios. Mas é necessário não se contentar com o que são, na verdade, pré-requisitos para a função mais importante da Geografia que é formar uma consciência espacial, um raciocínio geográfico. E formar uma consciência espacial é mais que conhecer e localizar, é analisar, é sentir, é compreender a espacialidade das práticas sociais para poder intervir nelas a partir de convicções, elevando a prática cotidiana, acima das ações particulares, ao nível do humano genérico.

Soja faz um alerta importante sobre a necessidade de se compreender a importância do espaço na estruturação da vida cotidiana:

> Devemos estar insistentemente cientes de como é possível fazer com que o espaço esconda de nós as conseqüências, de como as relações de poder e disciplina se inscrevem na espacialidade aparentemente inocente da vida social, e de como as geografias humanas se tornam repletas de política e de ideologia. (1993, p. 13)

É preciso, portanto, formar uma consciência espacial para a prática da cidadania, o que significa tanto compreender a geografia das coisas, para poder manipulá-las melhor no cotidiano, quanto conhecer a dinâmica espacial das práticas cotidianas "inocentes", para dar um sentido mais genérico (mais crítico, mais profundo) a elas.

A consciência espacial, o raciocínio geográfico, as informações e os conceitos geográficos permitem tomadas de decisão com maior grau de autonomia. Nesse sentido, a professora E faz, em entrevista, um comentário interessante sobre o conhecimento geográfico e "decisões cotidianas":

---

9. Alguns estudos na mesma linha desta pesquisa (cf., por exemplo, Fernandes 1991, Tonini 1993; e Callai 1995) atestam que compreensões semelhantes da função da Geografia estão presentes em grande parte das representações de professores e alunos do ensino fundamental e médio no Brasil.

(...) eu falando pros meus alunos lá (...): "engraçado, a sociedade é trouxa demais". "Por quê, professora?" (...) "Porque é o seguinte, vocês invadem (porque nós temos meninos da invasão lá, né? Principalmente os meninos do J. Vitória, tem umas pessoas de lá). Então, vocês invadiram, então o primeiro benefício que vocês vão pedir para o prefeito é o asfalto, em consequência do asfalto vem o quê? O esgoto. Agora, vocês pedem para o prefeito um centro de tratamento de esgoto?" – "É claro que não, né? professora". Eu falei: "Pois é, o primeiro benefício que vocês deveriam ter pedido é o centro de tratamento". – "Por quê?" "Pra vocês terem o poder de ter lazer no córrego de vocês. Mas vocês não têm, vocês não pensam nisso, vocês querem o asfalto, querem o esgoto, querem a água, mas não pensam na natureza".

A escola tem a função de "trazer" o cotidiano para seu interior com o intuito de fazer uma reflexão sobre ele por meio de uma confrontação com o conhecimento científico. Assim, deve estar estreitamente ligada ao cotidiano. Porém, se a prática cotidiana é uma referência da escola, é no sentido de contribuir para sua reflexão e transformação e, para tanto, tem como instrumentos os conhecimentos científicos que veicula. A prática cotidiana, interpretando o depoimento da professora, está em busca do imediato, daquilo que pode causar aparentemente conforto e bem-estar imediato. Ela está chamando a atenção para o fato de que muitas vezes a busca do bem-estar imediato, sem que nela haja uma reflexão, pode levar até mesmo a impedir a realização desse próprio bem-estar. Um caminho para provocar mudanças na prática cotidiana, que tem uma espacialidade, pode ser o sugerido pela professora: o de trazer para a sala de aula essa prática e de problematizá-la. A partir daí, como poderia ter feito a professora, o caminho poderia ser o de dar elementos que auxiliassem o avanço na compreensão do problema.

A Geografia na escola deve estar, então, voltada para o estudo de conhecimentos cotidianos trazidos pelos alunos e para seu confronto com o saber sistematizado que estrutura o raciocínio geográfico. Porém os dados até aqui trabalhados, a respeito da prática de ensino de Geografia e das representações que alunos e professores têm a respeito dessa matéria, suscitam algumas questões: por que o conhecimento geográfico, que é considerado tão útil à prática social cotidiana é tão desprezado na escola? Por que a prática espacial é tão presente no cotidiano das pessoas e na escola ela não é valorizada da mesma forma?

Os alunos da pesquisa, no geral, afirmam não gostar da Geografia estudada na escola. Pelos dados, 32% dos alunos declararam não gostar de Geografia e 10% declararam gostar "mais ou menos". Além disso, um outro dado relevante é o índice de rejeição pela matéria: 23% apontaram a Geografia como uma das três matérias de que menos gostam. Ao considerar apenas as declarações dos alunos entrevistados (que, diga-se de passagem, foram voluntários para participar de uma pesquisa na área de Geografia, portanto provavelmente com alguma afinidade com a matéria ou com boa vontade para colaborar), verifica-se que dos 18 que responderam se gostam ou não de Geografia, 11 afirmaram gostar "mais ou menos". Os depoimentos das professoras, por outro lado, confirmam o fato de que os alunos em geral não gostam dessa matéria, inclusive duas afirmaram que também não gostam.

Eis um quadro de insatisfação com a matéria, tanto por parte dos alunos quanto por parte de alguns professores. Essa insatisfação não parece ser específica do grupo da pesquisa e já tem sido denunciada por alguns geógrafos preocupados com os encaminhamentos do ensino de Geografia nos últimos anos. Por exemplo, Oliveira faz o seguinte comentário: "A grande maioria dos professores da rede de ensino sabe muito bem que o ensino atual de geografia não satisfaz nem ao aluno e nem mesmo ao professor que o ministra" (1989, p. 137).

Diante desse quadro, é importante procurar entender as razões da insatisfação, para além daquelas que se referem ao ensino como um todo, como as questões da estrutura e organização da escola, das condições de trabalho, de formação profissional, entre outras. É importante analisar em que medida essa insatisfação dos alunos e professores tem a ver com a Geografia de modo específico e o que se pode fazer para alterar esse quadro. Pelos dados já descritos no capítulo anterior, pode-se inferir que as razões principais para não se gostar de Geografia podem ser analisadas com base em dois pontos. Em primeiro lugar, há um descontentamento quanto ao modo de trabalhar a Geografia na escola. Em segundo, percebem-se dificuldades de compreender a utilidade dos conteúdos trabalhados. Esses dois pontos, embora estejam intimamente ligados ao ensino de Geografia, não focalizam propriamente o conteúdo da matéria, ou o conhecimento geográfico enquanto tal. Ou seja, parece-me que "resolvidos" esses dois pontos é possível tornar o conteúdo geográfico trabalhado na escola mais significante para o aluno.

Para aprofundar essa análise, retomarei alguns depoimentos agrupando declarações dos entrevistados sobre o modo como se trabalha a Geografia na escola. Por exemplo, alguns alunos responderam por que gostam de Geografia: "gosto (...) porque a professora é boa, ela ensina bem, ela passa boas matérias", "gosto (...) de vez em quando, porque as respostas é difícil demais e é muito grande as respostas", "(...) eu gosto de Geografia, mas tem matérias melhores, ou era a professora que eu não gostava... tinha perguntas nas provas que era difícil responder", "por exemplo (...) eu tirei 4,5 em Geografia. Aí eu não gostei de Geografia, agora eu tou gostando mais de Geografia".

As professoras também disseram que os alunos em grande parte não gostam de Geografia, mas o que apontam a respeito desse tema são problemas do modo de trabalhar a matéria, como os depoimentos seguintes: "(...) eu nunca fui boa pra memorizar e a gente tinha de memorizar, né?", "então, eu acho que naquilo ali, só você decorar e você não saber o que está fazendo, eu acho que isso faz a gente não gostar das coisas", "dependendo do professor, o aluno gosta de Geografia", "porque eles têm mania de decorar, isso aqui é depressão, decorar o que é depressão (...) Não sei se eles não estão habituados a formar o próprio conceito, eles acham que eles têm que aprender aquilo que está escrito", "Geografia do jeito que a senhora faz é muito melhor (...) eu não tenho de decorar", "e talvez nós estamos trabalhando muito com o que tem no livro e deixando o dia a dia fora do estudo".

Os depoimentos dos alunos a respeito de como estudam Geografia permitem perceber um pouco mais sobre o modo como essa matéria é trabalhada na escola: "eu leio as leituras, depois tem de fazer questionário", "leio livro... fico lendo, copio", "estudo os questionários e os textos (...) Eu vou lendo os textos, se meu caderno tiver questionário respondido... se não tiver, eu respondo", "só pra prova (...) leio o que a professora passou".

Da mesma forma, uma anotação de pesquisa já mencionada fornece indicações de modos de encaminhamento do ensino de Geografia: "(...) Depois da introdução, ela passou um exercício no quadro-negro e ficou a aula inteira. Achei muita questão para pouco texto (no livro). Mas o que eu acho pior é a formalidade das aulas, das atividades (...) Os alunos (...) agem formal e mecanicamente".

O que se percebe é que as relações entre professores e alunos, o tipo de condução dos trabalhos, a exigência da memorização é que são caracterizados como pontos de descontentamento com o ensino da matéria, não pontos referentes ao conteúdo propriamente dito. Constantemente têm sido feitas denúncias sobre esses pontos na prática de ensino de Geografia, como o faz Gebran (1991). Pode-se destacar, dentre eles, o formalismo. Nesse sentido, o comentário daquela aula, transcrito anteriormente, é bastante ilustrativo.

O formalismo está presente na rotina da escola como um todo e não apenas no ensino de determinadas matérias. Entretanto, no caso específico do ensino de Geografia, ele parece tomar grandes proporções, seja porque o tipo de conteúdo trabalhado favorece esse formalismo, seja porque há efetivamente dificuldades – por parte dos professores e de outros agentes envolvidos na escola – em provocar o envolvimento real dos alunos com o conteúdo trabalhado (ou as duas coisas). A prática cotidiana, principalmente de crianças e adolescentes de classes sociais mais baixas, geralmente com pouca experiência e pouco conhecimento de lugares diferentes até mesmo dentro de sua cidade, o que lhes dá um restrito horizonte geográfico, é composta de uma espacialidade imediata muito restrita e de uma requisição baixa de reflexão (o meio não é muito estimulador). O mundo fora da prática imediata é geralmente mostrado apenas pela televisão, e nela os lugares do mundo são espetáculos "à parte", vistos como fora de suas vidas. Sendo assim, os conteúdos de Geografia trabalhados na sala de aula ficam muito distantes do campo de visão e de preocupação dos alunos. Nesse sentido, é compreensível o depoimento de um dos alunos sobre por que considera difícil estudar Geografia: "Porque a gente nunca viu, uai! Por isso é que é difícil".

A constatação dessa dificuldade não implica necessariamente alterar o conteúdo da matéria ou mesmo retirá-la do currículo. Se se tem a convicção de que se trata de uma parte importante da formação do cidadão, não se pode desistir dela, nem continuar com seu estudo apenas formalmente. Ao contrário, é preciso encontrar maneiras de superar esse formalismo e de envolver ativamente o aluno no processo de seu ensino.

Nesse modo de realizar o ensino de Geografia, há um aspecto que chama a atenção que é a associação dessa matéria, ou de seu ensino, com a memorização, com a "decoreba". Não é que essa associação seja também exclusiva da Geografia, mas nela é bastante forte. Tanto é assim que isso se constituiu um ponto emblemático da crítica ao ensino da Geografia, nos moldes tradicionais, a partir da década de 1980. Lacoste (1988) denunciava, então, que para aprender a Geografia (como era ensinada) não era preciso pensar, bastava ter memória. Nessa mesma direção, Moraes anunciava:

> O pensamento geográfico vivencia na atualidade um amplo processo de renovação. Rompe-se com as descrições áridas, com as exaustivas enumerações, enfim com aquele sentimento de inutilidade que se tem ao decorar todos os afluentes da margem esquerda do rio Amazonas. (1986, p. 128)

Como se vê pelos dados da pesquisa, ainda se continua a perder tempo com a inutilidade de decorar. Porém é preciso ir mais longe na análise para assinalar que as dificuldades do ensino de Geografia não podem ser atribuídas unicamente a esse fator. Mesmo porque não é a "decoreba" em si que pode ser considerada um mal para o ensino. A memória é uma das funções intelectuais superiores indispensáveis para a mediação do homem com o mundo, no processo de conhecimento. Sendo assim, por que ela é tão apontada no ensino de Geografia como responsável por todos os seus males? Pode-se entender que o problema está exatamente na questão do formalismo didático. A memorização induzida na Geografia não é uma memorização desejada pelo aluno, pode-se dizer mesmo que é uma memorização forçada. O aluno, em geral, não quer decorar fatos, nomes da Geografia, não porque ele não quer decorar nenhuma informação, mas porque ele não é mobilizado para as informações da Geografia.

É claro que o ensino de nenhuma matéria pode se pautar apenas pela memorização. Ensino é processo de conhecimento, é mudança de qualidade no pensamento e a memorização enquanto tal não é conhecimento, nem provoca mudança na qualidade do pensamento. No entanto, não há como aprender qualquer matéria sem se utilizar desse recurso. Além disso, é preciso considerar que a memória é seletiva, ela depende da subjetividade de quem memoriza. Então, se o aluno não está envolvido ou interessado no conteúdo trabalhado na Geografia, ele também não se mobiliza para memorizar nomes ou fatos que o ajudariam a desenvolver análises geográficas. Mas, se ele "tem" de decorar para ser aprovado pela escola, então ele decora. Ele decora formalmente, ele não quer decorar, ele decora inclusive para esquecer logo em seguida.

Para superar o formalismo didático no ensino de Geografia é preciso, entre outras coisas, que seus agentes – professor e alunos – estejam realmente envolvidos no processo de ensino, o que requer do professor a organização de atividades que levem em conta as necessidades individuais e sociais dos alunos, as condições concretas em que o ensino se realiza e os modos mais adequados de tratamento dos conteúdos para que os alunos estejam em atividade intelectual permanente e possam, assim, construir seu conhecimento. Nesse raciocínio, um dos caminhos para aquela superação é o de buscar clareza quanto à utilidade dos conhecimentos que a Geografia veicula para a vida das pessoas em geral e para a dos alunos. É exatamente esse um outro ponto que se destaca na análise dos dados dos alunos e dos professores.

Nos questionários, alguns alunos mostraram dificuldades em dizer para que serve a Geografia, suas respostas foram vagas, como "para aprender muita coisa", ou responderam: "não sei". Dentre os que apontaram utilidade para a Geografia, as respostas foram do tipo: "para nos localizarmos através do mapa", "para nos orientar", "para conhecer o mapa geográfico", "porque aprende sobre o mundo", "aprende mais sobre o Brasil e outros países", "Ah! A primeira coisa que eu vejo é o mapa. O *mapa-múndi*... eu gosto muito de ver o *mapa-múndi*", "eu lembro de espaços, de mapas, de territórios", "Ah! Dos mapas... só (...)", "Do mundo em que vivemos", "mundo, geográfico, é... olhando pro mundo", "pra gente aprender a localizar mapas".

Também as professoras mostram incertezas sobre a utilidade da Geografia. Eis o que dizem: "pra eles terem uma noção da dimensão do que vem a ser o planeta Terra, eles saberem que eles têm dificuldade (...) até mesmo da localização"; "ela serviria para cada um poder elaborar idéias ou ter formas de pensar e contribuir para uma melhor organização (...) possa organizar o espaço de vida dele melhor". Com exceção dessas respostas mais elaboradas, outras demonstram certa dificuldade em especificar Geografia e suas funções: "Ich...

e agora? (...) porque... igual eu tava falando... (...) tentar ajudar o aluno a identificar a escola (...) O bairro que ela tá localizada.(...)"; "Nossa Senhora! Pra mim a melhor coisa é localizar (...) eu acho a Geografia muito importante, ela ... Geografia é bom demais de fazer, ... o tanto que é bom pintar mapa! Ficam uns mapas lindos!..."; "Olha, a Geografia pra mim é o ar que respiramos (...) a Geografia é a única ciência que te dá margem pra você entender tudo o que está em sua volta (...) A Geografia é tudo, eu acho que a Geografia é esse sangue que a gente respira, que a gente vive..." ; "Como diz Ruy Moreira: 'tudo é Geografia'(...) Pra mim seria, tipo assim, a beleza e essência (...) eu acredito e vejo a Geografia uma ciência de síntese que tá adiante de outras tantas ciências".

A imagem de Geografia mais frequente nos depoimentos dos alunos e mesmo de algumas professoras foi a do *mapa-múndi*. A ideia mais vivaz sobre Geografia é a do mapa e do mundo, ou como disse um aluno: "olhando pro mundo". E o que ficou mais explícito quanto à utilidade da Geografia diz respeito à localização, à possibilidade de localizar lugares no mundo. Se se pode generalizar essa imagem para outros alunos e professores, é possível estabelecer como um aspecto importante do estudo de Geografia a função de criar, recriar e ampliar representações sobre o mundo. E nesse sentido, a Geografia deve aguçar a imaginação dos alunos, o que requer um envolvimento de professores e alunos maior que o costumeiro.

A referência ao mapa é uma constante. Fica bastante claro que, para o aluno, Geografia tem muito a ver com mapa, para conhecer e localizar lugares diferentes no mundo. Os teóricos do ensino de Geografia talvez não se contentassem com essa função da Geografia na escola, que não asseguraria, por si só, o raciocínio geográfico bem consolidado para uma participação social de qualidade. Obviamente, também não é o caso de o mapa na escola ser utilizado exclusivamente para ser pintado, como apontou uma das professoras. Se se quer que o aluno tenha um real interesse pela Geografia, cumpre potencializar seu interesse pelo mapa, utilizando-o para pintar, localizar lugares, construir representações. E, a julgar pelo que disseram as professoras e pelo que se tem observado na prática de ensino de Geografia, esse ensino tem sonegado o mapa aos alunos, quando não o utilizam e quando o utilizam meramente como ilustrativo ou como atividade carregada de formalidade e detalhismo. Considero esse fato um "crime de lesa-curiosidade", confirmando mais um mecanismo de alienação apontado por Gebran (1991). Se a expectativa dos alunos é a de estudar Geografia por meio do mapa, começar por ele já é um bom início. A partir daí, assegurando-se o interesse do aluno, podem-se fazer abstrações necessárias e chegar a sínteses possíveis, por meio também de mapas.

Ainda sobre a definição e as funções da Geografia no ensino convém destacar das falas das professoras uma visão romântica desse tema, como nos trechos: "Geografia é o ar que respiramos", "tudo é Geografia, a beleza, a essência". Esse tipo de resposta parece aproximar-se, por exemplo, do que Fernandes (1991) detectou em sua pesquisa sobre a Geografia escolar:

> (...) pode-se observar que 56,4% dos professores interrogados que disseram gostar de Geografia, parecem concebê-la ainda nessa linha de interpretação naturalista, romântica, de exaltação à natureza (...) nas seguintes falas: "Sempre tive interesse de saber sobre o universo, que me fascina até hoje" (...) "Você estudando Geografia você penetra no mundo e isto é comovente" (...). (1991, p. 21)

Por parte dos alunos, a dificuldade não está tanto em dizer o que se estuda em Geografia, mas em apontar utilidades do que se estuda nessa matéria para a vida cotidiana deles e das pessoas em geral. Por essa razão, obtêm-se respostas interessantes como esta: "(Para que serve a Geografia?) Para aprender mais sobre o Brasil, assim, o mundo, o espaço. (E pra que isso serve?) Acho que pra nada. (Então, pra que serve a Geografia?) *Só pra aprender*".

É é bom que se diga: se é só para aprender, então não serve para nada mesmo. Mantém-se uma pergunta que tem permeado todo este estudo: afinal, para que servem mesmo os conteúdos de Geografia para os alunos de 5ª e 6ª séries? Em primeiro lugar, tem-se de levar em conta o que disseram os alunos. A Geografia ajuda-os a conhecer e localizar lugares do mundo, por meio dos mapas ou, pode-se acrescentar, das representações desse mundo. Nesse sentido, as perguntas básicas são: em que isso ajuda os alunos a resolverem seus problemas práticos mais imediatos? A prática social que eles realizam realmente requer conhecimento do mundo e de seus lugares? Evidentemente que, de forma direta, a maioria de suas ações rotineiras dispensa conhecimento geográfico tal como sistematizado pela ciência. No entanto, essas ações só podem ser levadas a cabo com um conhecimento geográfico construído no cotidiano. Se as práticas sociais cotidianas são carregadas de espacialidade, de geografia, sua realização não ocorre sem o conhecimento dela. E como já foi argumentado antes, a qualidade dessas práticas, rumo a uma prática reflexiva e crítica, pode se alterar quando se altera o conhecimento da espacialidade. Insisto mais uma vez: o ensino de Geografia tem a função de lidar com a espacialidade e com o conhecimento geográfico de cada um para provocar neles alterações no sentido de uma ampliação. Isso é possível pela reflexão e pelo exercício de abstração propiciado com o tratamento de conhecimentos científicos.

Pelo que foi aqui analisado sobre o cotidiano da escola, percebe-se que ela tem tido limites para cumprir essa função da Geografia. E é claro que os problemas não podem ser analisados somente no interior dessa matéria de ensino. Os problemas são detectados na estrutura da escola como um todo e estão ligados ao movimento social mais amplo. Mas, dentro dos limites da sala de aula, trabalhando com essa disciplina, é possível fazer mudanças. Nela é possível aguçar mais os sentidos para conhecer melhor os alunos e suas práticas socioespaciais, buscando com isso maior objetividade na escolha de temas e modos de tratamento desses temas no ensino. Nesse aspecto, podem-se destacar os fatores intraescolares que poderiam influenciar na estruturação do cotidiano escolar para potencializar sua oportunidade de contribuir para que os seus agentes ultrapassem o nível individual para o nível humano-genérico da existência humana. Entre os fatores internos que podem provocar mudanças no cotidiano escolar, está a concepção teórico-metodológica do ensino, como fundamento teórico da prática educativa, que será discutida a seguir.

4
PROPOSIÇÕES METODOLÓGICAS PARA A CONSTRUÇÃO DE CONCEITOS GEOGRÁFICOS NO ENSINO ESCOLAR

Apresento, neste tópico, algumas proposições metodológicas para a construção de conceitos geográficos no ensino com base nas análises feitas. Inicialmente, faço uma síntese da concepção de processo de ensino/aprendizagem escolar que perpassou a proposta e o desenvolvimento desta pesquisa, na qual reafirmarei a potencialidade do socioconstrutivismo para o desenvolvimento intelectual dos alunos na escola. Essa concepção e a problemática específica desta pesquisa – o processo de construção de conceitos – levam a que se selecionem alguns pontos do pensamento de Vygotsky como referência teórica para uma prática pedagógica. Finalmente, indico algumas ações didáticas, com base nessa referência, que podem orientar particularmente o processo de construção de conceitos geográficos no ensino, tomando como orientação geral a necessidade de confrontar os dois tipos de conhecimentos do aluno, o cotidiano e o científico.

O processo de ensino-aprendizagem numa concepção socioconstrutivista

Da perspectiva da Didática Crítico-Social, o ensino escolar é o processo de conhecimento do aluno mediado pelo professor. Ensinar é uma intervenção intencional nos processos intelectuais e afetivos do aluno buscando sua relação consciente e ativa com os objetos de conhecimento. O objetivo maior do ensino, portanto, é a construção do conhecimento mediante o processo de aprendizagem do aluno. A intervenção intencional própria do ato docente diz respeito à articulação de determinados objetivos, conteúdos e métodos que levem em conta as condições concretas em que ocorre o ensino e seus diferentes momentos, planejamento, realização e avaliação. Em outros termos, a tarefa de intervenção no ensino escolar é basicamente do professor e consiste em dirigir, orientar, no planejamento, na realização das aulas e das atividades extraescolares e na avaliação, o processo de conhecimento do aluno com base em determinados propósitos, em conteúdos específicos e em modos adequados para conseguir os propósitos definidos.

Nesse entendimento, ensino implica uma direção, mas, como adverte Libâneo:

> A direção tem a contrapartida, que é a interação com as intenções e sentidos apontados pelos alunos. (...) trata-se de uma relação bilateral, uma relação de trocas de significados, uma relação dialógica, envolvendo intersubjetividade, afetividade, empatia e, ao mesmo tempo, oposição, confronto de idéias. É isso que caracteriza, também, o confronto entre a experiência sociocultural do aluno e o saber sistematizado. (1995, p. 5)

Não se trata, então, nem de simplesmente o professor transmitir conhecimentos para os alunos, nem de apenas mobilizá-los e atender a suas necessidades imediatas. Ou seja, nesse processo nem é passivo o aluno, nem o professor. O aluno é ativo porque ele é o sujeito do processo e, por isso, sua atividade mental ou física é fundamental para a relação ativa com os objetos de conhecimento; o professor é ativo porque é ele quem faz a mediação do aluno com aqueles objetos. Portanto, ambos atuam, ou devem atuar, conjuntamente ante os objetos de conhecimento.

Uma outra característica importante dessa concepção é o entendimento de que os objetos de conhecimento trabalhados na escola – o saber escolar – são resultado da cultura elaborada cientificamente pela humanidade e considerados relevantes na formação dos alunos. Mais uma vez, não se trata de ter como referência esses objetos como inquestionáveis, fechados e imutáveis; ao contrário, o saber "elaborado" deve ser *objeto de conhecimento*, e só pode sê-lo numa relação de interação com o sujeito do conhecimento, ou seja, se for questionado, confrontado com outros entendimentos, inclusive com o entendimento do próprio sujeito.

Em síntese, no processo de ensino/aprendizagem há uma relação de interação entre sujeito (aluno em atividade) e objetos de conhecimento (saber elaborado) sob a direção do professor, que conduz a atividade do sujeito ante o objeto, para que este possa construir seu conhecimento. Na base dessa proposta, está uma visão interacionista e construtivista da relação sujeito e objeto de conhecimento. Segundo Libâneo, essa visão leva a uma atitude socioconstrutivista no ensino:

> É *sócio* porque compreende a situação de ensino-aprendizagem como uma atividade conjunta, compartilhada, do professor e dos alunos, como uma relação social entre professor e alunos ante o saber escolar. É *construtivista* porque o aluno constrói, elabora, seus conhecimentos, seus métodos de estudo, sua afetividade, com a ajuda da cultura socialmente elaborada, com a ajuda do professor. (1995, p. 6)

O pensamento de Vygotsky traz contribuições importantes para a prática do socioconstrutivismo no ensino escolar. Alguns pontos de seu pensamento foram destacados no início deste estudo por terem sido orientadores da pesquisa de campo sobre representações sociais e conceitos geográficos. O intuito aqui é reforçar alguns aspectos de análise desses pontos e acrescentar outros para extrair suas implicações para uma metodologia de ensino baseada no princípio orientador básico da necessidade de confrontar as representações sociais dos alunos e os conceitos científicos a serem ensinados.

A ênfase em conceitos científicos para estruturação de conteúdos de ensino pode, à primeira vista, dar a ideia de que se estão secundarizando outros tipos de conhecimentos no desenvolvimento intelectual dos indivíduos. No entanto, o que se quer é destacar a sua especificidade no desenvolvimento intelectual.

A construção de conceitos é uma habilidade fundamental para a vida cotidiana, uma vez que possibilita à pessoa organizar a realidade, estabelecer classes de objetos e trocar experiências com o outro. Segundo Coll, os conceitos "nos liberam da escravidão do particular. Se não dispuséssemos de categorias e conceitos, qualquer objeto (...) seria uma realidade nova, diferente e imprevisível" (1994, p. 22).

Para compreender o processo de formação de conceitos, nas crianças e nos adultos, é preciso basear-se em um entendimento do processo de construção e reconstrução de conhecimentos e de seu consequente desenvolvimento intelectual. Na linha psicológica␣sociointeracionista ou socioconstrutivista, as funções mentais superiores do homem (percepção, memória, pensamento) desenvolvem-se na sua relação com o meio sociocultural, relação essa que é mediada por signos. Assim, o pensamento, o desenvolvimento mental, a capacidade de conhecer o mundo e de nele atuar é uma construção social que depende das relações que o homem estabelece com o meio. Nessa relação, o sujeito tem um papel ativo, mas as funções mentais desenvolvem-se na interação do sujeito, em atividade, com o mundo.

Na relação do homem com o mundo ocorrem dois processos a serem destacados aqui em função de suas implicações educacionais: a aprendizagem e o desenvolvimento. A compreensão da relação entre esses dois processos é de fundamental importância na reflexão sobre o ensino escolar. Vygotsky entende que aprendizagem e desenvolvimento estão inter-relacionados desde a infância e que a aprendizagem (escolar ou não) pode adiantar o desenvolvimento. Nesse sentido, destaca o papel da escola e da aprendizagem no desenvolvimento mental. Para explicar as possibilidades de a aprendizagem influenciar o processo de desenvolvimento mental, Vygotsky formula o conceito de "Zona de Desenvolvimento Proximal", assim definida:

> (...) a distância entre o nível de desenvolvimento real, que se costuma determinar através da solução independente de problemas, e o nível de desenvolvimento potencial, determinado através da solução de problemas sob a orientação de um adulto ou em colaboração com companheiros mais capazes. (1984, p. 97)

Esse conceito, por suas implicações operacionais, tem sido bastante destacado nas análises e propostas sobre ensino escolar. De fato, a possibilidade de formar uma "zona" entre si e seus alunos, com o intuito de trabalhar com funções e processos ainda não amadurecidos neles, mune o professor de um instrumento significativo na melhoria da qualidade de suas aulas, no tocante ao desenvolvimento intelectual dos alunos e, em consequência, propicia condições melhores de aprendizagem efetiva.

A relação entre desenvolvimento e aprendizagem e o caráter mediador da relação do homem com o mundo chama a atenção de quem lida com o ensino sobre a qualidade dos instrumentos mediadores (simbólicos, no caso) apresentados aos alunos em situação de ensino-aprendizagem. Ou seja, as possibilidades do desenvolvimento do pensamento, pela escola, dependem em boa parte da qualidade dos instrumentos mediadores, destacando-se entre eles a linguagem. Para Vygotsky, conforme aponta Rego, o surgimento da linguagem imprime três mudanças essenciais nos processos psíquicos do homem:

> A primeira relaciona-se ao fato de que a linguagem permite lidar com os objetos do mundo exterior mesmo quando eles estão ausentes (...) A segunda refere-se ao processo de abstração e generalização que a linguagem possibilita (...) a lingua-

gem não somente designa os elementos presentes na realidade mas também fornece conceitos e modos de ordenar o real em categorias conceituais (...). A terceira está associada à função de comunicação entre os homens que garante, como conseqüência, a preservação, transmissão e assimilação de informações e experiências acumuladas pela humanidade ao longo da história. (1994, pp. 53-54)

Conforme foi assinalado, na sua relação cognitiva com o mundo, o homem exerce uma atividade mediada por instrumentos e signos; com estes, então, o homem "opera" materialmente e racionalmente o mundo. Nessa operação, Vygotsky (1984) destaca o processo de internalização como uma reconstrução interna, intersubjetiva, de uma operação externa com objetos em interação. A internalização consiste nas seguintes transformações: de uma atividade externa para uma atividade interna e de um processo interpessoal para um processo intrapessoal. Essas transformações são fundamentais para o processo de desenvolvimento de funções psicológicas superiores e interessa particularmente ao contexto escolar, porque ele lida com formas culturais que precisam ser internalizadas.

Desse raciocínio extrai-se uma concepção de formação da consciência que pode embasar uma orientação da prática escolar. Na história da Psicologia tem prevalecido a ideia de que a consciência se forma principalmente no âmbito do individual, para depois adquirir caráter social. Assim, a consciência primeira seria a de se perceber a existência do eu. Piaget (segundo Wallon 1975) parece fazer parte dessa compreensão, pois analisa a evolução da criança em termos de sua sociabilidade crescente. Primeiramente ela teria uma consciência autista, indiferente portanto ao mundo exterior; depois "evoluiria" para o egocentrismo, quando ela percebe o mundo, mas este entendido como estando à sua volta, ela, a criança, é, nesse estágio, o centro do mundo; finalmente, sua consciência passa a ser social.

Em relação à formação da consciência, é fundamental a contribuição da psicologia sócio-histórica, particularmente as formações de Wallon, já que estabelece uma espécie de divisor de águas entre as diferentes posições interacionistas. Wallon não concorda, em absoluto, com a ideia de que a consciência individual seja um fato primitivo. Ao contrário, considera ele:

> A consciência não é a célula individual que deve um dia abrir-se sobre o corpo social, é o resultado da pressão exercida pelas exigências da vida em sociedade sobre as pulsões dum instituto ilimitado que é o mesmo do indivíduo representante e joguete da espécie. Este "eu" não é então uma entidade primária, é a individualização progressiva duma libido primeiramente anônima à qual as circunstâncias e o desenrolar da vida impõem que se especifique e que entre nos quadros duma existência e duma consciência pessoais. (Wallon 1975, p. 152)

A individuação resultante desse processo de formação da consciência é, assim, um esforço, um "larvar de um *sócius*". Wallon, seguindo esse raciocínio, afirma que o indivíduo, se se compreende como tal, é essencialmente social: "É-o não em conseqüência de contingências exteriores, mas em conseqüência de uma necessidade íntima. É-o geneticamente". E, mais adiante: "O *sócius* ou o *outro* é um parceiro perpétuo do eu na vida psíquica" (1975, p. 159).

Entretanto, a ideia de que a formação de consciência e o desenvolvimento intelectual se dão de fora para dentro (do interpessoal para o intrapessoal), num processo de internalização, não pode implicar um entendimento de passividade do sujeito do conhecimento. Segundo Castorina (1995), os textos de Vygotsky e de seus discípulos parecem mostrar que na internalização há um processo de transformação, de modificação da compreensão individual, há "uma reorganização individual em oposição a uma transmissão automática dos instrumentos fornecidos pela cultura" (1995, p. 30). A internalização pode ser entendida, pois, como uma atividade mental responsável pelo domínio (que significa uma reconstrução, uma transformação) dos instrumentos de mediação do homem com o mundo. Considero que a internalização é um processo ao mesmo tempo "de fora para dentro" e de "dentro para fora", resultado que é do confronto das representações do sujeito e do conhecimento elaborado.

Essas considerações têm importantes implicações metodológicas para o ensino. O entendimento de que a consciência se forma no movimento do social para o individual, e de que a aprendizagem pode interferir no desenvolvimento, traz indicações para o ensino, considerando que, na idade escolar, a escola e o saber por ela ensinado são importantes dimensões do social para o aluno (sujeito do conhecimento). O professor e os colegas são referências do outro, do social, assim como o é a cultura socialmente elaborada;[1] ambos importantes para a construção do conhecimento de cada indivíduo. Nessa mesma linha de raciocínio, Oliveira (1995) destacou aspectos semelhantes do pensamento de Vygotsky com implicações importantes para o ensino: o desenvolvimento psicológico deve ser olhado de maneira prospectiva, isto é, para além do momento atual; os processos de aprendizagem movimentam os processos de desenvolvimento; a importância da atuação dos outros membros do grupo social na mediação entre a cultura e o indivíduo e na promoção dos processos interpsicológicos que serão posteriormente internalizados.

---

1. Oliveira (1995) chama a atenção de que na concepção de ensino-aprendizagem de Vygotsky o outro não significa necessariamente a presença física do educador, a "presença do outro pode se manifestar por meio dos objetos, da organização do ambiente, dos significados que impregnam os elementos do mundo cultural que rodeia o indivíduo. Dessa forma, a idéia de 'alguém que ensina' pode estar concretizada em objetos (...) e na própria linguagem" (p. 57).

Há que acentuar, pois, por um lado, o caráter de construção subjetiva do conhecimento, por isso se destacou a internalização como atividade de transformação que ocorre no sujeito; por outro, o papel da interação social e dos instrumentos de mediação cultural para o desenvolvimento de funções psicológicas superiores ou tipicamente humanas, como a memória, a atenção, a percepção e o pensamento; por essa razão se destacou a relação aprendizagem/desenvolvimento. Essa discussão, importante na visão interacionista da atividade educativa, tanto na linha de Piaget quanto na de Vygotsky, leva Castorina a argumentar:

> Podemos abandonar a tese de que a prática educacional deve ser dirigida para promover a formação de estruturas cognitivas, como condição necessária e *suficiente* para a aquisição dos saberes escolares. É preciso enfatizar os processos formadores das hipóteses e os sistemas conceituais vinculados ao "saber a ser ensinado", sem por isso renunciar ao pensamento lógico como uma condição *necessária* para aquela aquisição. É perfeitamente defensável que a aprendizagem escolar possa ser concebida como um processo de reconstrução, levando em consideração o desenvolvimento intelectual. (Grifos meus) (1995, p. 26)

Na observação do autor está a preocupação de que não se interprete o construtivismo piagetiano como centrado na promoção da construção individual, na crença de que os alunos constroem esse conhecimento apenas pela exploração e pesquisa e na ênfase excludente nos seus processos construtivos espontâneos. Do outro lado, o autor quer reforçar a ideia de que a escola tem suas especificidades, e de que boa parte do saber que ela veicula não pode ser adquirido sem uma intervenção docente. Essa intervenção deve-se dar em busca da internalização, porém o autor reforça o caráter de transformação ativa na compreensão desse conceito dada por Vygotsky.

Essas formulações de Vygotsky e de outros autores, na linha do interacionismo e do socioconstrutivismo (vygotskyanos e piagetianos), são fundamentais para os estudos de Didática e das metodologias de ensino de matérias específicas. No entanto, essa contribuição torna-se mais efetiva quanto maior for a capacidade de indicar princípios, atitudes, procedimentos para a prática de ensino, atingindo, nos momentos de aula, os agentes mais diretos do ato didático que são o professor, o aluno e o saber.

Com essa preocupação, delineio a seguir algumas ações didáticas com fundamentação numa abordagem do socioconstrutivismo com as quais considero compor uma proposta metodológica de ensino de Geografia, particularmente com o objetivo específico de construção de conceitos geográficos que resulte do confronto de representações sociais e conceitos científicos. São ações a serem desencadeadas pelo professor no ato docente, ao exercer seu papel de direção no processo de ensino, mas que implicam a reorganização de determinados componentes do processo (planejamento, recursos e materiais didáticos, procedimentos de ensino, entre outros) que se efetivarão, de fato, somente quando forem ações partilhadas pelos alunos.

Ações didáticas socioconstrutivistas para a construção de conceitos no ensino de Geografia

Em primeiro lugar, é preciso reafirmar que a proposta metodológica aqui trabalhada postula para o processo de ensino/aprendizagem uma atitude socioconstrutivista. Essa atitude é um posicionamento abrangente que precisa ser operacionalizado nos vários momentos do ensino. Para tanto considero importantes os encaminhamentos metodológicos que puderam ser deduzidos da análise dos dados da pesquisa, tanto dos dados que evidenciaram modos adequados de construção de conceitos no ensino numa abordagem socioconstrutivista quanto os que indicaram problemas de aprendizagem. Tais encaminhamentos serão delineados na forma de ações docentes concretas – ações didáticas socioconstrutivistas – para o ensino de Geografia, condizentes com a atitude socioconstrutivista e coerentes com o objetivo de construção de conceitos. Por estarem associadas a uma determinada atitude no ensino, essas ações não podem ser vistas isoladamente; ao contrário, todas elas devem ser realizadas de modo inter-relacionado e interdependente entre si e coerentes com aquela atitude. Elas fazem parte, por assim dizer, de uma atitude global e devem ser tomadas no ensino no momento que se julgar adequado, dependendo dos propósitos e das condições concretas de sua realização.

Embora essas atitudes sejam tratadas aqui obedecendo a uma certa ordem didática, seguindo o princípio de que a construção do conhecimento se inicia no plano sensorial e só depois atinge o plano racional, não se deve separá-las de forma rígida e mecânica em momentos específicos do trabalho em sala de aula. Em qualquer momento do ensino, várias ações podem "entrar em vigor" ao mesmo tempo, sem que nenhuma tenha de ser necessariamente antecedida por outra. O que se quer reforçar aqui é que as indicações metodológicas que podem ser feitas, no âmbito de uma pesquisa teórica como esta, não podem ultrapassar o limite real de *indicações*. Ou seja: a atitude é do professor; é ele, em interação com os alunos, quem desencadeia a ação e quem tem a chance de verificar, na dinâmica do processo, sua adequação e eficiência em função dos seus propósitos. Dentre essas ações didáticas, algumas serão pontuadas a seguir:

Propiciar atividade mental e física dos alunos

Uma concepção socioconstrutivista entende o processo de conhecimento que ocorre no ensino como uma construção que envolve o aluno (sujeito) e o saber escolar (objeto), na qual ambos são ativos e estão em interação. Sendo assim, uma ação didática importante a ser desencadeada no ensino com vistas à construção de conceitos são as atividades dos alunos. Não se trata apenas de propiciar oportunidades para que os alunos fiquem em atividade física durante as aulas. Essas atividades externas são importantes, principalmente para os alunos mais jovens, mas sua importância é maior pela possibilidade de se transformarem, pela internalização e pela linguagem, em atividades internas, intelectuais, de pensamento. O que o ensino promove é a atividade como forma de interação do homem (aluno) com o mundo dos objetos (saber escolar), que provoca o desenvolvimento intelectual. Trata-se, assim, de buscar no ensino atividades que propiciem o desenvolvimento de instrumentais cognitivos nos alunos. Conforme Goulart (1993), os instrumentais cognitivos particularmente importantes para a aprendizagem de Geografia são: observação, localização, relação, compreensão, descrição, expressão e representação.

De acordo com Leontiev (1988), um dos seguidores de Vygotsky que desenvolveu o conceito de atividade, os processos psíquicos manifestam-se na atividade humana e dela dependem para se desenvolver:

> O que determina diretamente o desenvolvimento da psique de uma criança é sua própria vida e o desenvolvimento dos processos reais dessa vida – em outras palavras: o densenvolvimento da atividade da criança, quer a atividade aparente, quer a atividade interna. (1988, p. 63)

Na sua formulação, o conceito de atividade ganha uma amplitude de unidade de todo o processo de formação da consciência, considerando a atividade psíquica como uma forma particular de atividade. Para compreender os processos da atividade, Leontiev chama a atenção para o fato de que existem tipos de atividade que são principais em um certo estágio do desenvolvimento do sujeito (dependendo das condições sociais), como o brinquedo, a educação e o trabalho, e que têm um papel de destaque nas mudanças dos processos psíquicos. Para se caracterizar um ato como atividade é necessário que a ação, ou várias delas, esteja dirigida a um objetivo e que tenha um motivo que mobilize o sujeito. Nem sempre, porém, é esse motivo que desencadeia diretamente a ação, mas sim o resultado dessa ação e, nesse caso, tal ação não é uma atividade. Leontiev distingue, assim, ação de atividade e, adiante, ação de operação (que são as ações efetivamente realizadas com uma determinada modalidade com base em condições reais dadas), para explicar o desenvolvimento da atividade e a passagem de uma atividade principal para outra. No caso específico aqui tratado, essas distinções são importantes para demarcar a presença de determinadas atividades principais na mobilização da psique, em determinados momentos da vida do sujeito, principalmente a passagem do brinquedo para a educação formal como atividade principal no desenvolvimento psíquico do aluno.

No ensino, a atividade principal é a aprendizagem, cujo alvo é a construção do conhecimento. Nesse sentido, deve ser considerada atividade, no ensino, toda ação que se desencadear com vistas à construção do conhecimento, à aprendizagem, embora outras ações devam ser realizadas visando apenas indiretamente a esse alvo. Para uma boa condução do processo de aprendizagem, é necessário que o professor não perca de vista a relação existente, se imediata e direta ou não, entre as ações e operações nele realizadas e o alvo principal da atividade. Para refletir sobre proposições metodológicas com vistas à construção de conceitos no ensino de Geografia, podem ser destacadas algumas ações e operações (mentais e físicas) necessárias para compor as atividades dos alunos.

Em primeiro lugar, pode-se considerar como atividade principal da criança pré-escolar o brinquedo, a ludicidade (conforme Leontiev). No entanto, na fase escolar, no ensino fundamental, ocorre uma transição de atividades, o que leva à manutenção da importância do brinquedo no desenvolvimento dos processos psíquicos dos alunos. As dramatizações, os jogos e todo tipo de simulação como importantes ações a serem realizadas no ensino. Nas situações criadas na pesquisa com os alunos, ficou demonstrada a mobilização destes em uma simulação. Por exemplo, a hipótese de se encontrar um desconhecido nas ruas do centro da cidade e ter de ajudá-lo a achar um endereço revelou-se difícil para os alunos. Mas isso não importaria se o alvo fosse a conscientização da necessidade de saber se orientar, afinal essa conscientização poderia ser trabalhada com base na mobilização dos alunos conseguida naquela atividade.

Outra atividade importante e particularmente necessária na aprendizagem de Geografia é a da observação. Ligada a funções psíquicas de um plano mais sensorial, a observação é fundamental para produzir motivações, com base na problematização do real observado e, consequentemente, possibilitar a construção do conhecimento. A observação de seres ou objetos encontrados pelos alunos deve ser guiada pelas suas curiosidades e necessidades e conduzida para problematizar o objeto (ou o ser) observado. Na Geografia, a paisagem, como dimensão aparente da realidade, constitui um objeto inicial da observação. A paisagem problematizada, por meio de uma observação direta do lugar de vivência do aluno ou de uma observação indireta de uma paisagem representada, pode fornecer elementos importantes para a construção do conhecimento referente à espacialidade nela materializada. E pode-se apostar na capacidade de observação dos alunos em idade escolar, a julgar por suas falas na entrevista ou nos exercícios de grupo, na interpretação de figuras que observavam. Das entrevistas, destaca-se um trecho exemplar dessa capacidade dos alunos, que dá uma indicação da possibilidade de explorá-la no ensino:

> (P- Como você ensinaria alguém a chegar em seu bairro a pé?)
> A1- Eu ensinaria assim: pra ela ir direto, passava pela avenida Goiás, da avenida Goiás ela passava pelo setor Pedro Ludovico, lá ela ia andar pelo setor Pedro Ludovico todo, lá ela ia ver o Terminal Isidoro (terminal de ônibus). Aí depois do Terminal Isidoro, ela passava perto do Economia (supermercado), descia, e de lá do Economia ela passava perto de uma mata, ia em frente. Mais pra frente, ia, ia, seguia e depois ela via um túnel, aquele negócio lá, passava por baixo. Aí, ia em frente, passava perto do Eletrocasa (loja de eletrodomésticos), do Eletrocasa ela passava pelo queijinho (cruzamento com rotatória), aquele negócio assim, e ia direto, descia, descia, descia, aí depois chegando perto do Parque das Laranjeiras (bairro de Goiânia) ela via uma igreja batista, depois ela seguia mais em frente, ela achava.

Essa riqueza de detalhes mostra que a aluna é bastante observadora de seu espaço vivido. Sua capacidade de observação poderia ser potencializada se exercitada na escola, onde é possível desenvolver algumas habilidades de orientação, de representação, de expressão que tornariam suas descrições mais científicas, tornando-se básicas para análises mais complexas desse espaço vivido. Com efeito, a habilidade de orientação geográfica, por exemplo, requer um trabalho mais sistemático da escola, pois, pelo que essa aluna demonstrou na continuação do diálogo, essa habilidade não tem sido desenvolvida satisfatoriamente:

> P- Em que direção você acha que fica seu bairro do centro de Goiânia?
> A1- Como assim...? Os lados?
> P- Norte, sul, leste, oeste...
> A1- Acho que no leste-oeste.

A observação é seletiva; a "seleção" do que é observado depende dos instrumentos mediadores do sujeito para operar intelectualmente com a realidade, ou seja, depende dos conceitos formados. Em razão disso, é importante nessa atividade confrontar os significados (cotidianos e científicos) dados ao objeto observado. Juntamente com isso, a Geografia escolar, por propiciar o exercício de observação do espaço vivido e percebido, pode contribuir para uma apreensão ética e estética da realidade, aguçar a sensibilidade dos alunos em relação à realidade observada, desenvolver o hábito de atribuir valor ao que observam, quebrando assim uma atitude de indiferença própria do indivíduo em sociedades em que predominam práticas cotidianas alienantes.

Associadas à ação de observar estão as de investigar, de experimentar, de inventar. É preciso, porém, atentar para os limites da construção do conhecimento pelo aluno, como observa Not:

> Os métodos que tendem a fazer do conhecimento o produto de uma invenção ou de uma descoberta obtida pelo aluno possuem o mérito de centrar a construção do saber sobre uma atividade do sujeito que aprende, sustentada por uma dinâmica interna. Cometem, entretanto, o erro de admitir que as necessidades do aluno podem orientar a construção do saber que lhe é indispensável; por outro lado, tendem a engajá-lo em uma impossível reconstrução de saberes que necessitaram milênios de esforços coletivos (...) O problema consiste então em reunir em uma mesma fórmula o conjunto de informações (...) ordenadas para a construção do saber, e ao mesmo tempo a elaboração, pelo aluno, dessas informações em conhecimentos, sem descuidar não da inculcação, mas de uma memorização eficaz. (1993, p. 29)

As ações e operações referentes à descoberta e à elaboração direta e espontânea dos alunos devem estar, nessa visão, compondo um conjunto maior cujo alvo é a construção do conhecimento via internalização, reelaboração, da cultura elaborada. Isso significa considerar outras ações ou operações igualmente importantes como: sistematizar as observações, tratar as informações obtidas, analisar e sintetizar conhecimentos já elaborados, memorizar fatos, comunicar conhecimentos, expressar verbal e graficamente os dados observados, entre outros. Todas essas atividades são importantes e adequadas para a construção dos conceitos em Geografia.

Considerar a vivência dos alunos como dimensão do conhecimento

Entre as ações docentes centradas na construção de conceitos pelos alunos, encontra-se a de se considerar a vivência como parâmetro do processo de conhecimento. É do confronto dessa dimensão do vivido com o concebido socialmente – os conceitos científicos – que se tem a possibilidade da reelaboração e maior compreensão do vivido, pela internalização consciente do concebido. Levar em conta o mundo vivido dos alunos implica apreender seus conhecimentos prévios e sua experiência em relação ao assunto estudado, o que pode vir junto com outras ações, como, por exemplo, as atividades de observação. A "qualidade" da observação depende das experiências já vivenciadas pelos alunos em relação ao objeto observado, o que implica, também, ter como fonte de conhecimento geográfico o espaço vivido, ou a geografia vivenciada cotidianamente na prática social dos alunos.

É preciso, então, que o professor aguce bastante a sensibilidade para captar os significados que os alunos dão aos conceitos científicos que são trabalhados no ensino. Isso significa a afirmação e a negação dos dois níveis de conhecimento (o cotidiano e o científico) na construção do conhecimento, tendo, contudo, como referência imediata, durante todo o processo, o saber cotidiano do aluno. Na verdade, o raciocínio geográfico só é construído pelos alunos se for, o tempo todo, um processo do aluno, que dele parta e nele se desenvolva. Evidentemente, essas formulações não desconsideram o importante papel do conhecimento científico e do professor na mediação do aluno com o objeto a conhecer, apenas buscam enfatizar o aluno como sujeito ativo no conhecimento.

A vivência entra no universo das representações das pessoas, tornando-se uma dimensão do conhecimento. De fato, a pesquisa evidenciou que a reflexão sobre as representações dos alunos constitui um caminho para o conhecimento da sua vivência e para a orientação do processo de conhecimento no ensino. Mas considerar a vivência no ensino como parâmetro para a construção de conhecimento exige alguns cuidados, conforme alerta Penin:

> Seja o acesso ao saber elaborado, seja a vivência de uma prática, ambos se transformarão em conhecimento apenas se passarem de forma coordenada e dialética pelo crivo do pensamento reflexivo. Acesso ao saber elaborado sem reflexão a partir da prática torna-se mero discurso; prática sem reflexão que toma por referência conhecimentos válidos apresenta-se como alienada ou mimética. (1993, p. 9)

A relação entre prática e reflexão remete a um aspecto importante que pode ser destacado nessa ação, embora esteja presente nas demais aqui pontuadas, que é a questão da formação de valores e atitudes no ensino. A consideração da vivência no ensino, na verdade, não se deve restringir ao início do processo, de nada serve o conhecimento propiciado pelo ensino se não tiver resultados na vivência prática. E é nesse ponto que se deve destacar a ligação da aprendizagem dos conceitos e da formação de atitudes, de valores e de convicções para a vida cotidiana. No caso específico do ensino de Geografia que, como já foi demonstrado, lida com conhecimentos bastante ligados ao mundo vivido, os conceitos trabalhados são bastante importantes na formação de valores e atitudes para a vida prática, como os que foram utilizados nesta pesquisa.

A construção dos conceitos de *natureza* e de *sociedade*, por exemplo, deve ter como referência inicial a prática vivida pelo aluno e os significados por ele atribuídos cotidianamente aos conceitos. Porém estudá-los, confrontá-los com as concepções científicas produzidas, deve levar a reformular seus significados e sentidos para produzir uma nova vivência. Ou seja: a aprendizagem dos conceitos de *sociedade* e de *natureza*, das relações entre eles, deve resultar, entre outras coisas, em atitudes e convicções dos alunos ante a questão ambiental, diferentes das do início do processo.

Da mesma forma, o conceito de *lugar* deve ser construído pelo aluno com base em valores e atitudes tomados na vivência cotidiana no seu bairro e deve resultar em reavaliações de uma ética ambiental. Uma das formas de expressão dessa vivência são os mapas mentais. Nogueira (1994) fez um estudo sobre mapa mental como recurso didático no ensino de Geografia entendendo que tal mapa são imagens espaciais construídas pelas pessoas (com as peculiaridades próprias a cada faixa etária e condições sociais) com apoio em suas percepções do espaço vivido, iniciando-se pela simbolização de pontos de referência. Para ela, esses mapas são:

> (...) resultados de percepção de um mundo simbólico, que são portanto representados simbolicamente (...) são instrumentos simbólicos do real, não de um mundo imaginário, mas de um mundo concreto, que parte da realidade vivida por cada cidadão ou grupo de cidadãos. (1994, p. 78)

O trabalho com os mapas mentais construídos pelos alunos, na escola, tem por finalidade conhecer o nível de sua consciência espacial, ou seja, entender como os alunos percebem o lugar em que vivem. Esse trabalho pode ter, também, por fim introduzir elementos de cartografia, como a noção da legenda e das convenções cartográficas, o conceito e o estabelecimento de escala, a semiologia gráfica, a orientação pelos pontos cardeais (Nogueira 1994).

O mapa é uma forma de expressão muito característica do discurso geográfico, é uma linguagem peculiar dessa ciência e precisa ser aprendida pelos alunos. Nessa linha, Almeida e Passini ressaltam a importância de se desenvolver nos alunos a habilidade de leitura de mapas:

> Ler mapas (...) significa dominar esse sistema semiótico, essa linguagem cartográfica. E preparar o aluno para essa leitura deve passar por preocupações metodológicas tão sérias quanto as de se ensinar a ler e escrever, contar e fazer cálculos matemáticos. (1989, p. 14)

Um sugestivo encaminhamento metodológico para o trabalho de construção e leitura de mapas pode ser o de se iniciar pela construção dos mapas mentais pelos alunos, passando pela análise conjunta (professores e alunos) dos elementos da representação de lugar neles simbolizados, para avançar na construção de mapas tanto no conteúdo quanto na forma da representação, o que envolve seguramente o trabalho com as habilidades de orientação (caso especificamente tratado na pesquisa com os alunos).

Outro aspecto destacado nessa ação é o de se considerar os valores já formados previamente pelos alunos e os que se quer formar com o ensino de Geografia. É importante que esses valores sejam confrontados e discutidos nas atividades de ensino. A análise dos alunos sobre a relação sociedade/natureza, por exemplo, como ficou evidenciado pela pesquisa, revela valores[2] já incorporados por eles e que devem ser considerados no estudo dessa temática. Os alunos valorizam a beleza e a riqueza da natureza, reconhecem seu valor para o homem e a respeitam, enfim, como eles próprios dizem: "estão de bem com a natureza". Porém esses valores e as informações que possuem a respeito das históricas relações entre a sociedade e a natureza, além dos significados que dão a esses conceitos, demonstraram ser insuficientes para uma análise mais realista dessa questão. Essa análise poderia ultrapassar a visão maniqueísta e romântica (como nas concepções de que a natureza é boa e a sociedade má; de que a natureza deve permanecer intocada) daquela relação ao identificar seus agentes determinantes e as ações sociais possíveis em relação à natureza. Uma das ações no ensino que podem tornar possível uma análise mais consistente da relação sociedade/natureza é a de formar valores nos alunos, refletindo sobre os valores já trazidos por eles e os que se deseja formar ou ajudar a formar pelo ensino de Geografia.

Estabelecer situações de interação e cooperação entre os alunos

A fertilidade das ações didáticas que estabelecem situações de interação e cooperação entre alunos ficou demonstrada nas atividades de grupo dos alunos entrevistados. Naquelas atividades pôde-se constatar bastante envolvimento dos componentes do grupo, fazendo que as polêmicas instaladas e a troca de ideias, informações e elementos observados no objeto de conhecimento se tornassem mais importantes que o fato de os resultados dos exercícios estarem corretos ou não. No caso dos exercícios de pontos de orientação, por exemplo, verificou-se que, embora na maior parte das vezes os alunos tivessem apontado a direção errada, o raciocínio estava bem encaminhado, um aluno checava informações dadas por um outro, um aluno lembrava o outro de dados e informações que já

---

2. É importante entender que os valores éticos e estéticos não são criações individuais livres do peso das relações sociais. Ao contrário, eles são construídos socialmente. Assim, os alunos ao longo de sua formação na família e na escola vão *aprendendo* a valorizar ou desvalorizar determinados aspectos da vida de acordo com aqueles valores estabelecidos e divulgados como adequados em seu grupo social.

tinham aprendido, como a referência do sol para os pontos cardeais. A análise dos vários momentos das atividades de grupo permite comprovar a fertilidade dessa ação didática para a socioconstrução do conhecimento, como o exemplo a seguir:

> A1- Aqui era uma floresta e o povo desmontou e plantou bananeira, aí depois desmatou tudo e montou a cidade no lugar disso aqui.
> A2- A floresta foi destruída para ser construída a cidade.
> A3- Primeiro foi a floresta, depois os rios foram acabando e... plantaram bananeira, aí surgiram menos florestas e surgiram voçorocas.
> A4- Surgiram menos árvores e a cidade... poluída.
> A3- (...) Poluição também, aí acabam os rios, ficam mais poluídos... acho que nem mais rio tem.

No primeiro exemplo é possível perceber a cooperação entre os alunos, elencando elementos que estavam sendo observados *pelo grupo*. É interessante notar como as menções de um desencadeiam um raciocínio no outro, como no momento em que a palavra "... poluída" emitida por um gerou uma série de observações do outro: "poluição também, aí acabam os rios...".

A prática da cooperação está bastante coerente com as interpretações de Vygotsky sobre o desenvolvimento intelectual. Segundo esse teórico, uma criança é capaz de fazer mais com o auxílio de uma outra pessoa do que faria sozinha. Sendo assim, as atividades de aprendizagem programadas pelo professor não devem requerer apenas as capacidades e habilidades presentes do aluno, mas devem pautar-se pelas possibilidades futuras, potencializadas com o trabalho de cooperação. Conforme afirma:

> O que a criança é capaz de fazer hoje em cooperação será capaz de fazer sozinha amanhã. Portanto, o único tipo positivo de aprendizado é aquele que caminha à frente do desenvolvimento, servindo-lhe de guia; deve voltar-se tanto para as funções já maduras, mas principalmente para as funções em amadurecimento. (1993, p. 89)

As atividades de cooperação e de intercâmbio entre os alunos são importantes para o processo de socialização, para o desenvolvimento de habilidades, para promover o debate entre conhecimentos e visões diferentes sobre o mesmo objeto, para a relativização do ponto de vista de cada um, para se estabelecer um "conflito sociocognitivo" (Coll 1994). Tudo isso, seguramente, promove a explicitação e a conscientização das representações já formadas por alunos e acelera a construção do conhecimento e o desenvolvimento de um pensamento mais crítico e autônomo. Mas sua eficiência para a construção do conhecimento do aluno é maior quando existe a possibilidade de estabelecer o confronto de conceitos e de opiniões, de explicitar esses confrontos e de buscar o consenso e a formação de convicções; em outras palavras, quando é possível avançar no processo de autorreflexão e controle das operações mentais do aluno. Essa possibilidade depende, em boa parte, da intervenção do professor e do diálogo por ele conduzido, o que se dá pela mediação da linguagem, conforme será destacado adiante.

Na concepção de Vygotsky, a cooperação entre sujeitos no processo de conhecimento possibilita a aprendizagem, o que, por sua vez, pela via da internalização, promove o desenvolvimento das funções intelectuais superiores. Conforme afirma:

> Todas as funções psicointelectuais superiores aparecem duas vezes no decurso do desenvolvimento da criança: a primeira vez, nas atividades coletivas, nas atividades sociais, ou seja, como funções interpsíquicas; a segunda, nas atividades individuais, como propriedades internas do pensamento da criança, ou seja, como funções intrapsíquicas. (1988, p. 114)

Certamente, não basta propor uma atividade de grupo, por exemplo, para que essa ação docente esteja garantida, é preciso que tais atividades, ou qualquer outra em que haja possibilidade para o intercâmbio de alunos, sejam acompanhadas de perto pelo professor para que se preserve sua potencialidade de exercitar operações intelectuais e de construir conhecimentos. Considerando as dificuldades de se garantir o debate de ideias e de conhecimento no âmbito da sala de aula, é recomendável que o professor tome alguns cuidados ao planejar as atividades, para que sejam mais eficazes aos propósitos de uma ação docente de promover interação e cooperação:

1) os debates e discussões que envolvam todos os alunos da classe devem ser promovidos, prioritariamente, nos momentos de levantamento das questões iniciais para a problematização de um tema de estudo ou nos momentos de síntese para a reflexão dos resultados, sendo que em cada momento a organização deve obedecer à sua especificidade;
2) as atividades de grupos diferentes na classe devem ser de pequeno número de participantes em cada um, o que auxilia a organização do trabalho e a divisão das responsabilidades;
3) é importante que o professor faça intervenção para orientar as atividades e garantir o cumprimento da tarefa (sem formalismo excessi-

vo); porém, é preciso que ele esteja atento para não adiantar posições e argumentos que possam arrefecer a discussão;
4) a busca de um consenso no grupo, como meta da atividade, pode ser um bom recurso para garantir o debate e para a explicitação das posições e, inclusive, para a aprendizagem do dissenso bem fundamentado;
5) é importante que haja sempre oportunidade de comunicação para a classe toda da discussão e de seus resultados em cada grupo; o exercício da fala tem a função de desenvolvimento e controle do pensamento.

Contar com a intervenção do professor no processo de aprendizagem dos alunos

Uma atitude socioconstrutivista no ensino coloca ênfase no papel ativo do sujeito (aluno) no seu processo de conhecimento, mas destaca o papel da interação social nesse processo. Nessa interação, há uma importante função a ser desempenhada pelo adulto que, no caso do ensino, é o professor. Portanto, fazem parte dessa atitude socioconstrutivista ações docentes concretas de intervenção nos processos mentais do aluno, visando a sua condução.

Os principais pontos de apoio para se indicar essa ação, na linha de Vygotsky, são o seu entendimento da relação entre os processos de aprendizagem e de desenvolvimento para as funções psicológicas superiores e a distinção do nível de desenvolvimento efetivo e potencial. Para Vygotsky, o bom ensino é aquele que adianta o processo de desenvolvimento, orientando-se não apenas para as funções intelectuais já maduras, mas principalmente para as funções em amadurecimento. Numa proposta de ensino pautada nessa direção, o professor deve criar situações de aprendizagem com os alunos nas quais se possa explorar essa "área" intelectual – Zona de Desenvolvimento Proximal – onde as funções psíquicas estão em amadurecimento.

Os teóricos do ensino na linha socioconstrutivista têm apontado essa formulação da Zona de Desenvolvimento Proximal como um importante indicador metodológico para o ensino, colocando em relevo o papel do professor na aprendizagem do aluno. Porém é preciso assinalar que a intervenção do professor que aqui está sendo defendida se distingue do tipo de intervenção defendida numa concepção tradicional de ensino. Enquanto a intervenção no "ensino tradicional" é para transmitir saberes a alunos passivos, a intervenção "socioconstrutivista" é orientada pelo pressuposto, aparentemente contraditório, da construção ativa do aluno, o que implica intervir para deixar o outro construir, intervir para que o outro tenha consciência de sua construção, intervir para que a cooperação ocorra. Na formulação de Coll (1994), com base em Vygotsky, a proposta de intervenção no construtivismo consiste em ajustar a ajuda educacional (ou ajuda pedagógica) ao processo de construção de conhecimento pelos alunos, ou seja, ajustar a intervenção à atividade mental construtiva do aluno.

Nos momentos de interação com os alunos da pesquisa, a necessidade e a fecundidade de uma intervenção ficaram demonstradas. Por exemplo, nas atividades de grupo foi possível acompanhar de perto a cooperação entre seus membros. Minha posição de pesquisadora era a de coordenar o debate, mas de não intervir além disso. Os dados mostram que a cooperação entre os alunos foi produtiva e impulsionada pela não intervenção da pesquisadora quanto à qualidade das respostas e pela recomendação de que em cada atividade proposta os alunos chegassem a um acordo. Mas, para a construção do conhecimento ficou clara a necessidade de uma atuação mais efetiva do adulto, do professor ali presente – a pesquisadora. O professor numa situação real de ensino semelhante àquela deveria demonstrar a necessidade de que cada um construísse seu conhecimento, incitar mais o debate desestabilizando as certezas prévias dos alunos e questionando conhecimentos anteriores, apresentar informações e conceitos considerados válidos sobre o objeto da discussão, legitimar a possibilidade e a necessidade de, em determinados casos, manterem-se pontos de vista diferentes, demonstrar a fundamentação das explicações mais corretas e, finalmente, opinar sobre os resultados atingidos, orientando para a descoberta de possíveis erros.

Ressaltando o que seria a intervenção do professor numa linha socioconstrutivista, Lerner define o que é ensinar:

> É colocar problemas a partir dos quais seja possível reelaborar os conteúdos escolares e também é fornecer toda a informação necessária para as crianças poderem avançar na reconstrução desses conteúdos. Ensinar é promover a discussão sobre os problemas colocados, é oferecer a oportunidade de coordenar diferentes pontos de vista, é orientar para a resolução cooperativa das situações problemáticas. Ensinar é incentivar a formulação de conceitualizações necessárias para o progresso no domínio do objeto de conhecimento, é propiciar redefinições sucessivas até atingir um conhecimento próximo ao saber socialmente estabelecido. Ensinar é – finalmente – fazer com que as crianças coloquem novos problemas que não teriam levantado fora da escola. (1995, p. 120)

Apresentar informações, conceitos e exercitar memorização de dados

Uma das funções da intervenção do professor num ensino de cunho socioconstrutivista é a de fornecer as informações necessárias à construção do conhecimento pelos alunos, sendo que dentre essas informações se destacam os conceitos cientificamente elaborados e considerados socialmente válidos para o presente momento histórico. É preciso então que isso se converta em ações didáticas concretas. Não se trata de o professor apresentar essas informações para que os alunos apenas as reproduzam, de forma passiva, mas de apresentar as informações necessárias para o trabalho de construção, individual ou coletiva, do aluno; de apresentar conceitos científicos para serem confrontados seja com os conhecimentos prévios (representações), seja com o conhecimento dos colegas; de exercitar a memorização de dados – certas informações, certos conceitos – para que seja possível contar com eles como mediadores na construção de conhecimento.

Seguindo o raciocínio de Not (1993), aprender é construir representações e desenvolver comportamentos, sendo que estes procedem de informações do mundo exterior ou de nós mesmos. Entendendo por informação todo dado inteligível, o autor propõe-se a estudar as principais ações que um sujeito exerce sobre as informações para transformá-las em conhecimento. Uma esquematização desse estudo pode servir neste trabalho como indicador de procedimentos no ensino que desencadeie essa ação didática. As ações para transformar as informações em conhecimento estão agrupadas em diferentes etapas:

1) tratar as informações: as ações destacadas são as de perceber e observar; ler os dados, decodificar as significações; avaliar e criticar as informações recebidas ou produzidas e transformá-las e combiná-las;
2) produzir informações: as ações destacadas são as de construir conceitos; descobrir novas informações; redescobrir os conteúdos a aprender; formular as informações;
3) utilizar as informações: as ações são as de reproduzir, transpor um processo, inventar um processo ou uma conduta, escolher um processo apropriado, analisar a situação, escolher o processo que parece apropriado; observar seus efeitos e, eventualmente, modificá-los ou escolher um outro;
4) memorizar as informações: as ações sugeridas são as de memorizar os comportamentos cognitivos; conteúdos nocionais; aprender de cor, superaprendizagem (multiplicar reativações e reempregos das noções ou operações fundamentais).

Entre as informações a serem apresentadas aos alunos, destacam-se as definições dos conceitos científicos consideradas socialmente corretas, por sua importância no processo de conhecimento. Para o conhecimento do mundo, os conceitos são imprescindíveis, já que eles categorizam o real e lhe conformam significados. Pois bem, se o objetivo do ensino é, em última instância, a construção do conhecimento do aluno, ou a construção e reconstrução de conceitualizações sobre o mundo, é importante, com base no pressuposto da socioconstrução, que o aluno seja informado sobre conceitos formulados por outros, principalmente os já consagrados socialmente como corretos, para que, assim, possa confrontá-los com seus conceitos.

Vygotsky, como já se mencionou, faz interessantes considerações sobre as características dos conceitos formados no cotidiano e dos conceitos científicos. Essa diferenciação é importante porque traz indicações metodológicas para a interação entre os dois tipos de conceitos. Pozo (1992) também chama a atenção para a diferença entre conceitos científicos e cotidianos. Segundo esse autor, uma pessoa adquire um conceito quando é capaz de dotar de significado um material ou uma informação que se lhe apresenta (e destaca que essa aquisição é gradual). Para isso é necessário que faça relações com conhecimentos anteriores. Quanto aos conhecimentos prévios, o autor destaca suas características principais: possuem coerência do ponto de vista do aluno, não do ponto de vista científico; são bastante estáveis e resistentes à mudança; têm um caráter implícito, descobrem-se nas atividades ou predições (teorias em ação); são compartilhados por outras pessoas, podendo-se agrupar em tipologias; buscam a utilidade mais que a verdade; são construções pessoais. Ao destacar essas características, o autor quer chamar a atenção sobre a importância de se conhecer as ideias prévias dos alunos e de torná-las conscientes por eles. Além disso, essas características evidenciam o caráter conservador do conhecimento cotidiano, o que leva à necessidade de um trabalho sistemático e constante no ensino, quando se almeja ampliá-lo ou modificá-lo.

Mas, como deve ser encaminhada ao aluno uma informação para que não seja obstaculizada a própria construção de conhecimento, transformando-se em informação inquestionável e assimilável passivamente? Em primeiro lugar, não apresentá-la sem que seja antecedida de uma reflexão anterior sobre o objeto conceituado; apresentar o conceito, no momento adequado, como uma construção social sobre a realidade, e não como a própria realidade, o que significa demonstrar o caráter relativo do conceito; informar aos alunos sobre as eventuais controvérsias existentes em torno do conceito e os avanços conseguidos na compreensão do objeto conceituado; apresentar, sempre que possível, o conceito como parte de um sistema de conceitos.

Em relação a esse último item, é preciso destacar as observações de Vygotsky, para quem a ausência de um sistema é exatamente a diferença psicológica principal entre os conceitos cotidianos e os conceitos científicos. A formação de conceitos, segundo ele, resulta de generalizações em níveis diferentes de conceitos, ou seja, em organizá-los em um sistema, tendo como critério o grau de generalização. Conforme explica:

> Parece-nos óbvio que um conceito possa submeter-se à consciência e ao controle deliberado somente quando começa a fazer parte de um sistema. Se consciência significa generalização, a generalização, por sua vez, significa a formação de um conceito supra-ordenado que inclui o conceito dado como um caso específico. Um conceito supra-ordenado implica a existência de uma série de conceitos subordinados (...) É nossa tese que os rudimentos de sistematização primeiro entram na mente da criança por meio do seu contato com os conceitos científicos, e são depois *transferidos* para os conceitos cotidianos, mudando a sua estrutura psicológica de cima para baixo. (Grifo meu) (1993, p. 80)

Pelos dados da pesquisa, pode-se argumentar a favor da necessidade de se buscar no ensino de Geografia uma estruturação conceitual, embora não se possa tomar essa busca como uma lei a ser cumprida de forma absoluta e sem observar a estruturação feita pelo próprio aluno, pois não se trata de *transferir* para o intrapsíquico o que for propiciado na interação escolar, no interpsíquico. Pelo pensamento de Vygotsky, no seu conjunto, não se pode entender o transferir a que ele se refere na citação anterior como reproduzir; o conceito de internalização e de interação sujeito-objeto no conhecimento evidencia seu entendimento de que o que ocorre, na verdade, quando se toma consciência do conceito científico e de sua estruturação em um sistema, é um confronto de "estruturações", de "generalizações" (dos conceitos cotidianos e dos científicos) e, posteriormente, uma reconstrução da estruturação anterior.

Manter relação dialógica com os alunos e entre os alunos

Um ensino preocupado com a construção de conceitos pelos alunos tem como importante caminho metodológico a manutenção de uma relação dialógica entre os agentes do processo: professor, alunos e matéria de ensino (que devem ser considerados interlocutores). No processo de construção do conhecimento, é fundamental a interação social, a referência do outro, por meio do qual se podem conhecer os diferentes significados dados aos objetos de conhecimento.

No ensino lida-se com o signo linguístico como mediador da interação do sujeito (aluno) com o objeto de conhecimento (saber escolar) e do sujeito com outros sujeitos, razão pela qual a linguagem surge na problemática aqui tratada como um importante ponto de reflexão. Não se trata de aprofundar a reflexão no campo da linguística, mas apenas de dar uma visão geral de alguns aspectos da relação da linguagem com o ensino. Para tanto, ter-se-á como referência principal a contribuição de Vygotsky sobre a estrutura da linguagem, composta por pensamento, fala interior e exterior, significado das palavras e a palavra.

Segundo Vygotsky, o "desenvolvimento do pensamento é determinado pela linguagem, isto é, pelos instrumentos linguísticos do pensamento e pela experiência sociocultural da criança" (1993, p. 44). O autor postula, assim, uma relação entre fala e pensamento, que na criança são dois processos distintos, mas com o desenvolvimento do pensamento esses processos se aproximam, uma vez que as estruturas da fala se tornam estruturas básicas do pensamento, dirigindo os processos de formação da consciência. Esse raciocínio coloca em destaque o papel da linguagem e da palavra na formação dos conceitos. Conforme argumenta Vygotsky:

> A formação de conceitos é o resultado de uma atividade complexa em que todas as funções intelectuais básicas tomam parte. No entanto, o processo não pode ser reduzido à associação, à atenção, à formação de imagens, à inferência ou às tendências determinantes. Todas são indispensáveis, porém insuficientes sem o uso do signo, ou palavra, como o meio pelo qual conduzimos as nossas operações mentais, controlamos o seu curso e as canalizamos em direção à solução do problema que enfrentamos. (1993, p. 50)

Vygotsky (1993) também chama a atenção para o papel da linguagem como sistema mediador na transmissão e comunicação entre as pessoas. De acordo com ele, as formas mais elevadas da comunicação humana são possíveis porque o pensamento reflete uma realidade conceitualizada, porque no desenvolvimento de suas funções superiores o homem desenvolve o pensamento verbal, unindo fala e pensamento. A fala humana é, assim, a expressão da realidade conceitualizada e tem uma função de intercâmbio social e de generalização no pensamento. A fala tem desde a infância essa função primordial de intercâmbio social, mas à medida que a criança se desenvolve, os processos de fala (a egocêntrica e, em seguida, a fala interior) tornam-se mais complexos e adquirem a função também de controle e planejamento do pensamento. Essa compreensão da dinâmica dos processos psíquicos e da função da fala no desenvolvimento do pensamento acentua a importância de estabelecer no ensino uma relação de diálogo entre os agentes do processo com finalidade de intercâmbio e de desenvolvimento do pensamento verbal e de sua contrapartida, que é a fala racional nos alunos. Esse diálogo só é possível quando alunos e professores têm a possibilidade de expressar por palavras os significados dados aos objetos de conhecimento no plano do pensamento. Se a palavra é, como na expressão de Vygotsky, um "microcosmo da consciência humana", por ela, pela palavra, pode-se intervir (os agentes) no desenvolvimento da consciência, objetivo primordial do ensino. Segundo Vygotsky:

> A relação entre o pensamento e a palavra não é uma coisa, mas um processo, um movimento contínuo de vaivém do pensamento para a palavra, e vice-versa (...) O pensamento não é simplesmente expresso em palavras; é por meio delas que ele passa a existir. (1993, p. 108)

O diálogo que pode ocorrer no ensino não se dá de forma direta de pensamento para pensamento, ao contrário, ele só pode ocorrer por meio das palavras e de seu significado. A palavra é uma expressão de um conceito e seu significado é, nesse sentido, uma generalização. Porém os significados das palavras não são estáticos, ao contrário, se alteram constantemente, mudando também a relação entre a palavra e o pensamento.

Com esse entendimento da relação entre fala e pensamento, cuja unidade é o significado das palavras, podem-se desencadear ações dialógicas no ensino atentando para algumas peculiaridades da fala:

1) há dois planos de fala, um significativo e outro fonético, um que se refere à sua estrutura gramatical e outro que se refere à sua organização psicológica. Entre ambos não há identidade, mas interdependência. No ensino deve-se dar ênfase ao plano significativo da fala, sem deixar de buscar a maior correlação possível entre os dois planos, principalmente para permitir a comunicação;
2) há dois tipos de fala, a interior e a exterior; a interior é a fala para si mesmo, a fala exterior é a fala para os outros. A fala exterior consiste na tradução do pensamento em palavras (mas também na sua refração), na sua materialização e objetivação; a fala interior é a fala interiorizada em pensamento. A fala interior está a serviço da orientação da mente e da compreensão consciente;
3) é necessário distinguir-se também o sentido e o significado da fala. "O sentido de uma palavra é a soma de todos os eventos psicológicos que a palavra desperta em nossa consciência (...) O significado é apenas uma das zonas do sentido, a mais estável e precisa" (Vygotsky 1993, p. 125). Na fala interior há uma predominância do sentido sobre o significado;
4) a distinção entre fala exterior e fala interior é importante, porque ressalta o papel da última na estruturação do pensamento e porque chama a atenção para o fato de que não se pode no ensino pretender que a transição da fala interior (o pensamento verbal) para a fala

exterior (expresso no significado das palavras) seja simples e mecânica. Essa transição é um processo complexo, alerta Vygotsky, que envolve a "transformação da estrutura predicativa e idiomática da fala interior em fala sintaticamente articulada, inteligível para os outros" (*idem, ibidem*, p. 127). O pensamento tem sua própria estrutura, e a transição dele para a fala não é uma coisa fácil; o pensamento é saturado de sentido, é simultâneo; enquanto a fala é a expressão por palavras em sequência e com significado compreensível;

5) o pensamento expresso na fala é gerado por motivações: por desejos, necessidades, interesses e emoções. Portanto, para compreender a fala do outro, é preciso compreender sua motivação, além de entender suas palavras. Entra aí o plano do subjetivo e da afetividade como mediadores das relações dialógicas no ensino;

6) o pensamento forma-se pelos signos, destacando-se entre eles a palavra. Mas é preciso ainda atentar para o fato de que a palavra, como os demais signos, é ideológica e é um modo de relação social. "As palavras são tecidas a partir de uma multidão de fios ideológicos e servem de trama a todas as relações sociais em todos os domínios" (Bakhtin 1992, p. 41). Os significados expressos individualmente pelas palavras são construídos no âmbito interindividual. É, portanto, importante analisar o significado das palavras, a fala exterior, como forma de expressão do pensamento, da consciência, mas de um pensamento, de uma consciência que só têm como se estruturar numa realidade ideológico-social. Enfim, o significado das palavras, assim como os demais signos, tem um caráter social. Isso não significa desconsiderar a subjetividade, a individualidade na constituição dos signos, o psiquismo é um sistema único que se explica pela totalidade das condições psicológicas, biológicas e sociais. Haveria, então, segundo Bakhtin, uma relação de interdependência entre psiquismo e ideologia, entre signo interior e signo exterior: "O signo ideológico tem vida na medida em que ele se realiza no psiquismo e, reciprocamente, a realização psíquica vive do suporte ideológico" (*idem, ibidem*, p. 64).

Todas essas características são importantes na relação dialógica a ser estabelecida no ensino. A ideia é a de observar com bastante atenção a palavra em seu sentido e significado; de incentivar os alunos a dizer exatamente o que pensam, do modo como conseguirem; de estar atento aos diferentes significados dados, verbal ou extraverbalmente, a determinados objetos do conhecimento; de estar sempre checando sentidos e significados; de estar sempre dando oportunidades para os alunos pensarem sobre o que falam e falarem sobre o que pensam; enfim, de tomar as falas dos alunos em seu contexto, entendendo suas motivações e buscando captar seu significado social. Tomando como base os dados trabalhados na pesquisa com alunos e professoras, especialmente os conseguidos pelas entrevistas, pode-se verificar a relevância de uma relação dialógica no ensino que se paute pelas características da linguagem como as que foram anteriormente destacadas. O professor que estiver ensinando um conteúdo da Geografia deve estar atento para o fato de que os conceitos e a linguagem em geral utilizados por essa matéria de ensino estão bastante impregnados no senso comum, compondo o material simbólico da comunicação na vida cotidiana. Sendo assim, eles assumem diferentes significados e sentidos dependendo do contexto, eles possuem um componente ideológico-social que está na base da sua construção individual, eles possuem significados e sentidos vivos, dinâmicos e instáveis. Tudo isso deve prevalecer sobre a estrutura gramatical, sobre o significado enunciado da palavra, e apenas assim se torna eficiente o diálogo no sentido de confrontar os diferentes tipos de conhecimentos que estão envolvidos no processo de ensino/aprendizagem – o cotidiano e o científico, conforme a orientação desta pesquisa.

É com base nessas observações que se podem interpretar melhor os significados dados pelos alunos aos conceitos de paisagem e natureza, por exemplo. Se se considerar o diálogo estabelecido nas entrevistas como em uma situação de ensino, conclui-se que o professor, naquela situação, deveria estar atento para alguns indícios do pensamento (ou da fala interior) dos alunos, expressos pelas palavras: a entoação e o estilo poéticos que eles utilizaram para falar sobre paisagem e natureza, a identificação entre significados de paisagem e natureza, a maior facilidade para verbalizar sobre assuntos ligados ao conceito de natureza, a verbalização por chavões da mídia, como o signo "verde" para todas as coisas referentes à natureza (até os livros verdes!). Tudo isso compõe a fala dos alunos e é essencial para a comunicação com eles, não considerá-los pode significar barreiras no diálogo – uma vez mais fica reforçada a importância de se trabalhar com as representações dos alunos como base para a construção de conceitos.

Promover autorreflexão e sociorreflexão dos alunos

Essa é uma ação didática muito importante para o desenvolvimento intelectual dos alunos, particularmente para o processo de construção de conceitos, na medida em que pode interferir eficazmente na formação de uma consciência reflexiva. Trata-se de propiciar atividades no ensino que estimulem a autorreflexão e o controle deliberado do pensamento, desenvolvendo assim as funções da atenção, da percepção, da memória. Na concepção de Vygotsky, o período da escolarização é um momento propício ao desenvolvimento dessas funções:

> O aprendizado escolar induz o tipo de percepção generalizante, desempenhando assim um papel decisivo na conscientização da criança dos seus próprios processos mentais. Os conceitos científicos, com o sistema hierárquico de inter-relações, parecem constituir o meio no qual a consciência e o domínio se desenvolvem, sendo mais tarde transferidos a outros conceitos e a outras áreas do pensamento. (1993, p. 79)

Essa percepção generalizante que auxilia na percepção dos atos mentais permite, por sua vez, o controle deliberado de alguns desses atos – por exemplo, a atenção ou a memória –, tornando esse próprio ato mais eficaz quanto aos seus propósitos. As atividades escolares voltadas à construção de conceitos têm a possibilidade de provocar uma transformação radical no processo intelectual próprio da faixa etária dos alunos, em razão da descoberta do uso da palavra como meio para a formação de conceitos. A construção de conceitos pelos alunos, nesse sentido, tem um papel de autorreflexão na prática escolar:

> Aprender a direcionar os próprios processos mentais com a ajuda de palavras ou signos é uma parte integrante do processo de formação de conceitos. A capacidade para regular as próprias ações fazendo uso de meios auxiliares atinge o seu pleno desenvolvimento somente na adolescência. (Vygotsky 1993, p. 51)

A discussão coletiva em sala de aula pode ter sempre como uma das finalidades a reflexão sobre as funções intelectuais que as tarefas vão exigir e sobre os resultados das tarefas, para levar os alunos a entender as operações mentais requeridas para a atividade proposta; a compreender os argumentos intelectuais utilizados na realização da tarefa e por que o foram; a entender as razões de suas próprias dificuldades. Da mesma forma, nas atividades independentes de alunos é possível dirigir os processos mentais destes para a autorreflexão e o controle de suas funções mentais.[3]

Todo o material da pesquisa de campo é um exemplo de "matéria-prima" para a autorreflexão e sociorreflexão dos alunos e professores. Nos momentos

---

3. Uma experiência de pesquisação realizada por Goulart (1993) mostra como uma atividade de grupo de alunos, orientada pela ação-reflexão-ação, pode contribuir para o desenvolvimento das habilidades de pensamento destes e para a construção de conceitos.

da coleta desse material, intuitivamente já percebia a riqueza dessa ação. Ao final de cada atividade ou entrevista, ficava uma sensação de "algo mal-acabado", por não poder refletir com os sujeitos da pesquisa sobre os processos de pensamento que se desencadearam naquele momento, sob pena de alterar os resultados da análise do material. Essa percepção de que algo mais poderia ser feito com base nas ideias que "fervilhavam" nos grupos se tornava mais clara quando era explícita a mobilização dos alunos pelos temas então discutidos e pelos resultados de suas atividades.

O trabalho dos alunos com as duas *charges* (no Anexo) na atividade de grupo, por exemplo, foi bastante elucidativo da necessidade dessa ação reflexiva no ensino. Com ela os alunos poderiam, por exemplo, perceber suas dificuldades em lidar com esse tipo de linguagem, poderiam, também, entender os requisitos necessários, em termos de informações e conceitos, para desvendar a mensagem daquelas *charges*. Numa situação de ensino, esse seria um momento de síntese dos resultados das atividades que daria a todo o grupo envolvido a consciência das necessidades de progredir no processo de construção de conhecimento.

Acompanhar e controlar resultados da construção
de conhecimentos pelos alunos

A atitude socioconstrutivista é, por definição, contrária ao controle absoluto dos resultados da aprendizagem. A ideia é a de que há no ensino um processo de interação e construção, no qual o aluno é um sujeito ativo que constrói conceitos, atribui significados aos objetos com base em representações já formadas. Essa ideia pressupõe entender o conhecimento como um processo dinâmico que não admite a determinação *a priori* dos resultados a serem atingidos. Considerar, porém, a dinâmica do processo não significa perder o controle sobre ele; é preciso, ao contrário, que o acompanhamento e o controle sejam feitos durante todo o processo.

Essa atitude mais aberta de controlar resultados encontra dificuldades de operacionalização nos momentos de aula, em razão das limitações que têm caracterizado o espaço escolar. O formalismo excessivo pode ser apontado como um desses limites, pois dificulta o objetivo da escola de se tornar um espaço vivo de construção e reconstrução das ideias e concepções. Nos momentos mais específicos de controle dos resultados da aprendizagem, o formalismo manifesta-se com maior intensidade. Afinal, a prova escrita e padronizada tornou-se o instrumento quase único de controle de resultados na escola. Evidentemente não se está aqui defendendo o fim da prova como instrumento de avaliação, mas está se chamando atenção para o excesso de formalismo que ela, muitas vezes, carrega. É muito comum na prática escolar que o professor faça perguntas nas provas escritas, ou mesmo oralmente, em arguições ou no decorrer das aulas, esperando uma resposta-padrão, que seja exatamente a reprodução das ideias que ele, o professor, *passou* como corretas. Isso é formalismo e efetivamente não está coerente com uma atitude socioconstrutivista no ensino.

A ação que uma atitude socioconstrutivista indica é a de, antes de tudo, quebrar o formalismo em todos os momentos em que isso for possível. No entanto, isso não significa deixar o processo seguir sem saber seus rumos. Ao contrário, por tudo que já se considerou aqui fica bastante evidente que o professor, na qualidade de agente que dirige o processo, precisa acompanhar e controlar todos os resultados tendo como referência um planejamento anterior, não para que o processo se cumpra rigorosamente conforme o previsto, mas visando à avaliação desse processo.

Alertando sobre a natureza social dos conteúdos trabalhados no ensino, Coll defende a renúncia das concepções mais individualistas do processo de construção de sentidos e significados. Segundo ele, não se pode esquecer de que "os significados que os alunos constroem no decurso das atividades escolares não são *significados* quaisquer e sim que correspondem a conteúdos que são, de fato, em sua maior parte *criações culturais*". Sendo assim, o acompanhamento e o controle da construção do conhecimento pelo aluno deve levar em conta que, no ensino, na verdade, ocorre "uma construção claramente orientada a compartilhar significados e sentidos" (1994, pp. 156-157).

Há, pois, que se ressaltar o caráter subjetivo de construção do conhecimento pelo aluno, o que torna impossível controlar, de modo absoluto, o processo; é preciso salientar, também, o caráter objetivo dos conhecimentos trabalhados na escola, o que torna necessário acompanhar e controlar os resultados para verificar em que medida e por que os significados e sentidos estão ou não estão sendo compartilhados pelos alunos, pelo professor e pelo saber escolar.

O controle dos resultados da aprendizagem deve levar em conta, ainda, a natureza do objeto de conhecimento e o tipo de aprendizagem requerida no momento. É preciso que se distinga, por exemplo, como avaliar os resultados da aprendizagem de informações e de conceitos, pois, enquanto o primeiro tipo de aprendizagem requer a memorização, o segundo exige outras operações mentais, tais como compreensão, análise, síntese. A avaliação de conceitos, como adverte Pozo (1992), não é tão simples quanto a de dados ou informações, por isso o professor deve utilizar critérios específicos e atentar para as várias formas por meio das quais se podem perceber os conceitos formados pelos alunos, como a definição do significado; o reconhecimento da definição; a exposição temática; a identificação e a categorização de exemplos e a aplicação na solução de problemas.

Além disso, é preciso enfatizar que o objetivo do controle e do acompanhamento do processo de conhecimento, na proposta aqui defendida, não é o de classificar ou qualificar os alunos, mas sim de compreender a dinâmica de cada um e suas dificuldades, para poder potencializar as possibilidades do ensino.

CONCLUSÃO

O objetivo mais geral deste estudo foi o de buscar compreender o processo de construção de conhecimentos geográficos na escola fundamental, mediante pesquisa de representações sociais dos alunos acerca de conceitos elementares de Geografia e seu papel na formação de conceitos científicos. Desde a formulação do projeto inicial até a configuração final do estudo foram se fazendo recortes, desdobramentos e acréscimos, de modo que alguns temas foram se destacando enquanto outros foram substituídos ou secundarizados. Entretanto, ao longo do desenvolvimento do trabalho, o núcleo da investigação manteve-se centrado nas perguntas feitas por Vygotsky em citação já mencionada no projeto inicial da pesquisa:

> O que acontece na mente da criança com os conceitos científicos que lhe são ensinados na escola? Qual a relação entre a assimilação da informação e o desenvolvimento interno de um conceito científico na consciência da criança? (1993, p. 71)

Todo o esforço aplicado no processo deste estudo consistiu, pois, em aproximações sucessivas do objeto que se buscava conhecer, ou seja, os processos internos que ocorrem na relação cognitiva do aluno com conceitos geográficos e sua relação com as representações sociais trazidas pelos alunos acerca desses mesmos conceitos. Certamente, outros caminhos poderiam ter sido trilhados e outros elementos de análise poderiam ter sido agregados. Considero, todavia, que as conclusões tiradas possibilitaram ampliar o conhecimento da prática de ensino de Geografia e encontrar caminhos de superação das dificuldades que os professores têm no seu trabalho, especialmente as relacionadas com a formação de conceitos. Nesse sentido, foi possível chegar a algumas indicações metodológicas para a construção de conceitos no ensino.

O estudo partiu da constatação da necessidade do conhecimento geográfico na vida das pessoas e, portanto, da importância de um ensino eficaz da Geografia na escola básica. Para isso, busquei compreender melhor os processos mentais dos alunos envolvidos nas situações de ensino e aprendizagem, nas quais os alunos estariam construindo conhecimentos de Geografia. O que me levou, portanto, a desenvolver esta investigação foi a preocupação com o ensino de Geografia e com o professor dessa matéria, tendo em vista que o ensino, como atividade mediadora da relação cognitiva do aluno com os objetos de conhecimento, precisa basear-se nas peculiaridades do processo de desenvolvimento mental dos alunos. Ou seja, ensinar a pensar, ajudar os alunos a potencializar suas habilidades cognitivas, prover os alunos de instrumentos conceituais para construção do conhecimento são tarefas que requerem do professor uma compreensão desses processos de modo que se realize seu trabalho com maior eficácia.

A análise das representações sociais dos alunos permitiu, em primeiro lugar, conhecer sentidos e significados dados por eles a diversos temas que fazem parte do saber geográfico escolar. Além disso, trouxe elementos para a compreensão de como os alunos processam seu conhecimento e suas dificuldades em pensar por conceitos e, em decorrência, para a criação de condições para construí-los no ensino. O estudo das representações revelou-se, pois, importante subsídio para o entendimento dos problemas do ensino-aprendizagem de Geografia no nível fundamental, podendo auxiliar o professor na condução mais eficaz do processo de conhecimento dos seus alunos. O confronto dos dois tipos de conhecimento – o conhecimento cotidiano (as representações sociais) e o conhecimento científico – ajuda a perceber os encontros e os desencontros entre eles, o que por sua vez traz importantes indicações de como trabalhar com os alunos considerando o conhecimento cotidiano como parâmetro inicial para a mobilização do educando e para a sua ressignificação no final do processo de ensino/aprendizagem.

Pelo que foi analisado, grande parte das representações sociais de temas trabalhados na Geografia, expressas pelos alunos, decorre de conhecimentos e experiências de senso comum. Caberia perguntar, então: quais são as fontes do senso comum? Ou em que espaços e contextos estariam eles formando essas representações? Os alunos, como membros da sociedade ou do grupo social de que fazem parte, já possuem, antes e fora da escola, conhecimentos de Geografia conforme seu quadro de referência cultural. Segundo Penin (1994), em uma dada cultura,

> conhecimentos sistematizados coexistem com saberes, que apresentam níveis variados de elaboração, provenientes da mídia, da política, de regionalismos e de outros lugares. Tais conhecimentos e saberes compõem parte do imaginário ao qual têm acesso as pessoas dessa cultura. (1994, p. 26)

Tais conhecimentos, provenientes da mídia, da política, das relações familiares, da cultura em geral, mesclam-se com os conhecimentos aprendidos na escola e vão ampliando, recriando, formando as representações dos alunos. Cumpre destacar, a partir daí, a importância da interdisciplinaridade no ensino, não apenas porque as representações surgem de uma variedade de conhecimentos, experiências e sentimentos mas, também, porque os conceitos mais elementares da Geografia nunca são meramente "geográficos". Há o caso particular, por exemplo, da influência da religião que aparece de forma significativa na formação das representações sociais de professores e alunos. Isso aponta para a necessidade de se aprofundar no conhecimento das origens dessas representações para que se possa compreender melhor seu processo de construção.

Investigaram-se, adicionalmente, as representações sociais das professoras sobre os mesmos conceitos e verificou-se que, em alguns casos, elas são compartilhadas com as dos alunos, em outros não. Obviamente, certas representações das professoras trazem elementos que ampliam as dos alunos, mas outras são, em grande parte, provenientes do senso comum, sobretudo as expressas por professoras das séries iniciais do ensino fundamental. Não se pôde verificar empiricamente nas análises deste livro influências mais explícitas e localizadas das professoras na formação das representações dos alunos. Contudo, é possível afirmar que essa influência ocorre de forma marcante. Seja como for, fica a ideia de que, se o professor não é fonte primordial e exclusiva de conhecimento, ele, pelo menos, pode reforçar ou não as representações dos alunos. É preciso ressaltar, assim, a importância da pesquisa feita com as professoras pelo fato de que permitiu avaliar a possibilidade de os professores, em geral, estarem reforçando as representações de seus alunos, na medida em que compartilham delas ou não as levam em conta. Além disso, o intuito de entrevistar professores foi o de complementar os dados sobre os alunos, ampliar a percepção de suas representações, e, nesse sentido, a pesquisa também se revelou proveitosa.

Uma questão das mais críticas confirmada pela pesquisa foi a constatação das deficiências na formação profissional das professoras e a total ausência de formação continuada sistemática. Embora não tenha sido aprofundada por não fazer parte dos objetivos da pesquisa, ficou evidenciado que as professoras apresentam dificuldades de elaborar um entendimento de conceitos geográficos e de lidar com eles de forma articulada e com vinculações definidas a linhas teóricas explícitas. Ao contrário, na maior parte das vezes, elas definiram um conceito, ou expuseram suas convicções, não como especialistas na área e portadoras de conhecimentos específicos, mas como pessoas que simplesmente expressam vivências de seu cotidiano. Nesse sentido, suas formulações teóricas foram similares às dos alunos, ressalvadas as diferenças de idade e de maturidade.

Para dar um exemplo, considere-se o que foi dito sobre paisagem pela professora F. Para ela, paisagem lembra natureza em geral e, para isso, caracteriza-a pelo que se vê da janela de um carro, numa viagem em que "você vai olhar através da janela". A mesma conotação aparece quando diz: "pro lado de Senador Canedo tem um morro lá que chama bastante atenção". Seu depoimento destaca-se aqui não apenas pelo conteúdo, em que a ideia de paisagem se restringe a uma vista bonita, mas, também, por se tratar de uma professora que cursava, na época da entrevista, o último ano de Bacharelado em Geografia. É difícil pensar que, em nenhum momento do curso, não se tenha trabalhado com profundidade e com significados diferentes o conceito de paisagem, de acordo com linhas teóricas adotadas.

O que se pode supor, com base nesse exemplo, é que alunos de 3º grau – em casos como o dessa professora – também lidam apenas mecanicamente com os conteúdos estudados, de modo semelhante ao que ocorre com alunos do ensino fundamental e médio, sem internalizar grande parte dos conceitos e processos de pensamento implicados no estudo das matérias. O resultado disso é que, quando solicitados a falar espontaneamente sobre temas que estudam, não expressam conceitos e relações obtidos do estudo sistematizado, mas o que está incorporado pela prática cotidiana à base de senso comum. Dessa forma, é inevitável que, ao invés de conceitos científicos, reforcem-se no aprendizado dos alunos noções de senso comum, com as consequências fartamente denunciadas em termos da qualidade do ensino.

Ainda quanto às deficiências na formação das professoras, constatou-se que elas são mais preocupantes em relação às professoras das séries iniciais do ensino fundamental, no que diz respeito especificamente ao conhecimento geográfico. Nos vários momentos da pesquisa, notou-se que muitas vezes essas professoras demonstraram dificuldades em definir os conceitos e, quando o fizeram, suas formulações eram precárias e com maior peso de elementos do senso comum. Os estudos sobre a formação de professores do ensino fundamental têm apontado problemas idênticos em relação a outras disciplinas, portanto não é apenas em Geografia que o conhecimento das professoras é precário. Se se quiser uma melhoria de qualidade do ensino de Geografia nas séries iniciais do ensino fundamental, as entidades ligadas ao ensino de Geografia – a AGB, os departamentos de Geografia das universidades, as secretarias de governo – precisam buscar formas de intervenção nos cursos de formação (em nível médio ou superior) com o intuito de refletir sobre mudanças necessárias.

A concepção de ensino e aprendizagem que norteou este livro foi, na maior parte das vezes, o *socioconstrutivismo*, na formulação atribuída ao psicólogo russo Vygotsky e seguidores. No empenho de se buscarem formas de intervenção para a melhoria das práticas de ensino de Geografia, encontrei nas reflexões desse autor sobre o processo de formação de conceitos importante auxílio para indicações metodológicas. Por exemplo, Vygotsky introduz em seus estudos sobre a relação entre aprendizagem e desenvolvimento, o conceito de *Zona de Desenvolvimento Proximal* e, nos estudos sobre formação de conceitos, a inter-relação entre os conceitos científicos e os conceitos cotidianos. Trata-se de um caminho fecundo para se trabalhar em Geografia com o raciocínio espacial, como se pôde constatar nos momentos da pesquisa em que foram postas em prática com grupos de alunos atividades assentadas naquela proposta.

Por fim, a investigação reafirmou a importância da Geografia para a prática social cotidiana, para a formação de uma consciência espacial, para uma relação ética e estética com o espaço de vivência. Reafirmou, também, os limites e as possibilidades de a escola contribuir para o desenvolvimento intelectual dos alunos, o que, por sua vez, auxilia na formação de cidadãos mais ativos, mais criativos e, assim, mais bem preparados para as exigências do mundo atual.

Os ensinamentos mais pontuais deste livro levam a refletir sobre alguns aspectos mais gerais que envolvem a problemática do ensino de Geografia: o primeiro é o referente à importância do espaço escolar para a formação humana; o segundo é sobre a riqueza do trabalho mais direto com os alunos.

Um estudo sistemático sobre o ensino não pode ser concluído apenas com a constatação dos limites dessa escola no contexto social do capitalismo, nem somente apontando para a necessidade de mudanças estruturais que viabilizem a ultrapassagem desses limites. Evidentemente, isso não quer dizer que essas análises perderam importância e poder explicativo das relações entre escola e sociedade na atualidade. Porém a denúncia dos limites estruturais da escola no capitalismo já tem sido feita com bastante rigor e aprofundamento por outras áreas, como a Sociologia do Currículo, por exemplo.

Uma análise do cotidiano na escola comprova que ela tem se constituído num lugar onde impera a lógica do instituído, da reprodução, da obediência, onde as práticas dos agentes se alienam e se pautam por objetivos particulares e não humano-genéricos. Mas, é preciso considerar, como Heller, a incapacidade de submeter a escola totalmente àquela lógica, havendo sempre lugar para as contrainstituições, que são práticas instituintes de outras relações. Nessa linha de análise, postula-se que, no cotidiano escolar, pode ocorrer a explicitação das possibilidades de escolhas relativamente autônomas dos elementos genéricos e particulares que compõem as individualidades dos agentes envolvidos – especialmente professores e alunos. No entendimento de Heller, essa explicitação é fundamental para a constituição consciente de "pequenos grupos que padecem de carecimentos radicais", condição para que as mudanças sociais ocorram.

O segundo aspecto desta reflexão final é referente à experiência mais direta com os alunos do estudo. A pesquisa com os alunos, principalmente as atividades de entrevista e de trabalho com os grupos, mostrou-se muito proveitosa por permitir o conhecimento de suas ideias, de suas opiniões, de seus processos de pensamento. Esse trabalho serviu para reforçar a percepção que já se tinha da importância de se encarar a tarefa do ensino também como uma atividade de pesquisa, *lato sensu*. A prática do ensino requer um exercício constante de reflexão e a construção de teorias (ainda que assistemáticas) sobre vários aspectos, dentre os quais o processo de produção de conhecimento do aluno não é dos mais simples nem dos menos importantes.

Refiro-me, mais especificamente, a um processo de se chegar ao conhecimento mediante a reflexão pessoal, ou seja, a aprendizagem como investigação. Os resultados de um trabalho desse tipo com os alunos poderiam ser muito mais ricos se a oportunidade de lidar com eles, na forma como foi propiciada pela pesquisa, fosse maior quantitativa e qualitativamente em situações de ensino. Contudo, sabe-se que o professor está com os alunos na sala de aula durante o ano inteiro, mas não sabe tirar proveito de possibilidades de aproximação física, afetiva e cognitiva com eles, menos ainda encontra-se preparado para fazer um trabalho dessa natureza. Isso significa que a efetivação do ensino com pesquisa está na dependência, antes de tudo, das condições de trabalho não apenas da escola mas do próprio professor, em termos de sua formação inicial e formação continuada. No entanto, ainda no quadro real de precárias condições de exercício da profissão do magistério, é possível potencializar as poucas oportunidades de interação cognitiva com os alunos e de reflexão sobre os vários aspectos do ensino. Essa potencialização, por sua vez, exige uma conscientização do professor, um compromisso com o aluno e com seu desenvolvimento intelectual, além de objetividade e intencionalidade na sua ação docente. Seja como for, o estudo confirmou a importância de uma aproximação com os alunos e com seu processo de pensamento.

Para que tal aproximação aconteça é preciso redefinir os papéis que professores e alunos exercem no ensino. Neste texto se fez referência constante ao formalismo na escola e no ensino de Geografia, onde alunos e professores não se envolvem verdadeiramente em suas atividades cotidianas, mas, basicamente, cumprem papéis "formais". Considero, a partir daí, bastante relevante refletir sobre as possibilidades "revolucionárias" do cotidiano escolar e o exercício de papéis de seus agentes sociais. Numa linha de reflexão sobre o cotidiano escolar, as possibilidades da escola dependem do modo como os indivíduos que nela atuam se comportam em relação a seus papéis. Para que as mudanças ocorram, é preciso que professores e alunos não os exerçam inconscientemente, apegando-se demasiadamente à tradição e/ou à moda, mas façam-no conscientemente, porque na vida social é imprescindível exercê-lo em alguma medida, ainda que recusando suas formas cristalizadas e estereotipadas. Segundo Heller, a "recusa do papel é característica daqueles que não se sentem à vontade na alienação" e o conflito é a "rebelião das sadias aspirações humanas contra o conformismo: é uma insurreição moral, consciente ou inconsciente". É por acreditar nisso que concluo este livro, afirmando a necessidade de alunos e professores quebrarem o formalismo, recusarem o exercício de papéis alienantes, cristalizados e estereotipados e aproximarem-se mais uns dos outros na sua relação cognitiva e afetiva, como condição básica para o aproveitamento das potencialidades do cotidiano escolar de contribuir para a "condução da vida humana". Segundo Heller: "A condução da vida supõe, para cada um, uma vida própria, embora mantendo-se a estrutura da cotidianidade: cada qual deverá apropriar-se a seu modo da realidade e impor a ela a marca de sua personalidade" (1992, p. 40).

Neste livro, foram destacados os aspectos psicológicos de construção do indivíduo para a condução autônoma da vida, especialmente as peculiaridades do desenvolvimento das funções intelectuais superiores, ou seja, do pensamento abstrato-verbal, num entendimento de que a linguagem é peça fundamental nesse desenvolvimento. Tal entendimento levou a determinados encaminhamentos no ensino escolar, tais como a atenção aos diferentes sentidos e significados dados pelos alunos e professores a temas estudados, a consideração dos diversos discursos, não restritos ao científico, realizados nas situações de ensino e o exercício do diálogo na busca da construção de conhecimentos.

Há, nestas postulações, a defesa da racionalidade como constitutiva da formação humana e da escola como um *locus* importante dessa formação. No entanto, considerando o esgotamento das possibilidades da razão moderna em compreender e dominar o mundo para além de seu caráter meramente instrumental, ou seja, em levar à emancipação do homem, a defesa que se faz é por uma razão crítica (Habermas, Rouanet). O projeto da escola e o do ensino de Geografia, visando à emancipação humana pelo desenvolvimento da razão crítica, estariam, assim, voltados para o desenvolvimento de sujeitos racionais, mas não só do ponto de vista de sua capacidade de conhecer (na relação sujeito/objeto), mas, também e principalmente, do ponto de vista de sua competência em agir para uma vida ética, política e social (na relação sujeito/sujeito).

Nesse sentido, parece ser de grande contribuição a teoria da ação comunicativa de Habermas. Segundo essa teoria, a racionalidade é construída, é resultado de aprendizagem e de evolução social, devendo, assim, estar constantemente submetida à crítica. A razão é constituída, nesse entendimento, pela linguagem e pelos atos de fala, referindo-se a capacidades de desempenhos discursivos que se orientam para o consenso, para o entendimento. Trata-se, pois, de uma razão constituída intersubjetivamente, pela mediação da linguagem (cf. Freitag 1986; Prestes 1996; Aragão 1992, entre outros).

Foi enfatizado aqui o papel da linguagem na constituição do pensamento, do ponto de vista do desenvolvimento de estruturas psicológicas superiores do indivíduo. O estudo orientou-se para a demonstração do fundamento intersubjetivo e social na própria constituição da psique individual. Essa compreensão da relação linguagem/racionalidade/intersubjetividade parece possibilitar, mediante ações didáticas socioconstrutivistas a articulação de uma proposta de trabalho na escola a um projeto social mais geral de desenvolvimento universal de uma razão comunicativa. A afirmação dessa possibilidade é um convite à continuação desta pesquisa, o que me permite concluir com as palavras de Prestes:

> Fecundar o campo da educação com conceitos como racionalidade e mundo da vida, sabendo-a igualmente conflituada com as coações sistêmicas, possibilita àqueles que educam tomar consciência de seus recursos e mobilizá-los intensamente para produzir uma educação sem ingenuidades ou voluntarismos, mas capaz de tornar os sujeitos mais esclarecidos e emancipados e produzir uma prática instauradora da identidade e de diferenças. (1996, p. 130)

BIBLIOGRAFIA

ADAS, Melhem. *Geografia*. São Paulo: Moderna, 1989, 4 vols.
ALMEIDA, Rosângela D. de e PASSINI, Elza. *O espaço geográfico, ensino e representação*. São Paulo: Contexto, 1989.
ALVES, Luci I. de O. e outros. *Espaço em construção*. Belo Horizonte: Lê, 1990, 4 vols.
ALVES-MAZZOTTI, Alda J. "Representações sociais: Aspectos teóricos e aplicações à educação". *Em Aberto*. Brasília, ano 14 (61), jan./mar., 1994.
ANDRADE, Manuel C. de. *Geografia, ciência da sociedade*. São Paulo: Atlas, 1987.
_____. "A AGB e o pensamento geográfico no Brasil". *Terra Livre*. São Paulo: Associação dos Geógrafos Brasileiros/Marco Zero, (9), jul./dez., 1991.
_____. "A geografia e a sociedade". *In:* SOUZA, M.A. e outros. *Natureza e sociedade de hoje: Uma leitura geográfica (O novo mapa do mundo)*. São Paulo: Hucitec-Anpur, 1993.
ARAGÃO, Lúcia M. de C. *Razão comunicativa e a teoria social crítica em Jürgen Habermas*. Rio de Janeiro: Tempo Brasileiro, 1992.
ARAUJO, Inês L. "O espaço em Foucault". *Anais*. 5º Congresso Brasileiro de Geógrafos, Curitiba: AGB, jul./1994.

BAKHTIN, Mikhail. *Marxismo e filosofia da linguagem*. São Paulo: Hucitec, 1992.

BALESTEROS, Aurora G. *Geografía y humanismo*. Barcelona: Oikos-Tau, 1992.

CALLAI, Helena C. "Geografia: Um certo espaço, uma certa aprendizagem". Tese de doutorado. São Paulo: USP, 1995.

CALVINO, Italo. *Marcovaldo ou as estações na cidade*. São Paulo: Companhia das Letras, 1994.

CANDAU, Vera M. (org.). *Rumo a uma nova didática*. Petrópolis: Vozes, 1988.

CAPEL, Horacio. *Filosofía y ciencia en la Geografía contemporánea, una introducción a la Geografía*. Barcelona: Barcanova, 1981.

CARLOS, Ana F. *A cidade*. São Paulo: Contexto, 1992.

_____. "O lugar: Modernização e fragmentação". *In:* SANTOS, M. *Fim de século e globalização (O novo mapa do mundo)*. São Paulo: Hucitec-Anpur, 1993.

CARVALHO, Marcos de. *O que é natureza*. São Paulo: Brasiliense, 1994.

CASINI, Paolo. *As filosofias da natureza*. Lisboa: Presença, 1987.

CASSETI, Valter. "A essência da questão ambiental". Universidade Federal de Goiás: *Boletim Goiano de Geografia*. Goiânia, vol. 11 (l), jan./dez., 1991.

CASTORINA, José A. "O debate Piaget-Vygotsky, a busca de um critério para sua avaliação". *In:* CASTORINA, José A. e outros. *Piaget-Vygotsky – Novas contribuições para o debate*. São Paulo: Ática, 1995.

CAVALCANTI, Lana de S. "O ensino crítico de geografia em escolas públicas do ensino fundamental". Dissertação de mestrado. Goiânia: Faculdade de Educação/UFG, 1991.

_____. "A produção sobre ensino de geografia veiculada nos encontros nacionais da AGB (1976-1986): Um levantamento preliminar". *Boletim Goiano de Geografia*. Goiânia: IQG-Departamento de Geografia da UFG, jan./dez., 1995.

CHAVES, Sandramara M. "A avaliação da aprendizagem no ensino fundamental: Realidades e possibilidades". Dissertação de mestrado. Goiânia: Faculdade de Educação/UFG, 1993.

CHRISTOFOLETTI, Antônio. "As perspectivas dos estudos geográficos". *In:* CHRISTOFOLETTI, Antônio (org.). *Perspectivas da geografia*. São Paulo: Difel, 1982.

COLL SALVADOR, César. *Aprendizagem escolar e construção do conhecimento*. Porto Alegre: Artes Médicas, 1994.

CORRÊA, Roberto L. *Região e organização espacial*. São Paulo: Ática, 1986.

_____. "Espaço: Um conceito-chave da geografia". *In:* CASTRO, Iná e outros (orgs.). *Geografia: Conceitos e temas.* Rio de Janeiro: Bertrand Brasil, 1995.

CUNHA, Maria Isabel da. *O bom professor e sua prática.* Campinas: Papirus, 1989.

DUROZOI, Gérard e ROUSSEL, André. *Dicionário de filosofia.* Campinas: Papirus, 1993.

ESTADO DE GOIÁS – Secretaria da Educação, Cultura e Desporto. "Programa curricular mínimo de geografia para o ensino fundamental, 5ª a 8ª séries". Mimeo., 1995.

FERNANDES, Margarida de O.A. "Formação acadêmica e a prática pedagógica do professor de geografia do 1º e 2º graus de Londrina". Dissertação de mestrado, São Paulo: USP, 1991.

FERREIRA, Aurélio B. de H. *Novo dicionário da língua portuguesa.* Rio de Janeiro: Nova Fronteira, 1986.

FIGHERA, Delfina T. "Estado e território. Suas relações e a globalização". *In:* SANTOS, M. e outros (orgs.) *Território – Globalização e fragmentação.* São Paulo: Hucitec-Anpur, 1994.

FOUCAULT, Michel. *Microfísica do poder.* Rio de Janeiro: Graal, 1989.

FREITAG, Barbara. *A teoria crítica: Ontem e hoje.* São Paulo: Brasiliense, 1986.

FRÉMONT, Armand. *A região, espaço vivido.* Coimbra: Almedina, 1980.

GEBRAN, Raimunda. "A presença de mecanismos alienantes no ensino de geografia no 1º grau – Análise do cotidiano". Mimeo., 1991.

GIDDENS, Antony. *As conseqüências da modernidade.* São Paulo: Editora da Unesp, 1991.

GOMES, Paulo Cesar da C. "O conceito de região e sua discussão". *In:* CASTRO, I.E. e outros (orgs.). *Geografia: Conceitos e temas.* Rio de Janeiro: Bertrand Brasil, 1995.

GONÇALVES, Carlos W.P. e BARBOSA, Jorge L. *Geografia hoje.* Rio de Janeiro: Ao Livro Técnico, 1989, 4 vols.

GOULART, Ligia B. "Dificuldades para aprender geografia: Uma proposta de oficina de zona de desenvolvimento proximal". Dissertação de mestrado. Porto Alegre: Faculdade de Educação: PUC-RGS, 1993.

GREGORY, Derek. *Ideología, ciencia y geografía humana.* Barcelona: Oikos-Tau, 1984.

HABERMAS, Jürgen. *Conhecimento e interesse.* Rio de Janeiro: Guanabara, 1987.

HARVEY, David. *Condição pós-moderna.* São Paulo: Loyola, 1989.

HELLER, Agnes. *O cotidiano e a história.* Rio de Janeiro: Paz e Terra, 1992.

IANNI, Octavio. *A sociedade global*. Rio de Janeiro: Civilização Brasileira, 1992.

ILERA, F. A. "Una cultura geográfica para todos: El papel de la geografía en la educación primaria y secundaria". *In:* JIMÉNEZ, A.M. e GAITE, M.J.M. *Enseñar geografía, de la teoría a la práctica.* Madri: Síntesis, 1995.

JAPIASSU, Hilton e MARCONDES, Danilo. *Dicionário básico de filosofia.* Rio de Janeiro: Zahar, 1990.

JOHNSTON, R.J. *Geografia e geógrafos.* São Paulo: Difel, 1986.

LACOSTE, Yves. "A geografia". *In:* CHÂTELET, François. *A filosofia das ciências sociais.* Rio de Janeiro: Zahar, 1974.

_____. *A geografia serve antes de mais nada para fazer a guerra.* Lisboa: Iniciativas, 1988.

LEFEBVRE, Henri. *La presencia y la ausencia. Contribución a la teoría de las representaciones.* México: Fondo de Cultura Económica, 1980.

LEITE, Maria A.F.P. *Destruição ou desconstrução?* São Paulo: Hucitec, 1994.

LEME, Maria Alice V. da S. "O impacto da teoria das representações sociais". *In:* SPINK, Mary (org.). *O conhecimento no cotidiano.* São Paulo: Brasiliense, 1993.

LEONTIEV, A.N. "Uma contribuição à teoria do desenvolvimento da psique infantil". *In:* VYGOTSKY, L.S. *Linguagem, desenvolvimento e aprendizagem.* São Paulo: Ícone/Edusp, 1988.

LERNER, Delia. "O ensino e o aprendizado escolar, argumentos contra uma falsa oposição". *In:* CASTORINA, J.A. *Piaget-Vygotsky – Novas contribuições para o debate.* São Paulo: Ática, 1995.

LIBÂNEO, José C. "Fundamentos teóricos e práticos do trabalho docente – Estudo introdutório sobre pedagogia e didática". Tese de doutorado. São Paulo: PUC-SP, 1990.

_____. *Didática.* São Paulo: Cortez, 1993.

_____. "Apontamentos sobre pedagogia crítico-social e socioconstrutivismo". Goiânia. Mimeo, 1995.

LIMA, Mayumi S. *A cidade e a criança.* São Paulo: Nobel, 1989.

LOJKINE, Jean. *A revolução informacional.* São Paulo: Cortez, 1995.

LYOTARD, Jean-François. *O pós-moderno.* Rio de Janeiro: José Olympio, 1988.

MAMIGONIAN, Armem. "A AGB e a produção geográfica brasileira: Avanços e recuos". *In: Terra Livre.* São Paulo: Associação dos Geógrafos Brasileiros/Marco Zero, (8), jan./jul., 1991.

MELLO, João B.F. de. "Geografia humanística: A perspectiva da experiência vivida e uma crítica radical ao positivismo". *Revista Brasileira de Geografia.* Rio de Janeiro, 52 (4), out./dez., 1990.

MENDOZA, Josefina G. e outros. *El pensamiento geográfico*. Madri: Alianza, 1988.

MORAES, Antônio C.R. *Geografia, pequena história crítica*. São Paulo: Hucitec, 1986.

_____. "Renovação da geografia e filosofia da educação". *In:* OLIVEIRA, Ariovaldo U. de (org.). *Para onde vai o ensino de geografia?* São Paulo: Contexto, 1989.

_____. *Ideologias geográficas*. São Paulo: Hucitec, 1991.

_____. *Meio ambiente e ciências humanas*. São Paulo: Hucitec, 1994.

MOREIRA, Antonio F.B. e BARROS, Armando M. "A sociologia do currículo e a construção do conhecimento na escola – Notas para discussão". *Inter-Ação* (Revista da Faculdade de Educação da UFG), nº 1/2 (17), jan./dez., 1993.

MOREIRA, Ruy. *O discurso do avesso (Para a crítica da geografia que se ensina)*. Rio de Janeiro: Dois Pontos, 1987.

_____. "Assim se passaram dez anos (A renovação da geografia no Brasil – 1978-1988)". *In: Caderno Prudentino de Geografia*. Presidente Prudente: AGB (14), jun./1992.

_____. *O círculo e a espiral (A crise paradigmática do mundo moderno)*. Rio de Janeiro: Cooautor, 1993.

MOSCOVICI, Serge. *A representação social da psicanálise*. Rio de Janeiro: Zahar, 1978.

NOGUEIRA, Amélia R.B. "Mapa mental (recurso didático no ensino de geografia no 1º grau)". Dissertação de mestrado, São Paulo: USP, 1994.

NOT, Louis. *Ensinando a aprender*. São Paulo: Summus, 1993.

OLIVEIRA, Ariovaldo U. (org.). *Para onde vai o ensino de geografia?* São Paulo: Contexto, 1989.

OLIVEIRA, Francisco de. *Elegia para uma re(li)gião*. Rio de Janeiro: Paz e Terra, 1981.

OLIVEIRA, Maria A. de. "A aula: Momento-síntese do trabalho docente". Dissertação de mestrado. Goiânia: Faculdade de Educação/UFG, 1992.

OLIVEIRA, Marta K. de. "Pensar a educação, contribuições de Vygotsky". *In:* CASTORINA, J.A. *Piaget-Vygotsky – Novas contribuições para o debate*. São Paulo: Ática, 1995.

OLIVEIRA, Newton R. de. "A escola, esse mundo estranho". *In:* PUCCI, Bruno (org.). *Teoria crítica e educação: A questão da formação cultural na escola de Frankfurt*. Petrópolis: Vozes; São Carlos: Edufscar, 1994.

PAGANELLI, Tomoko Y. "Para a construção do espaço geográfico na criança". *Terra Livre* (2). São Paulo: AGB/ Marco Zero, jul. 1987.

PAIVA, Celina S. de. "O aluno trabalhador e o ensino superior nas representações dos sujeitos do processo". Dissertação de mestrado. Niterói: Universidade Federal Fluminense, 1994.

PENIN, Sonia T. de Souza. "Cotidiano escolar e ensino: Conhecimento e vivência". *In: ANDE* (Revista da Associação Nacional de Educação), São Paulo: Cortez, ano 12, nº 19, 1993.

_____. *A aula: Espaço de conhecimento, lugar de cultura.* Campinas: Papirus, 1994.

PEREIRA, Diamantino. "Geografia escolar: Conteúdos e/ou objetivos?" *Caderno Prudentino de Geografia* (17). Presidente Prudente: AGB, jul. 1995.

PEREIRA, Diamantino e outros. *Geografia – Ciência do espaço.* São Paulo: Atual, 1993, 4 vols.

PEREIRA, Raquel M.F. do A. *Da geografia que se ensina à gênese da geografia moderna.* Florianópolis: UFSC, 1989.

POZO, Juan I. "El aprendizaje y la enseñanza de hechos e conceptos". *In:* COLL, Cesar S. e outros. *Los contenidos en la reforma.* Madri: Santillana, 1992.

PRESTES, Nadja H. *Educação e racionalidade (conexões e possibilidades de uma razão comunicativa na escola).* Porto Alegre: PUC-RS, 1996.

RAFFESTIN, Claude. *Por uma geografia do poder.* São Paulo: Ática, 1993.

RANGEL, Mary. "Das dimensões da representação do 'bom professor' às dimensões do processo de aprendizagem". Tese de concurso para professor titular de didática. Niterói: Universidade Federal Fluminense, 1993a.

_____. "As representações dos alunos como forma de conhecimento prático e a aprendizagem do conhecimento científico na escola". *Revista Edu/UERJ.* Rio de Janeiro: UERJ, 1993b.

REGO, Tereza Cristina. *Vygotsky, uma perspectiva histórico-cultural da educação.* Petrópolis: Vozes, 1994.

REIGOTA, Marcos. *Meio ambiente e representação social.* São Paulo: Cortez, 1994.

RESENDE, Márcia S. *A geografia do aluno trabalhador.* São Paulo: Loyola, 1986.

RIBEIRO, Luiz A. de M. "Questões regionais do Brasil". *In*: RUA, João e outros. *Para ensinar geografia.* Rio de Janeiro: Access, 1993.

ROUANET, Sérgio P. "Do pós-moderno ao neo-moderno". *Tempo Brasileiro* (84), jan./mar. 1986.

_____. "O mal-estar na modernidade". *IDE*, São Paulo, vol. 23, 1993.

RUA, João e outros. *Para ensinar geografia.* Rio de Janeiro: Access, 1993.

SÁNCHEZ, Joan-Eugeni. *Geografía política.* Madri: Síntesis, 1992.

SANTOS, Douglas. "Conteúdo e objetivo pedagógico no ensino de geografia". *Caderno Prudentino de Geografia* (17) Presidente Prudente: AGB, jul. 1995.

SANTOS, Milton. *Metamorfoses do espaço habitado*. São Paulo: Hucitec, 1988.

_____. "Os espaços da globalização". Comunicação ao colóquio da rede sobre a análise do sistema-mundo e da economia mundial – GENDEV. Paris, 1993.

_____. "O pensamento". Texto apresentado no Encontro Internacional "Espécie, espaço, estado – O desafio do ordenamento territorial", nov. 1994.

SANTOS, Wanda T.P. "As noções de orientação e localização geográfica no ensino fundamental". Dissertação de mestrado. Paraná: Universidade Estadual do Centro-Oeste, 1994.

SAVIANI, Dermeval. *Escola e democracia*. São Paulo: Cortez/Autores Associados, 1986.

SILVA, Armando C. da. *O espaço interdisciplinar*. São Paulo: Nobel, 1992.

SILVA, Tomás T. da e MOREIRA, Antonio F.B. *Territórios contestados*. Petrópolis: Vozes, 1995.

SILVEIRA, Maria L. "Totalidade e fragmentação: O espaço global, o lugar e a questão metodológica, um exemplo argentino". *In*: SANTOS, M. e outros (org.). *Fim de século e globalização*. São Paulo: Hucitec-Anpur, 1993.

SMALL, John e WITHERICK, Michael. *Dicionário de geografia*. Lisboa: Dom Quixote, 1992.

SMITH, Neil. *Desenvolvimento desigual*. Rio de Janeiro: Bertrand, 1988.

SOJA, Edward W. *Geografias pós-modernas, a reafirmação do espaço na teoria social crítica*. Rio de Janeiro: Zahar, 1993.

SOUZA, Marcelo J. L. "O território: Sobre espaço e poder, autonomia e desenvolvimento". *In*: CASTRO, I.E. e outros (orgs.). *Geografia: Conceitos e temas*. Rio de Janeiro: Bertrand Brasil, 1995.

SPÓSITO, Eliseo S. *A vida nas cidades*. São Paulo: Contexto, 1994.

TONINI, Ivaine M. "Ciência geográfica e o ensino de geografia: Qual a relação?" Dissertação de mestrado. Porto Alegre: Faculdade de Educação/PUC-RS, 1993.

TUAN, Yi-Fu. *Topofilia*. São Paulo: Difel, 1980.

_____. "Geografia humanística". *In*: CHRISTOFOLETTI, Antônio (org.). *Perspectivas da geografia*. São Paulo: Difel, 1982.

_____. *Espaço e lugar*. São Paulo: Difel, 1983.

VEIGA, Ilma P.A. "Didática: Uma retrospectiva histórica". *In*: VEIGA, Ilma P.A. (org.). *Repensando a didática*. Campinas: Papirus, 1989.

VESENTINI, José W. "O método e a práxis (Notas polêmicas sobre geografia tradicional e geografia crítica)". *Terra Livre*. São Paulo: AGB, nº 2, jul. 1987.

_____. *Para uma geografia crítica na escola*. São Paulo: Ática, 1992.

_____. "O ensino de geografia no século XXI". *Caderno Prudentino de Geografia* (17). Presidente Prudente: AGB, jul. 1995.

VESENTINI, José W. e VLACH, Vânia. *Geografia crítica*. São Paulo: Ática, 1991, 4 vols.

VLACH, Vânia. *Geografia em debate*. Belo Horizonte: Lê, 1990.

_____. *Geografia em construção*. Belo Horizonte: Lê, 1991.

VYGOTSKY, Lev S. *A formação social da mente*. São Paulo: Martins Fontes, 1984.

_____. "Aprendizagem e desenvolvimento intelectual na idade escolar". *In*: VYGOTSKY, Lev S. e outros. *Linguagem, desenvolvimento e aprendizagem*. São Paulo: Ícone/Edusp, 1988.

_____. *Pensamento e linguagem*. São Paulo: Martins Fontes, 1993.

WALLON, Henri. *Psicologia e educação da infância*. Lisboa: Estampa, 1975.

ANEXO
ATIVIDADE DE GRUPO[1]

Nome do aluno:	
Escola:	Série:

1ª ATIVIDADE

Tomando como base os pontos cardeais (leste, oeste, norte, sul) e os colaterais (nordeste, sudeste, noroeste, sudoeste), observe as figuras abaixo e responda o que se pede:

(Atenção: observe a posição do sol)

A. São 18h (ou 6h da tarde)

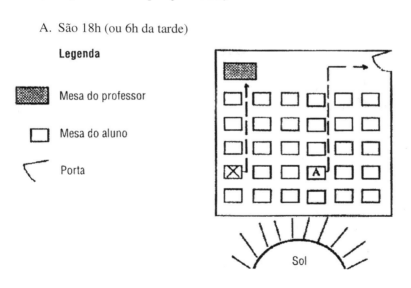

---

1. Fonte: João Rua e outros. *Para ensinar geografia*. Rio de Janeiro: Access, 1993. (Com adaptações). Ilustrações de Carlos Alberto Mancylla Perez.

1. Qual a direção que o aluno X tomaria se quisesse sair do seu lugar e ir até a mesa do professor pelo caminho mais curto?

   _____

2. Quais as direções que o aluno A tomaria para sair da sala pelo caminho mais curto, partindo do seu lugar?

   _____
   _____

B. São 18h (ou 6h da tarde)

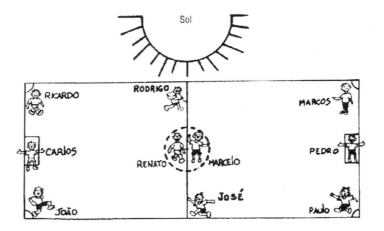

1. Se o Renato jogar a bola para o Marcos, ele chutará na direção
   _____.

2. Se o Renato passar a bola para o João, ele vai chutá-la na direção
   _____.

3. Se a jogada for Marcelo-José-Ricardo, a bola irá primeiro na direção _____ e depois tomará a direção _____.

4. Se o Marcelo ganhar a bola e quiser passá-la para o Paulo, ele chutará na direção _____.

5. Se o Marcelo foi o craque do jogo e marcou um golaço no "frangueiro" do Carlos, ele chutou na direção_____.

184

C. A planta abaixo é de uma pequena cidade com seus pontos mais importantes marcados. Observe com atenção a planta e a sua legenda e responda o que for pedido.

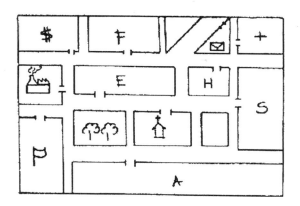

Sol

Legenda

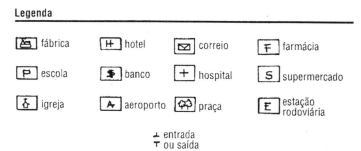

Observando a posição do sol e considerando que são 6 horas da manhã, complete:

1. Se você estiver no hotel e precisar ir até o hospital, você tomará a direção _____.

2. Se você, ao sair da fábrica, for fazer compras no supermercado, vai para a direção _____.
3. Se você sair do correio e quiser ir até a igreja, pelo caminho mais curto, você tomará as direções _____ e _____.
4. Se você estiver no aeroporto e quiser ir até a estação rodoviária atravessando a praça, vai para a direção _____.

2ª ATIVIDADE

Observe cada uma das três figuras abaixo:

Situação (a)

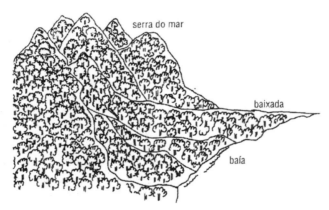

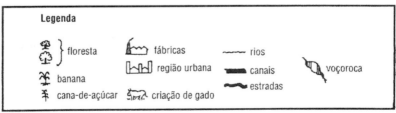

Situação (b)

Situação (c)

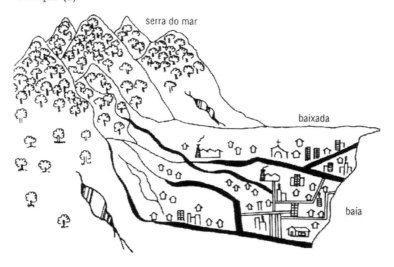

Fonte: MEC/Sesu/PUC-RJ – Baixada Fluminense em três momentos.

Após a observação, responda:
1. Quais são os elementos da paisagem geográfica encontrados em cada situação?

Situação (a) _____

Situação (b) _____

Situação (c) _____

2. Quais as mudanças ocorridas nesse espaço?

_____
_____
_____

3ª ATIVIDADE

Leia a descrição das personagens Eliete, Valdineia e Geraldo e depois responda às questões que seguem.

ELIETE - Vive nas ruas desde pequena, quando a mãe a levava juntamente com cinco irmãos para vender balas e chicletes nos sinais de trânsito do centro de Goiânia. Hoje Eliete tem 16 anos, já tem um filho e continua pelas ruas da cidade vendendo limões nos sinais. Ela sonha com a compra de uma casa.

VALDINEIA - Tem 14 anos e está na rua desde os 10 anos, quando saiu da escola. A mãe alegava que não adiantava ela ficar na escola porque estudar não era o seu forte e, além disso, era necessário que ela ajudasse nas despesas da família. Com o tempo Valdineia desistiu de dar o dinheiro que ganhava para a mãe e passou a dormir com outros meninos e meninas de rua no centro de Goiânia.

GERALDO - Tem 15 anos e fugiu de casa há dois anos. Morava no Morro dos Macacos e era permanentemente espancado pela mãe. Confessa que há um ano rouba, "mas só para comer". Geraldo "mora" nas calçadas das avenidas.

1. Por que é cada vez maior o número de jovens como Geraldo, Valdineia e Eliete nos grandes centros urbanos do Brasil?

   _____
   _____
   _____
   _____

2. Quais as principais consequências da existência de jovens como Eliete, Valdineia e Geraldo nos grandes centros urbanos?

   _____
   _____
   _____
   _____

4ª ATIVIDADE

Lembrando o que vocês sabem a respeito de Regiões do Brasil, interpretem as duas charges a seguir:

Fonte: Henfil, *Revista Fradim* nº 14. Nov. 1976.

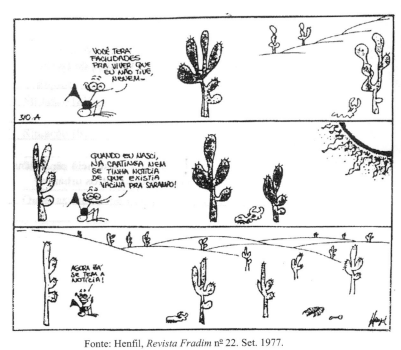

Fonte: Henfil, *Revista Fradim* nº 22. Set. 1977.

5ª ATIVIDADE

Observe as duas figuras abaixo:

Responda:

1. O que essas figuras representam?

_____
_____
_____
_____
_____
_____
_____
_____
_____
_____

2. Qual das duas figuras representa a forma adequada de plantio?
Figura A ( )
Figura B ( )
Por quê?

_____
_____
_____
_____
_____
_____
_____
_____
_____
_____
_____
_____
_____
_____